胡適叢論

三民叢刊 48

周質平著

三民書局印行

自序

周質平

過去幾年來，我教學和研究的興趣主要集中在中國近代思想史上，尤其是二、三十年代知識份子所熱烈討論的一些問題，如「國故整理」、「全盤西化」、「科學與玄學」、「民主與獨裁」，這幾場代表時代思潮的論爭。本書所收的幾篇文字大多是以胡適（一八九一—一九六二）為中心，圍繞着這幾個題目而進行的分析與探討。

在中國現代化的過程中，胡適無疑的是一個中心人物。從提倡白話文到「打倒孔家店」，從「國故整理」到「全盤西化」，他不但是提倡者，也是總結成果的人。就學術研究而言，胡適的影響及於中國哲學、文學、史學各個層面。甚至於近代中國語法的研究，胡適也是少數先驅者之一。就社會改革而言，從喪禮改革到婦女解放，從個人主義到「好人政治」，這些口號和運動都是和胡適分不開的。

從這個角度來看胡適，他幾乎成了所有新思潮的總滙；於是新思潮所引起的種種結果和功過，都或多或少的落到了胡適的頭上。他一方面固然是「衆矢之的」；但在另一方面却也是衆善之源——所有改革的原動力。胡適成了一個不是「首功」就是「罪魁」的兩極人物。

五十年代由中國共產黨所發動的胡適思想批判，把胡適「罪魁」的形像提升到了最高點，但在此同時，却也是對胡適思想的價值和影響作了最高的肯定。胡適的片言隻字都成了他們聲討的對象。要知道：批判的背後總是隱藏着恐懼的。

在獨裁和極權的統治之下，特別能看出理性的力量！許多批評家常說胡適「軟弱」，但胡適的「軟弱」絕不意味着「無力」。胡適的「弱」是「柔弱勝剛强」的「弱」，而不是「衰弱」或「微弱」的「弱」。因此，「軟弱」的另一種解釋是溫和而穩健。溫和穩健是持久的基本條件，而持久的本身却是一種力量。

胡適在新文化運動中，是個最能利用激進思想來打開新局的人，但他同時也最能了解激進思想的局限。激進的言論，有它的作用，它能在短時期之內，引起人們的注意，使人們從沉睡中驚醒。然而，過激的言論，也能引起意想不到的阻力，延緩改革的進程。尤其是清醒之後，理智的分析取代了感情的衝動，煽動性的言論在這個時候，就很難再起作用了。

五四早期的陳獨秀（一八七九—一九四二）、魯迅（周樹人，一八八一—一九三六）

和錢玄同（一八八七—一九三九）等人在「醒睡」的過程中，都曾出過大力，建過奇功，但喚醒之後，這些早年大將都不免有點亂了陣脚，失了故步。錢玄同當年積極提倡白話文、新詩，廢滅漢字，而晚年却常以小篆、隸書寫古奧的文言，由「疑古」漸漸轉向「信古」，甚至於「戀古」，這是老年轉向保守反動的一個顯例。而陳獨秀、魯迅等早年德先生、賽先生的擁護者，而後竟漸漸轉向民主自由的反面，在政治上相信社會主義。唯有胡適能够堅持他民主、自由、科學的信念，始終和舊社會、舊思想鬪爭。這實在是新文化運動中極值得注意的一個現象：放火的人很多，等火勢燎原之後，善後的人却寥寥無幾。或是等火勢既起之後，許多人都不願再走從文化思想上進行改革的這一條路，而想在政治改革上另覓捷徑。結果是捷徑沒有找着，却把中國引上了一條社會主義的死路，這是近世中國的大悲劇。

今年是胡適百歲生日，回顧近百年來中國思想史的發展，我們所不缺的是感情的衝動與暴力的摧毀。知識份子受了幾個政治口號的驅使，心甘情願的去為一個虛無縹渺的「主義」為牛為馬，為魚為肉。真正的悲劇並不在知識份子為「主義」所用，而是在知識份子如此虔誠的信仰那個主義，如此甘心的樂為所用。這種無怨無悔，死而後已的奉獻和信仰才是悲劇的核心！

胡適思想在二、三十年代「主義」的狂熱中，是一劑有效的清涼散。民國以來，多少「青年導師」、「思想界的權威」，多少自以為是「心理醫生」的作家文人，他們所開的處方都是一劑比一劑更强的「興奮劑」。只有胡適不斷的在潑冷水，要人清醒。要知道：火上加油是可以贏得喝采的「羣衆路線」，而潑冷水卻往往是犯衆怒的。然而清涼散畢竟才是這個熱昏了頭的民族的及時良藥。回看史實，我們不得不說：各種利用羣衆感情的過激言論，畢竟都只是革命洪流中的一些飛沫浪花，唯有理性和溫和才能造成真正而持久的力量。

本書的出版要特別謝謝普林斯頓大學（Princeton University）汎森兄和費城天普大學（Temple University）偉勳兄的介紹和聯繫。哈佛大學趙如蘭教授提供了許多有關趙元任的珍貴資料。西雅圖華盛頓大學的明之兄寄贈了康奈爾大學所藏〈胡適檔案〉的微捲。北京中國社會科學院文學研究所的胡明兄抄寄了胡適的〈非留學篇〉。我的學生 Christopher E. Olofson 在搜尋胡適英文著作時，與全美各大圖書館聯繫，在編訂書目時，仔細校對。我要在此向以上諸位一一道謝。

本書所收的幾篇文字曾先後在臺北的《中國時報》、《中央日報》、《漢學研究》，美國的《知識份子》、《九州學刊》及香港的《明報月刊》、《二十一世紀》，北京的《近代史研究》等刊物上發表過。其中〈胡適與魯迅〉一篇，曾收入我一九八八年出的《胡適與魯迅》一書，這次我作了相當的改動。〈胡適與趙元任〉一篇，曾收入李又寧教授主編的《胡適與他的朋友》一書。〈評胡適的提倡科學與整理國故〉，曾收入時報出版公司主編的《胡適與近代中國》一書。在此我要感謝諸位編者，允許我將這幾篇文字彙印成書。

在日常生活中，讀書寫作是忙亂中的一片寧靜。但沒有我妻善珍的操持，我是無由獲得這片寧靜的。在這本書印行的前夕，我特別感念她的辛勞和忍耐。

在過去不到兩年的時間裏，父母先後謝世。我用這本書的出版來紀念生我、養我、育我的父母親。

一九九一年十二月十四日胡適百歲生日前三天在普林斯頓大學

目錄

——胡適的〈非留學篇〉——

二、胡適英文著作編年及分類目錄

評胡適的提倡科學與整理國故

一、胡適所説的科學

最能代表五四精神的兩句口號是「德先生」與「賽先生」，也就是民主與科學。當時對這兩個口號提倡最力的是《青年雜誌》（自一九一六年九月出版的第二卷第一號起，更名爲《新青年》）。

一九一五年九月，陳獨秀（一八八〇—一九四二）在《青年雜誌》發刊詞〈敬告青年〉一文中，對當時青年提出了六項建議，其中第六項就是「科學的而非想像的」，並爲「科學」下了一個簡單的定義：「科學者何？吾人對於事務之概念，綜合客觀之現象，訴之主觀之理性而不矛盾之謂也。❶」並指出科學是根治迷信、無知唯一的利器。在這段文字裏，科學顯然被界定爲一種思維的方式，可是隨後在講到科學的功用時，有許多指的卻是可以應用的自然科學。

一九一九年一月，也就是五四運動前的四個月，陳獨秀在《新青年》第六卷第一號上，寫了一篇〈本誌罪案之答辯書〉，他明確的指出：提倡民主與科學是《新青年》創辦三年以來，主要的方向，也是《新青年》受到社會攻擊主要的「罪狀」。他把反孔、非孝，種種打倒舊道德、舊倫理、舊政治制度的起因，都「歸罪」於擁護「德先生」與「賽先生」。在文末，他肯定的指出：

我們現在認定只有這兩位先生（作者案：民主與科學）可以救治中國政治上、道德上、學術上、思想上一切的黑暗。若因為擁護這兩位先生，一切政府的壓迫，社會的攻擊笑罵，就是斷頭流血，都不推辭。❷

陳獨秀不但把《新青年》雜誌的使命，定在推行民主、科學上，同時也表現出一種為提倡民主、科學而不惜犧牲一切的決心。

陳獨秀對民主、科學的這種態度，在三十六年後（一九五五）曾受到胡適的批評。胡適說陳獨秀把民主和科學「人格化」（personified）成了「德先生」和「賽先生」，而人格化的抽象概念，往往等於「神化」。一種神化後的概念是可以引起「盲目的迷信」和「盲目的崇拜」的❸。

胡適在一九二三年寫的〈科學與人生觀序〉中，總結了自十九世紀末年以來「科學」一詞在中國思想界的地位：

> 這三十年來，有一個名詞在國內幾乎做到了無上尊嚴的地位；無論懂與不懂的人，無論守舊和維新的人，都不敢公然對他表示輕視或戲侮的態度。那個名詞就是「科學」。這樣幾乎全國一致的崇信，究竟有無價值，那是另一個問題。我們至少可以說，自從中國講變法維新以來，沒有一個自命為新人物的人敢公然毀謗「科學」的。[4]

過份的推崇科學，過份的神化科學，過份的強調科學的萬能，結果是把科學又變成了一個新的權威，一個新的迷信，一種新的宗教——科學成了它自己所要打倒的對象。「科學」一變而成了「不科學」。

因此，胡適對「科學」的解釋與態度是和陳獨秀不同的。他特別強調的是科學的方法和精神，而不是它的實用性。他在晚年所寫的一篇手稿〈四十年來中國文藝復興運動留下的抗暴消毒力量——中國共產黨清算胡適思想的歷史意義〉中，對「科學」這一概念有總結性的說明：

> 科學的真意義只是一個態度，一個方法。[5]

接著他說道：

科學不是堅甲利兵，飛機大砲，也不是聲、光、電、化。那些東西都是科學的出產品，並不是科學本身。科學本身只是一個方法，一個態度，一種精神。這個方法並不是西洋人單獨發明的，乃是人類的常識加上了嚴格的制裁和訓練。❻

他更進一步指出：

科學的精神不是致用，只是求知，是純粹「無所為」的尋求知識，是為真理而尋求真理，為知識而求知識。❼

胡適說：這種「爲知識而求知識的科學精神」在五四前後很不容易爲大家所接受。❽陳獨秀強調的是科學的實用性——科學可以破除迷信，增加生產，醫治疾病，造福人類。胡適則認爲：科學誠然有這些功能，但這些功能並不是科學本身。換句話說，胡適是從哲學的層次來理解科學的。在這個哲學的層次裏，科學是一種懷疑的態度，是不信一切沒有證據的東西，是「大膽的假設，小心的求證。」❾

二、科學方法與整理國故

胡適這種科學精神的實際應用，就是發揮在考據和整理國故上。一九一九年八月，在一封寫給毛子水論國故學的信中，他首先要毛子水拋開「有用無用」的成見，拋開「狹義的功利觀念」，而用「爲眞理而眞理」的態度來研究學術。在這封信裏，胡適還說了一句以後常爲論者所引用的話：

> 學問是平等的，發明一個字的古義，與發現一顆恆星，都是一大功績。⑩

胡適爲了強調「學問是平等的」這一點，就不免過份誇大了「發明一個字的古義」的意義。「發現一顆恆星」是「宇宙之大」，而「發明一個字的古義」雖不至於是「蒼蠅之微」，但也絕不能將這兩件事等同起來，使許多在故紙堆裏討生活的人自以爲是逍遙在穹蒼之中——把推敲一個字的古義認做了科學工作。

胡適對整理國故的態度，到了一九二八年有了相當的改變，這個改變可以說是從純粹的「爲眞理而眞理」的非功利的治學觀點，漸漸了解到學術研究與國計民生完全脫節，也有危險和荒謬的可能。

一九二八年，胡適寫〈治學的方法與材料〉，他指出：清代的考證學由於受限於紙上的材料，始終不能由故紙堆走向實驗室，三百年樸學的成績，終究不過是「故紙堆的火焰」而已⑪。他將清代考證學的成績總結爲：

> 我們考證學的方法儘管精密，只因爲始終不接近實物的材料，只因爲始終不曾走上實

驗的大路上去，所以我們三百年最高的成績終不過幾部古書的整理，於人生有何益處？於國家的治亂安危有何裨補？雖然做學問的人不應該用太狹義的實利主義來評判學術的價值，然而學問若完全拋棄了功用的標準，便會走上很荒謬的路上去，變成枉費精力的廢物。[12]

雖然胡適一再將清代學者的治學方法許爲合乎「大膽假設，小心求證」，「尊重事實，尊重證據」的科學方法[13]，但論到清代學者的總成績時，他是極其嚴厲的。如他在〈國學季刊發刊宣言〉中說：

這三百年之中，幾乎只有經師，而無思想家；只有校史者，而無史家；只有校注，而無著作……清朝的學者只是天天一針一針的學繡，始終不肯繡鴛鴦。所以他們儘管辛苦殷勤的做去，而在社會的生活思想上幾全不發生影響。[14]

從上引的兩段文字中，可以看出：胡適並不贊成與國計民生完全脫節的學術研究。

拿胡適評判清代考證學的標準來看一九二〇年代的國故整理。我們不得不說：國故整理畢竟不是西洋科學的渡海東來，而是乾嘉考證的變相復興。我們將上面這段胡適批評清儒的話，只要略改數字，也一樣可以用來總結胡適畢生「考據」的成績：

胡適考據的方法儘管精密，只因為始終不接近實物的材料，只因為始終不曾走上實驗的大路上去，所以胡適一輩子四十年考據最高的成績終不過幾部古典小說的整理，一小部份禪宗史料的釐清，以及《水經注》疑案的審查。這些成績於人生有何益處？於國家的治亂安危有何裨補？

這樣評斷胡適在整理國故上的貢獻，顯然是失之過苛。但如就對「人生有何益處？」「於國家的治亂安危有何裨補？」這兩個問題來談胡適的考據，則上面這段套用他自己文字改寫的話，卻也並非完全失實。

總的來說，胡適往往貶低清儒考據成績，而誇大二十年代整理國故所能引起的社會作用。他在〈給浩徐先生信〉中，表明了他對整理國故的期望：

> 用精密的方法，考出古文化的真相；用明白曉暢的文字報告出來，叫有眼的都可以看見，有腦筋的都可以明白。這是化黑暗為光明，化神奇為臭腐，化玄妙為平常，化神聖為凡庸：這才是「重新估定一切價值」。他的功用可以解放人心，可以保護人們不受鬼怪迷惑。⑮

因此，胡適把整理國故的工作稱之爲「捉妖」、「打鬼」。胡適一方面說，要爲「學術而學術」的來整理國故；但在另一方面，我們又可以看出，整理國故，「還他本來面目」都不過是手段，而「解放人心」才是眞正的目的。

如果胡適所說「三百年的第一流聰明才智專心致力的結果仍不過是枉費心思的開倒車」眞是清代學者的總成績，那麼，他對二十年代整理國故所能發生的社會影響，未免太過樂觀了。他之所以誇大這一運動的社會意義，在我看來，是因爲他高估了所謂「科學方法」在整理國故中所能發生的作用。

其實，只要在「國故」之中浸淫過一段時期的人，大概都能同意：整理國故而沒有科學方法，固然做不出好成績來；但只有科學方法，而對史料沒有充分的掌握，依舊是成不了事的。科學方法終究只是個「方法」，套句晚淸人習用的話是「用」，不是「體」。整理國故更需要的是中國舊學的根底，是對先秦兩漢、隋、唐、五代舊典的熟悉。胡適在一九二二年九月一日的日記中，也有類似的感喟：

從前我們以為整理舊書的事，可以讓第二、三流學者去做。至今我們曉得這話錯了。二千年來，多少第一流的學者畢生做此事，還沒有好成績；二千年「傳說」(Tradition) 的斤兩，何止二千斤重！不是大力漢，何如推得翻？何如打得倒？⑯

方法是可以傳授的，然而，二、三流的學者有了科學方法，依舊不足以成事。這正可以說明：方法亦有窮時！

胡適在〈廬山遊記〉中說：他之所以替《水滸傳》作五萬字的考證，爲廬山一個塔作四千字的考證，是爲了要「教人一個思想學問的方法」，是要人敢於懷疑，敢於向權威挑戰⑰。我有時忍不住要問：

胡適的考證真能發揮如他自己所説這麼大的作用嗎？我們真能從〈水滸傳考證〉或〈廬山遊記〉中尋得思想和學問的方法嗎？

胡適確實爲我們在國學的研究上開了許多門徑，立了許多榜樣。他是整理國故的首功，在這方面的貢獻，無人能出其右。但是我總懷疑：人們到底從胡適的考據中，學得了多少獨立思考，獨立判斷的防身本領。倒是他的文章如〈問題與主義〉，〈信心與反省〉，〈我們對於近代西洋文明的態度〉，以及在《新月》雜誌上所寫幾篇批評國民黨的文字，對人們在思想的解放與對權威的挑戰上，所給予的啓發與鼓舞，是遠遠超過他的考證文字的。⑱

胡適畢生從事的《水經注》考證，說的嚴厲一點，眞是「儘管辛苦殷勤的做去，而在社會的生活思想上幾全不發生影響」。把這兩句胡適批評清儒考證的話，移用到他自己身上，也不能說完全不恰當。

吳稚暉對整理國故有過極嚴厲的批評，他指出，由於胡適在《中國哲學史大綱卷上》中，「雜有一部分澆塊壘的話頭，雖用意是要革命，也很是危險、容易發生流弊。」由此引出了梁啓超的《清代學術概論》及梁漱溟的《東西文化及其哲學》。在當時並舉辦了許多演講，討論中西文化問題，在吳稚暉看來，這些演講「大半是妖言惑衆」。這樣的措詞當然過激，但他指出：胡適「所發生的一點革命效果，不夠他們（二梁）消滅。」結果表面上是提倡新文化，骨子裏卻是復古⑲。這話卻有一定的道理。

胡適在《新思潮的意義》一文中，對「整理國故」的「整理」兩個字，下過一個定義：

整理就是從亂七八糟裏面尋出一個條理脈絡來；從無頭無腦裏面尋出一個前因後果來；從胡說謬解裏面尋出一個真意義來；從武斷迷信裏面尋出一個真價值來。⑳

經過這樣的一番「整理」以後，才可以「各家都還他一個本來面目」，才可以讓人知道中國古代的學術「也不過如此」㉑。類似的意思在一封一九二五年寫給錢玄同的信中，有更具象的說明：整理國故並不是「擠香水」，而是「還他一個本來面目」。㉒

胡適曾經多次的用「還他本來面目」來描述整理國故。也曾不只一次的說明：整理國故與「發揚國粹」無關，與「發揚民族精神」亦無關。「整理國故只是爲研究歷史而已，只是爲學術而作工夫，所謂實事求是是也。」㉓這樣的敍述，在表面上看來，完全是中性的；但骨子裏「眞面目」或「本來面目」都含有「醜陋」的意思。所以整理國故實際上是揭露中國歷史上或學術上的虛妄，對有「自大狂」的中國人㉔，下一鍼砭。

但是，我們細看胡適整理國故的成績，不得不指出：胡適對中國哲學的某些闡釋，不但不能稍煞「國粹派」的自大心理，卻反而增長了他們的氣焰。胡適在《中國哲學史大綱卷上》，〈莊子〉一篇中，曾多次提到「生物進化論」，說：「墨子以後，便有許多人研究『生物進化』一個問題。」[25]他引了《莊子・秋水篇》，「物之生也，若驟若馳，無動而不變，無時而不移。何爲乎？何不爲乎？夫固將自化。」這幾句話，說：「『自化』兩字，是《莊子》生物進化論的大旨。」接着又引〈寓言篇〉，「萬物皆種也，以不同形相禪，始卒若環，莫得其倫。是爲天均。」胡適說：「『萬物皆種也，以不同形相禪』這十一個字竟是一篇『物種由來』。」[26]

我很驚訝：胡適能如此輕易的得出這樣的結論。這樣的解釋《莊子》，固然有其新意，但卻不免是用二十世紀的科學眼光來索解先秦的子書，把《莊子》「現代化」了。結果爲了求得「本來面目」的國故整理，就不免越整理去「本來面目」越遠了。胡適在《中國哲學史大綱卷上》出版四十年以後，曾在〈中國古代哲學史臺北版自記〉中，「公開懺悔」[27]的表示過：「〈莊子時代的生物進化論〉是全書裏最脆弱的一章。」是「一個年輕人的謬妄議論，眞是侮辱了《物種由來》那部不朽的大著作了。」[28]

但是，胡適《哲學史》出版之初，眞是風行一時，兩個月內，即行再版[29]。這可見其影響之大。胡適把近世以來最重要的科學著作，達爾文的進化論，輕易的濃縮在《莊子》的十一個字裏。這還不足以助長中國人的自大狂嗎?這還不足以讓守舊的國粹派用來做排拒科學的護身符嗎?

三、科學與自然

胡適對科學的另一種闡釋，是強調科學與自然的對立性，他常將科學解釋為人類用來控制自然的一種力量。他在《中國哲學史大綱卷上》中，說到荀子的哲學，特別引了《荀子・天論》「大天而思之，孰與物畜而制裁之?從天而頌之，孰與制天命而用之?望時而待之，孰與應時而使之?……」這一段話，許之為「要人征服天行以為人用」，並說「這竟是倍根(Francis Bacon, 1561-1626)的「戡天主義」(Conquest of Nature)了㉚。胡適常以這種「戡天」的思想來解釋近世的科學。如他在〈我們對於近代西洋文明的態度〉中說:「近世文明仗著科學的武器，開闢了許多新世界，發現了無數新真理，征服了自然界的無數勢力，叫電氣趕車，叫『乙太』送信，真個做出種種動地掀天的大事業來。」在同一篇文章中，他極其肯定的指出，由於科學在各方面的成就，「這個兩隻手一個大腦的動物——人——已成了世界的主人翁。」㉛

這樣突出科學與自然的對立，多少給人一種「科學是人為的」，「科學是不自然的」，甚至於是「反自然」的暗示。以這樣的觀點來闡釋科學，對幾千年來沉浸涵泳在老莊哲學中，強調與自然取得協調的中國人來說，是比較不容易接受的。多少讓人覺得：要科學，就必須與「自然」絕裂，這是許多中國人所不願爲的。

馮友蘭在這一點上，爲科學做了一個更圓融的解釋：

> 科學的目的，或其目的之一，亦是欲發現宇宙間底許多道理而使人遵照之而行。人若遵照這些道理而行，他可以得到許多利益。我們常說：科學能戰勝自然。就一方面說，它是能戰勝自然；就又一方面說，它之所以能戰勝自然，正因他能服從自然。[32]

換言之，「科學」並不在「自然」之外，而是在「自然」之中。「征服自然」固然有其價值，而「服從自然」也顯出他的智慧。胡適在批評中國人「樂天」、「安命」、「知足」、「安貧」這些德性時，往往失之過苛，指爲「懶惰」、「不長進」[33]。其實，若就「服從自然」這一觀點言之，中國人的這些德性也並非一無可取。在那樣的自然條件，與社會制度、經濟制度之下，中國人的「樂天」、「安命」、「知足」與「安貧」正是高度的「服從自然」的科學態度與精神。

四、為科學尋中國的根

從一九一八年胡適寫《中國哲學史大綱卷上》，到一九二一年寫〈清代學者的治學方法〉，到一九三三年夏天在芝加哥大學講〈孔教與現代科學思想〉(Confucianism and Modern Scientific Thinking)，以至於他在晚年寫〈四十年來中國文藝復興運動留下的抗暴消毒力量——中國共產黨清算胡適思想的歷史意義——〉，胡適在一定的程度上，一直是在為現代的科學思想找一個中國的根。

從先秦的子書裏，找到「生物進化」的觀念，從清代的樸學中，發現「科學的精神」。這是有他的一貫性的。到了一九三三年，胡適把「中國固有的傳統並不反對科學」的這個理論，擴大到了整個儒學的傳統。他在〈孔教與現代科學思想〉的英文講稿中寫道：

說到現代科學與孔教的關係，我要指出：孔教，如果能得到正確的闡釋，絕無任何與現代科學思想相衝突的地方。我不但認為，孔教能為現代科學思想提供一片沃壤；而且相信，孔教的許多傳統對現代科學的精神與態度是有利的。

"...concerning the relationship between modern scientific thinking and Confucianism, I wish to point out that Confucianism, if correctly interpreted, will be in no sense adverse to modern scientific thinking. Not only is it my opinion that Confucianism will furnish very fertile soil on which to cultivate modern scientific thinking but Confucianism has many traditions which are quite favorable to the spirit and attitude of modern science.[34]

胡適接着指出：孔教有一種尊重眞理，並承認「知的有限」的傳統。他引了「知之爲知之，不知爲不知，是知也。」來說明這種「知識上的誠實」。同時也引了「不知生，焉知死」，「不能事人，焉能事鬼」來說明承認「知的有限」。在同一段文字中，他又引了王陽明（一四七二—一五二九）〈答羅整菴少宰書〉中「夫學貴得之於心，求之於心而非也，雖其言之出於孔子，不敢以爲是也。」[35]這幾句話來說明儒教尊重眞理的傳統並不曾中絕。到了十五、十六世紀，進一步發展成了一種對權威懷疑的態度，而這種態度，在胡適看來，是「科學精神最好的表現」（The scientific spirit at its best）。[36]

在此，我們必須指出：胡適多少混淆了哲學與科學的命題。孔子「不知生，焉知死」，固然帶着「不可知論」的懷疑態度，但同時也是一種極端入世的「實用主義」（Utilitarianism），除了人世以外，對其他問題，全無興趣。說這種態度有利科學發展，固可；說他有害，亦未嘗不可。[37]

至於王陽明的那幾句話，在我看來，無非是提出個人人格的尊嚴，要有獨立思考和判斷的能力。這個思潮在晚明李贄（一五二七—一六〇二）、袁宏道（一五六八—一六一〇）等人的著作裏，有更進一步的闡發。這點叛逆的精神為五四時期的「打倒孔家店」發揮了一定的先驅作用，但對近代中國的科學發展，實在看不出太多直接的關聯。

胡適在他晚年，更把赫胥黎（Thomas Henry Huxley, 1825-95）研究古生物學的方法直指為「這就是中國最近三百年中的樸學家所謂『考據』或『考證』的方法」㊳。他把這兩種方法等同起來，多少是為自己當年提倡整理國故做某種辯護。在胡適主觀的意願上，是希望史家能把整理國故與提倡科學看做同一性質的工作的。然而，我們不得不指出，無論胡適在〈紅樓夢考證〉、〈水滸傳考證〉之中，用的是如何縝密的科學方法，從事小說考證與從事科學工作，畢竟是兩回事。

整理國故是應該的，而且國故也是值得整理的。但是若把整理國故視為提倡科學的實踐，這就有可以商榷的地方了。這兩件事雖不至於全不相干，但基本的性質是不同的。整理國故是向後看，是要為過去紛龐冗雜的歷史理出一個頭緒來；而提倡科學是向前看，是要為中國引進一些過去所欠缺的知識或技術。把科學抽象化到了一種思維方式、一種態度、一種精神。結果是使許多人企圖從小說考證中找尋科學或科學方法。那就不免是在一番苦苦追尋之後，科學依舊是虛無縹渺不在人間。

胡適晚年在他的英文論文〈中國哲學中的科學精神與方法〉("The Scientific Spirit and Method in Chinese Philosophy")中，明白的指出：科學的精神和方法比科學的內容更爲重要，他說：

我有意的不談中國哲學中的科學的內容，這不只是因為在過去四百年來，〔中國的科學〕和西方科學的成就相比，顯然是微不足道。同時也因為，在我看來，科學精神或態度以及科學方法遠比天文學家，曆法改革者，冶鍊者，醫生或植物學者所得出實際或實驗的結果重要的多。[39]

I have deliberately left out the scientific content of Chinese philosophy, not merely for the obvious reason that content seems so insignificant compared with the achievement of western science in the last four centuries, but also because I am of the opinion that, in the historical development of science, the scientific spirit or attitude of mind and the scientific method are of far more importance than any practical or empirical results of astronomer, the calendar-reformer, the alchemist, the physician, or the horticulturist.

由於胡適過分強調科學只是一種精神、一種態度、一種方法，不免使人感到科學似乎是沒有內容的。似乎一談內容就落於「下乘」。其實晚清人把「格致」或「科學」界定爲聲、光、化、電的科技，基本上並沒有大錯。誠如胡適所說，在中國固有的學術範疇中，尤其是清代的樸學，並不缺乏「大膽假設，小心求證」的科學方法，也不缺乏「拿證據來」的科學精神。然而中國之沒有科學卻是個不爭的事實。科學方法，科學精神之不足以帶來科學，豈不甚明。

馮友蘭（一八九五－一九九〇）在他一九四〇年出版的《新事論》中，對這個問題有很獨到的見解。他說：

民初人對於所謂西洋，所知較多，知道所謂「中學為體，西學為用」之說，是講不通底。他們以為這種說法，是所謂「體用兩橛」。他們以為我們如果要有「西學」之用，如實用科學、機器、工業等，先必需有「西學」之體，卽西洋底純粹科學、哲學、文學、藝術等。他們以為清末人只知所謂西洋的「物質文明」，而不知其「精神文明」。民初人於是大談其所謂西洋的「精神文明」，對於實用科學、機器、工業等，不知不覺的起了一種鄙視，至少亦可說是一種輕視。清末人所要推行底產業革命，不知不覺地遲延下來……清末人以為我們只要有機器、實業等，其餘可以「依然故我」。這種見解，固然是不對底。而民初人不知只要有了機器實業等，其餘方面自然會跟着來，跟着變。這亦是他們的無知。[40]

馮友蘭把清末人的看法稱做「體用兩橛」，而把民初人的看法指爲「體用倒置」。他認爲，從學術的觀點來說，純粹科學是體，實用科學是用。但是自社會改革的觀點來說，「用機器，與實業」反而成了體，而「社會之別方面底改革」是用。他認爲這兩個時代人的見解「都是錯誤底」。他指出：「清末人若照着他們的辦法，辦下去，他們可以得到他們意想不到底結果；民初人若照着他們想法，想下去，或照着他們的說法，說下去，他們所希望的結果，卻很難得到。」[41]

馮友蘭在此雖沒有明確的指出「民初人」到底是誰，但把胡適視爲這段話中「民初人」的一個代表，當非大謬。套用兩個時髦的名詞，胡適在提倡科學的時候，過分重視「軟體」的重要性，而忽略了沒有「硬體」的「軟體」是發生不了作用的。胡適多少認爲：要有聲、光、化、電，必須先從改變「思維方式」，或改變「精神」及「態度」下手。馮友蘭則認爲：有了聲、光、化、電，「思維方式」、「精神」，及「態度」自然會跟着做一定的改變。

體用先後的爭執，是不容易遽下結論的，但是根據過去四十年來，臺灣社會的改變過程而言，馮友蘭的觀察是更接近於實際的。臺灣過去四十年來的經濟建設，基本上走的是「興辦實業」的道路，有了「實業」的基礎，科學和民主才有成形的可能。

胡適談了一輩子的科學，卻始終不願將科學「落實」到實用科學與工業上，始終只談「心理建設」而不談「實業建設」。他的這個態度眞是愈老彌篤，一九六一年十一月六日——胡適逝世前三個半月——他應美國國際開發總署之邀，在臺北召開的「亞東區科學教育會議」上，講〈社會改革與科學〉(Social Changes and Science)，重提他三十五年前在〈我們對於西洋近代文明的態度〉中的老話。他所謂的「社會改革」，實際上不過是打破西方文明爲物質文明，而東方文明爲精神文明的傳統看法。並進一步說明：正因爲東方人在科技上的落後，所以東方文明是受物質條件控制的「唯物的」(materialistic)文明，絲毫沒有精神的成份可言。倒是我們一向認爲「物質」的西方文明，在精神上有極高的成就。[42]

胡適始終認爲科學發展，必須先在「意識形態」上下工夫，而「意識形態」上的改變似乎是可以憑空發生的，是可以抽離整個社會環境與歷史背景而任人移植的。胡適從來不談「生產方式」或「經濟結構」的改變。我們雖無意把「生產方式」的改變視爲一切社會變革的前提，但完全不提這一點而希望有「意識形態」上的變革，這也難免落空。

胡適對精神文明、物質文明之所以有那麼一套看法，正是因爲他曾在物質文明鼎盛的美國有過長期的居留，他體驗過物質文明中的精神成份。然而對絕大部分從未出過國門的中國人來說，要接受胡適的這一套說法，缺少的正是一個實際的環境，所帶給他們的經驗。實際的環境有了改變，就是想要維持舊有的觀念都不可能了。

胡適談科學的態度，使我想起他自己說過的兩句話，在〈清代學者的治學方法〉中，他說：「科學雖不專爲實用，但實用是科學發展的一個絕大原因。小程子臨死時說，『道著用，便不是。』這是絕對非功用說，如何能使科學有發達的動機？」[43]「道著用，便不是。」豈不正是胡適談科學的基調嗎？

我絲毫無意將中國科學之不發達怪罪在胡適一個人的態度上，但他的言論在新舊交替的時代確曾發生過主導的作用，也是不爭的歷史事實。

五、結語

胡適所提倡的整理國故，對中國自然科學的發展，可以說並沒有發生任何積極推動的作用。甚至於還把一批青年人引上了乾嘉考證的老路，自以爲在從事「科學」工作。但他畢生提倡懷疑，獨立思考，不信一切沒有證據的東西[44]。他幾十年的努力，爲那一代的中國人，尤其是知識份子，注進了不少「消毒抗暴」的力量。這點「心理建設」是胡適提倡科學精神和科學方法的「副產品」，而這點「不受惑」的防身本領，也正是今日中國人重讀胡適著作精義之所在。

一九七九年以來，中共對胡適的官方平反是：胡適在學術上有一定的貢獻，應予承認；但在政治上得維持「原判」——依舊是個反動派，應予批判。[45]

然而，在胡適百歲生日的前夕，我們不得不指出：胡適當年向中國人介紹的一些「西學」，如杜威的實驗主義，如婦女解放，如個人主義等等，以及他的一些「中學」，如新詩，如哲學史，如文學史，如小說考證，如禪宗研究等等，在一定的程度上，都已後繼有人，而在研究的成果上也後出轉精。換言之，在學術方面，胡適多少已經是個過了時的人。然而，他在思想上所提倡的獨立思考，獨立判斷；在政治上，中年以後對社會主義之不抱任何幻想，這對當今中國人來說，依舊是一劑及時的良藥。

二、三十年代，當社會主義思潮席捲中國知識份子的時候，多少當年高唱民主自由的新人物，都在馬克思的經濟史觀及唯物辯證法的誘惑下，紛紛失掉了故步而倒向了社會主義。陳獨秀及魯迅（周樹人，一八八一——一九三六）就是其中的兩個顯例。這批左傾的知識份子都是當時國中一時之選，他們在啓蒙、救亡的運動之中[46]，都起過舉足輕重的作用，他們愛國救國的熱忱更絲毫不下於胡適。然而，他們的苦心和努力竟爲一個最不容忍、最不自由的政權做了開路的工作，這豈是他們始料所及。誠然，李大釗（一八八九—一九二七）、陳獨秀等人所提倡的社會主義，斷非日後中國共產黨所推行的社會主義，但後者藉前者的提倡而滋長壯大，卻是歷史的事實。

胡適早在一九一九年就提出了「多研究些問題，少談些主義」，指出世上沒有「包醫百病」的根本解決，也沒有「施諸四海而皆準，推之百世而不悖」的眞理[47]，只有一點一滴的努力來改進當前的問題，才是具體可行的方法。這被無數人罵做雞零狗碎的改革方案，而今看來，卻依舊是一條平實可行的路。多少當年罵別人被孔丘牽着鼻子走的人，後來都被馬克思牽着跑了，胡適能在這一點上特別指出這種人並非「好漢」[48]是有他的卓識的。

胡適在〈三論問題與主義〉一文中強調：

> 一切主義，一切學理，都該研究，但是只可認作一些假設的見解，不可認做天經地義的信條；只可認作參考印證的材料，不可奉為金科玉律的宗教；只可用作啓發心思的工具，切不可用作蒙蔽聰明，停止思想的絕對真理。[49]

過去四十年來，中國人在思想上受到最大的摧殘，就是把馬克思、列寧、毛澤東這些極少數人的意見或成見認作是「天經地義的信條」、「金科玉律的宗教」以及「蒙蔽聰明，停止思想的絕對眞理」。

文化大革命十年之中，數不盡的血淋淋的暴行就充份的顯示了整個民族在盲目崇信這些教條時，所能造成的巨大傷害。這也就是胡適所說：「被人用幾個抽象名詞騙去赴湯蹈火，牽去爲牛爲馬，爲魚爲肉。」[50]「爲牛爲馬，爲魚爲肉」這八個字道盡中國人民，尤其是知識份子，「解放」以後所受的屈辱與痛苦。

胡適在〈中國共產黨清算胡適思想的歷史意義〉一篇未完成的手稿中，把他四十年來所提倡的一點自由的風氣和懷疑的態度叫做「抗暴消毒的力量」。共產黨在「解放」中國以後，在學術和思想的範疇裏，處處碰到這股力量，誠如郭沫若於一九五四年在〈關於文化學術界應開展反對資產階級錯誤思想的鬪爭，對《光明日報》記者的談話〉中所指出：

> 胡適的資產階級唯心論學術觀點在中國學術界是根深蒂固的，在不少的一部分高等知識份子當中還有着很大的潛勢力。我們在政治上已經宣佈胡適為戰犯，但在某些人的心目中，胡適還是學術界的「孔子」。這個「孔子」我們還沒有把他打倒，甚至可以說我們還很少去碰過他。[51]

我引這段話並不是同意胡適的「學術觀點」是「資產階級唯心論」的觀點，我只是想說明胡適所提倡的獨立思考和獨立判斷確實成了中國共產黨在進行思想控制時最大的障礙。也就是在這個基礎上，胡適被指為「中國馬克思主義和社會主義思想的最早的、最堅決的、不可調和的敵人」，「企圖從根本上拆毀馬克思主義的基礎。」[52]

這些五十年代中期加在胡適身上的罪狀，如今看來，都成了對他最高的恭維了。胡適之所以成為「馬克思主義的死敵」[53]，正是因為他主張每個人在思想上和人格上必須維持一點起碼的尊嚴，而對是非要有獨立的判斷。

當年中共政權傾其全力來批判胡適思想，就其鞏固中共之思想控制而言，確是釜底抽薪之法。但是，他們畢竟還是小看了胡適思想所代表的一種自由、民主和理性的力量。在多少年全面掃蕩之後，我們不但不見這股力量的消逝，卻反見其滋長壯大。在一片悲觀和黑暗之中，這一點自由、民主和理性的力量卻可以給我們以無比的信心和鼓舞。

海峽兩岸，尤其是中國大陸，對胡適研究的興趣正是方興未艾，年譜、傳記以及各類的專題研究，自一九七八年以來的出版數量，超過了先前三十年的總和[54]。這個現象一方面說明中國大陸言論尺度的放寬，當年的一些禁忌而今已經不再成為禁忌；而在另一方面也說明胡適的思想，在二十世紀，九十年代的中國人看來，依舊有他的吸引力和及時性。

一個生在甲午之前，成名於「五四」前後的知識份子，他的思想和作品在今日居然還是「時髦」的代表，這固然可以說明：胡適思想超越了他自己所處的那個時代。但從另一個角度來看，卻也充份反映了中國社會的停滯不前。

自由、民主、科學這些《新青年》雜誌早期喊出來的口號，而今卻依然停留在口號階段，依然有無數的「新青年」在天安門前為「德先生」、「賽先生」而流血，而捐軀，而被坦克輾的血肉模糊。這又如何能不使當年「五四」「遺老」們的思想在今日反而大行其道呢？政治上越黑暗，文化上越落後，整個社會的風氣越錮閉，胡適的思想就越當行，「五四」的革新精神也就越時新。胡適研究在短時間之內，引起大陸學者廣泛的注意，正是充份的反映了過去四十年來，中共對言論自由的摧殘和對知識份子的壓迫。

九十年代的中國人依舊要靠「胡適的幽靈」來提倡一些什麼，打倒一些什麼。這在我看來，毋寧是一件極可哀痛的事！「但恨不見替人」，南港墓中哲人的屍骨已朽，墓木早拱，而「替人」安在？

一九九〇年十一月

注

❶ 陳獨秀，〈敬告青年〉，《青年雜誌》，第一卷，第一號（一九一五年九月十五日），頁五—六。收入《獨秀文存》（安徽：人民出版社，一九八七），頁八—九。

❷ 陳獨秀，〈本誌罪案之答辯書〉，《新青年》，第六卷，第一號（一九一九年一月十五日），頁一〇一一一。收入《獨秀文存》，頁二四二一四三。

❸ 見胡適，〈四十年來中國文藝復興運動留下的抗暴消毒力量——中國共產黨清算胡適思想的歷史意義——〉，在《胡適手稿》（臺北：胡適紀念館，一九七〇，共十集），第九集，頁五〇一一〇四。

❹ 胡適，〈科學與人生觀序〉，在《胡適文存》（臺北：遠東，一九六八，共四集，以下簡稱《文存》），第二集，頁一二一。

❺ 同❸，頁五四五。

❻ 同上，頁五四八。

❼ 同上，頁五五三。

❽ 同上。

❾ 「大膽的假設，小心的求證」這兩句話是胡適用來總括清代學者治學方法的。見胡適，〈清代學者的治學方法〉，在《胡適文存》，第一集，頁四〇九。

❿ 這封信最早發表在毛子水，〈駁新潮「國故和科學的精神」篇訂誤〉，《新潮》，第二卷，第一號（一九一九年十月），頁五五一五七。收入《文存》，第一集，頁四四〇一四四二。

⓫ 胡適，〈治學的方法與材料〉，《文存》，三集，頁一一一。

⑫ 同上，頁一一九。

⑬ 同上，頁一〇九—一一〇。

⑭ 胡適，〈國學季刊發刊宣言〉，《文存》，二集，頁五。

⑮ 胡適，〈整理國故與「打鬼」〉，《文存》，三集，頁一二六。

⑯ 胡適，《胡適的日記》（香港：中華書局，一九八五），頁四四五。此處「傳說」恐是「傳統」之誤。

⑰ 胡適，〈廬山遊記〉，《文存》，三集，頁一七一。

⑱ 〈問題與主義〉，共四篇，收入《文存》，一集，頁三四二—七九。〈信心與反省〉，共三篇，收入《文存》，四集，頁四五八—七九。〈我們對於近代西洋文明的態度〉，收入《文存》，三集，頁一—一五。「在《新月》雜誌上所寫幾篇批評國民黨的文字」指〈人權與約法〉、〈新文化運動與國民黨〉、〈知難，行亦不易〉等文，收入《人權論集》（上海：新月書店，一九三〇）。

⑲ 見吳稚暉，〈箴洋八股化之理學〉，收入《科學與人生觀》（上海：亞東圖書館，無出版年月），共兩冊，下冊，頁一一一。

⑳ 胡適，〈新思潮的意義〉，《文存》，一集，頁七三五。

㉑ 胡適，在〈給浩徐先生信〉中，有如下一段話：「梁漱溟先生在他書裏曾說，依胡先生的說法，中國哲學也不過如此而已。老實說，這正是我的大成績。我所以要整理國故，只是要人明

白這些東西原來『也不過如此』！本來『不過如此』，我所以還他一個『不過如此』」。《文存》，三集，頁一二六。

㉒ 這封信《胡適來往書信選》未收，在《魯迅研究資料》，第九集（北京：魯迅博物館，一九八二），頁八五。

㉓ 見胡適，《胡適致胡樸安》，在《胡適來往書信選》（香港：中華，一九八三，共三冊），上冊，頁四九九。

㉔ 胡適在〈信心與反省〉中說中國人有「盲目的誇大狂」。《文存》，四集，頁四六一。

㉕ 胡適，《中國古代哲學史》（臺北：商務，一九六八），卷二，頁一一一。

㉖ 同上，頁一一四—一一五。

㉗ 「公開懺悔」這四個字是借用胡適在〈從到奴役之路說起〉（《胡適作品集》第二十六冊，《胡適演講集》三，頁二一七—二二三，臺北：遠流，一九八六）中，說到他對社會主義態度之改變。但在此處顯然也有「懺悔」的意思。

㉘ 同㉕，卷首，頁二—三。

㉙ 同上，〈再版自序〉。

㉚ 同上，第十一篇〈荀子〉，頁三〇。

㉛ 胡適，〈我們對於近代西洋文明的態度〉，《文存》，三集，頁七—八。

㉜ 馮友蘭，〈守冲謙〉，《新世訓》，在《三松堂全集》（河南：人民出版社，一九八六），卷四，頁四四三。

㉝ 見胡適，〈我們對於近代西洋文明的態度〉，《文存》，三集，頁三一八。

㉞ Hu Shih, "Confucianism and Modern Scientific Thinking," in A Eustace Haydon ed. *Modern Trends in World-Religions* (Chicago: The University of Chicago Press, 1934), p. 46.

㉟ 王陽明，〈答羅整菴少宰書〉，《王陽明傳習錄》（臺北：廣文，一九七九），頁一一六。胡適的翻譯見㉞，頁四七。

㊱ 同㉞，頁四七。

㊲ 胡適曾批評荀子的哲學是「極端短見的功用主義」，是「反對科學的態度」。（見㉚，頁三一）。

㊳ 同❸，頁五四九。一九五九年七月，胡適在夏威夷大學舉辦的第三屆「東西哲學家學術討論會」中（Third East-West Philosophers' Conference held at the University of Hawaii）作了一個公開的英文演講：〈杜威在中國〉"John Dewey in China." In *Philosophy and Culture—East and West,* ed. by Charles A. Moore. Honolulu: University of Hawaii Press, 1962, pp. 762-69.

他指出：「考據或考證……是科學方法的精髓」(It〔k'ao-chü, k'ao-cheng〕is the essence of the method of science.), p. 768.

胡適在〈介紹我自己的思想〉(胡適文選自序)中說：「少年的朋友們，莫把這些小說考證看作我教你們讀小說的文字。這些都只是思想學問的方法的一些例子。在這些例子裏，我要讀者學得一點科學精神，一點科學態度，一點科學方法。」(《文存》，四集，頁六二三)

㊴ Hu Shih, "The Scientific Spirit and Method in Chinese Philosophy," in Charles A. Moore ed. *The Chinese Mind—Essentials of Chinese Philosophy and Culture* (Honolulu: University of Hawaii Press, 1967), p. 107.

參見馮友蘭，Feng Yu-lan,, "Why China Has No Science—An Interpretation of The History and Consequences of Chinese Philosophy," in *The International Journal of Ethics*, Vol. XXXII, No. 3(April, 1922), 收入馮友蘭，《中國哲學史補》(無出版年月地點)，頁九—四〇。

㊵ 馮友蘭，〈辨城鄉〉，《新事論》，在《三松堂全集》卷四，頁二四七—四八。

㊶ 同上。

㊷ 這篇講稿是以英文寫成的：

Hu Shih, "Social Changes and Science," in *Free China Review*, Vol. 12, No. 3

(March, 1962), pp. 39-41.

中文是徐高阮譯的，收在《胡適作品集》第二十五冊，《胡適演講集二》，頁一三七—四三。

胡適有日記，記這次演講，他說：

「我的話是三十五年前的老話，但在今天似乎還是沒有人肯說的話。」（見胡頌平，《胡適之先生年譜長編初稿》（臺北：聯經，一九八四，共十冊），第十冊，頁三八〇一。

㊸ 胡適，〈清代學者的治學方法〉，《文存》，一集，頁三八六。

㊹ 胡適，〈共產黨為什麼要清算胡適的思想——答曾虛白先生〉中，有如下一段話：

「我提倡懷疑，我一生反對武斷主義，反對一切的武斷主義，反對一切的教條主義。我相信一個自由獨立的人，對於一切思想，一切主義，一切信仰，必須先要經過懷疑，而後可以相信；必須仔細考究過，然後可以相信。我在這二、三十年當中，我到處宣傳科學大家赫胥黎的話：「我們必須嚴格的不相信，不信任一切沒有充分證據的東西。」我們對於一切的信仰，必須說：「拿證據來。」凡是沒有證據的東西，凡是禁不起懷疑的東西，都是不應該信任的。」（《胡適作品集》第二十五冊，《胡適演講集》二），頁一〇二。

㊺ 參看周質平，〈該是破繭而出的時候了——評最近幾年中國大陸的胡適研究〉，在《胡適與魯迅》（臺北：時報文化出版公司，一九八八），頁一六三—七一。

㊻「啓蒙」、「救亡」這兩個詞借用自李澤厚，〈啓蒙與救亡的雙重變奏〉，在《中國現代思想史論》（北京：東方出版社，一九八七），頁七—四九。

㊼胡適，〈易卜生主義〉，《文存》，一集，頁六四六。

㊽胡適，〈介紹我自己的思想〉，《文存》，四集，頁六二四。

㊾胡適，〈三論問題與主義〉，《文存》，一集，頁三七三。

㊿同上，頁三七二。

51 〈中國科學院郭沫若院長關於文化學術界應開展反對資產階級錯誤思想的鬬爭對光明日報記者的談話〉，原刊一九五四年十一月八日《光明日報》，收入《胡適思想批判》（北京：三聯書店，一九五五，共八册），第一册，頁Ⅲ。

52 同❸，頁四九二—九三。

53 同上。

54 有關最近胡適研究的出版情形，參看李又寧，〈滄桑四十年——胡適先生在大陸〉，《時報週刊》（第二一六期，一九九〇年二月），頁八〇—八三。

胡適對民主的闡釋

一、前言

在五四運動前後，對中國思想界起過領導作用的知識份子當中，能不受馬克斯、列寧學說的影響，而始終主張民主自由的人並不多，胡適是這少數人中的翹楚。

陳獨秀、魯迅這些早年推崇德先生、賽先生的伙伴，在新文化運動剛有一些成績的時候，就紛紛失掉了故步，在政治上，倒向「民主自由的反面。稍後的許多學者作家如馮友蘭、郭沫若、巴金、矛盾、丁玲、老舍……更是無一例外的向左靠攏。使五四以來，辛苦建立起來的一點獨立自由的學術空氣，到了三十年代，漸漸的與政治宣傳合流，而終於成了政治的附庸。所有的知識份子也在狂瀾之下成了搖旗吶喊的鼓吹手了。

而今看來，這些當年被視爲「進步」的學者文人，他們的努力不但沒有把中國社會推向自由平等，卻反而阻礙了民主的發展，爲一個最不容忍的獨裁政權做了催生的工作。

胡適從他留學時代開始，直到一九六二年去世，半個世紀當中，民主自由始終是他思想中的重要成份，也是他堅持努力的一個方向。終其一生，他確信民主自由是「眼前世界文化的趨向」❶，他從不曾因爲世界政局的改變，而動搖過這個信念。在世界共產主義面臨全面解體的今天，重新審視胡適對民主的闡釋，依舊可以給我們以極大的啓發和鼓舞，雖然，從中也可以看到他錯誤的估計和過份的樂觀。

二、民主是一種生活方式

一九五五年，胡適寫〈四十年來中國文藝復興運動留下的抗暴消毒力量——中國共產黨清算胡適思想的歷史意義——〉，從這篇未完成的手稿中，可以看到胡適對「民主」的「晚年定論」，也是他對「民主」一詞所下的一個簡明扼要的定義。他說：「民主的眞意義只是一種生活方式。」而這種生活方式「千言萬語，歸根只有一句話，就是承認人人各有其價值，人人都應該可以自由發展。」他又將這種生活方式歸結爲「一種個人主義的生活方式。」他引了他在一九一八年寫的〈易卜生主義〉中的一段話來說明「個人主義」：

你要想有益於社會，最好的法子莫如把你自己這塊材料鑄造成器。

胡適把易卜生的這種個人主義稱之爲民主的「基本態度」、「基本精神」。❷

這一段說明是很值得玩味的。在一定的程度上，胡適把「民主」跟「個人主義」等同起來了。所以要了解胡適所說的民主，還得先審視他所提倡的個人主義究竟是什麼。從胡適所引易卜生的那段話來看，很容易使人把個人主義誤會成一種自私自利的「利己主義」。其實，「把自己鑄造成器」只是「爲有益於社會」在做準備工作。正如胡適把易卜生的名句「有的時候我眞覺得全世界都像海上撞沉了船，最要緊的還是救出自己。」解釋爲「社會是個人組成的，多救出一個人便是多備下一個再造新社會的分子。」❸胡適的「個人主義」從不以個人的完成爲其最高的理想，整個社會的改進才是個人主義最後的目的。

胡適在〈非個人主義的新生活〉一文中，特別指出：他所說的個人主義不是「爲我的」，也不是「獨善的」，他引了杜威的話說「眞的個人主義」體現在個人獨立的思想上，並勇於爲這種思想負責。胡適所反對的是避世的，山林隱逸式的個人主義。他所提倡的是一種奮鬪的人生觀。他要每個人盡自己最大的努力，「窮」也好，「達」也好，「做一些改良社會的事」❹。

胡適在〈不朽〉一文中，所一再強調的，也是個人與社會的關係：個人雖會死滅，但個人及於社會的影響，無論善惡，都可以延綿不斷，永世不朽。換句話說：「小我」的不朽，雖須透過「大我」才能彰顯。然而，這並不是說：「小我」是無意義的；相反的，整個「大我」的功過成敗，都是由無數「小我」積累造成。所以每個「小我」切不可小看自己，甘心做個自了漢❺。

由以上的分析看來，胡適所說個人主義的精義是在「獨立自主，參與奮鬪」這八個字上。他說：「民主的生活方式根本上是一種個人主義的生活方式。」也是就這一點而立論的。民主的生活方式，就個人來說，是獨立的，是有充份個人自由的；但就整體來說，是參與的，是有一個共同理想的。獨立而不參與固然無法達成這個理想；參與而不獨立，也會失掉個人的價值。在民主的生活方式中，中國人所最需要的是參與而不黨同，獨立而不避世的精神。

胡適說：「民主只是一個過程。」❻換句話說，民主永遠不會有完全實現的一天。無論現在的社會是如何的民主，我們總可以企盼一個更民主的將來。我們必須不斷的在獨立和參與之間努力奮鬪，才能一天一天的讓我們的生活方式接近民主的理想。

胡適談民主時，常與自由並舉。在他看來，民主與自由是一物之兩面，不容分割的。將民主落實到一個制度上時，胡適說這個制度「只是要保障個人的自由，使他不受政治暴力的摧殘，不受羣衆壓力的壓迫。」❼他又指出：

民主的生活方式，在政治制度上的表現，好像是少數服從多數，其實他的最精采的一點是多數不抹煞少數，不敢不尊重少數，更不敢壓迫少數，毀滅少數。❽

「少數服從多數」是「參與」，而「多數不抹煞少數」是承認「少數」的獨立。這樣相互尊重的關係是建立在對不同意見的容忍上。

一九五九年，胡適發表〈容忍與自由〉，他一再強調：「容忍比自由還更重要」，「容忍是一切自由的根本」❾。毛子水寫了一篇〈書後〉，指出胡適容忍與自由的哲學基礎是宋人呂伯恭「善未易明，理未易察」❿這兩句話，也就是不輕易認定自己的意見是對的。

論者常把胡適強調容忍的這一點，看成他與當道妥協的證明。誠然，胡適晚年在爭自由的努力上，不如他在三十年代的剛猛銳利，但把容忍看做軟弱無力的表示卻未必正確。要知道：容忍乃是對強者而言。胡適要「拿筆桿」「主持言論的人」不要小看了自己，自居於弱者。在他看來，「筆桿」有時比「槍桿」更能左右羣衆，造成時勢。因此，不但政府要容忍，知識份子也一樣要容忍。⓫與其把這樣的態度叫做軟弱，不如說胡適晚年，在爭自由這一點上，更趨向於理性，更趨向於和平。

其實，主張容忍是胡適一貫的態度，也是他與陳獨秀在作風上最大的不同。早在一九一七年，〈文學改良芻議〉發表之後，胡適主張「自由討論」⓬，而陳獨秀則堅持「必以吾輩所主張者爲絕對之是，而不容他人之匡正也。」⑬一九二五年，兩人又爲了北京《晨報》館該不該被燒毀的事有過爭執。在一篇致陳獨秀的信稿中，他已經鉤勒出了〈容忍與自由〉全文的輪廓：

爭自由的唯一原理是：「異乎我者未必卽非，而同乎我者未必卽是；今日衆人之所是未必卽是，而衆人之所非未必眞非。」爭自由的唯一理由，換句話說，就是期望大家能容忍異己的意見與信仰。凡不承認異己者的自由的人，就不配爭自由，就不配談自由。⑭

六十多年以後，我們重讀胡適這段言論，依舊可以給海峽兩岸爭自由的人士下一針砭。

周策縱先生對胡適的〈容忍與自由〉有過極精闢的分析，他特別提出「抗議」在爭自由過程中是不可或缺的⑮。有自由的地方一定有容忍，但只有容忍卻未必能帶來自由。這對胡適的理論做了重要的補充。然而，「抗議」並不意味著「暴力」，周策縱說胡適是「用容忍的態度抗議」⑯，這最能說明胡適「低調而堅強」的風格。

如果把胡適所說的「容忍」分開來看，我們所最迫切需要的是「容」，而不是「忍」。「容」是「包容」或「寬容」，而「忍」是「隱忍」或「忍耐」。「包容」或「寬容」是一種胸襟，「隱忍」或「忍耐」只是在強權之下，一時的權宜，勉強的克制。我們對不同意見的處理，經常是「忍」有餘而「容」不足。我們必須體認到：容許異己的存在，正是自由的起點！

三、民主在中國的歷史基礎

一九四一年胡適發表英文論文〈民主中國的歷史基礎〉(Historical Foundations for A Democratic China)，他從社會和歷史的觀點來說明「民主」這個概念，對中國人來說，並非全然是陌生的，它有一定本土的根，他特別提出三點做為民主的「歷史基礎」：

㈠：徹底平民化的社會結構，

㈡：兩千年來客觀的考試任官制度，

㈢：歷代的政府創立了一種來自本身的批評和監察的制度。[17]

First, a thoroughly democratized social structure; secondly, 2,000 years of an objective and competitive system of examinations for civil service; and thirdly, the historic institution of the government creating its own "opposition" and censorial control.

胡適認為自秦朝統一中國之後，封建制度基本上即已崩壞，而漢朝以來對長子繼承權的廢止，使中國沒有任何家族可以長時期的維持財富與權力，而這種經濟上均分的制度使中國走向一個沒有階級區分的社會，甚至於連持續的貧富界線都不存在。一個人無論出身如何低微，只要經由考試任官的制度而獲得官職，他的地位和權力就能受到社會各階層的承認。⑱

胡適雖曾多次的批評八股文，將八股纏足與太監同視爲中國歷史上最不人道的傳統⑲，但他對科舉制度所起的作用卻是十分肯定的。雖然各種考試方式都逃不了「文字游戲」之譏，但它的結果是建立了一個客觀而比較公正的任官制度。他在一九三四年所寫〈政治統一的途徑〉一文中，也提到這一點：

> 科舉制度雖然不切實用，但人人都承認它的公道無私；老生宿儒應考到頭髮白了，也只能嘆口氣說「場中不論文！」他不怨那科舉制度本身的不公。智識階級都感覺有「正途出身」；貧家子弟，用了苦工夫，都可以希冀狀元宰相的光榮。⑳

科舉制度大大的提高了老百姓參政的能力和意願，而政府的組織，除了皇家，基本上全是來自民間。老百姓與官僚之間並沒有絕對不可跨躍的鴻溝。胡適在〈民主中國的歷史基礎〉一文中，進一步指出科舉制度如何爲中國的「民主」播下了種籽：

> 經過這個制度（科舉）數百年的訓練，在中國老百姓的心目中形成了一個根深蒂固的傳統觀念：政府應該掌握在最適於治理國事的人的手中；國家的官吏並不屬於任何一

個天生的階級，而是由人人都可以參加的考試任官制度甄選而來的。[21]

Throughout the centuries of training under this system, there has grown up a deep-rooted tradition in the minds of the Chinese people that government should be in the hands of those who are best fitted to govern; and that officers and officials of the state are not born of any special class but should be selected through some system of competitive examination open to all who are prepared to take it.

在同一篇文章中，胡適將歷來的監察與諫官制度，視爲民主在中國的一項重要歷史基礎。因爲這個傳統證明中國歷史上的帝王對言論自由有相當的容忍，而知識份子也以「敢諫」爲榮。他說：「卽使名聲極壞的獨裁者對容忍直諫也有一種宗教式的信仰，認爲這是人君最高的品德。」[22]

胡適在科舉制度中看到了中國「平民化」的渠道，在監察和諫官的制度裏找到了「容忍」和「言論自由」的「歷史基礎」。

也許因爲胡適爲民主「尋根」的心過份熱切，有時不免把中國描繪成了一個沒有階級又沒有特權的平等社會。一九三三年他在芝加哥大學做一系列「中國文藝復興」（The Chinese

Renaissance）的演講，在第一講中就說中國的社會結構「差不多已經完全民主化了」（The social structure of the nation was almost completely democratized.）[23]，這多少誇大了中國社會民主化的實際情形。中國的門閥權貴無代無之，一個人眞要由「布衣」而「卿相」，雖不致絕無可能，但大多也是戲劇小說中的情節，在實際生活中畢竟極少有。

胡適有時對科舉制度表示出過度的讚揚和過份的信心，以至說：

> 即使一個最貧窮的家庭也可以給一個孩子以必要的教育〔去參加科舉〕，這種教育在書費和學費上幾乎不花一文。[24]
>
> It was possible for the poorest family to give a talented child the necessary education which cost practically nothing in books or in tuition.

這一段話未免把中國歷來的教育說的太普及也太「廉價」了。翻看一下他在《四十自述》中所說的〈九年的家鄉教育〉，就不難了解即使到了清末，要想念點書還是一件極困難的事。那九年，胡適花了寡母不少銀子，胡家畢竟還是官宦之家，才能有此經濟能力，他母親馮順弟的娘家就少有送孩子去念書的可能了。[25]

胡適把科舉制度視爲中國民主化的主要管道，這自有他的卓識，但這個制度也把對君主的絕對忠誠，以及屈服於權威的奴性心理，藉着「十年寒窗，一舉成名」的企盼而深深的植入了中國人的心。猶有過者是科舉制度使知識份子視「學術爲政治服務」爲當然。這些影響卻又成了往後推行民主最大的障礙。

至於胡適所樂道的「寧鳴而死，不默而生」[26]的諍諫傳統，靠的是皇帝的一點慈悲容忍，和知識份子不怕死的脊樑，而諍諫的另一面正是忠字的絕對表現，這與爭人權是兩回事。中國歷史上數不盡的忠臣烈士不惜冒生命危險，向君王諫言，這正是沒有言論自由的最好說明，而不是民主的種籽。一個臣子不惜一死向君主「進一言」時，與其說他是在爭言論的權利，不如說他是在盡人臣之職責。換言之，在諫官們看來，諍諫是責任，而不是權利。所以諍諫的傳統與言論自由是有一定距離的。這點「權利」與「責任」的不同，也正是「爭人權」與「盡臣道」兩者分野之所在。

胡適有時也過份強調「鳴」的意義，不免使人覺得「鳴」的本身就是目的。其實，「鳴」只是「說」，「鳴」了以後究竟能不能發生一點作用，才是更值得注意的一個實際問題。

歷來的言官諍臣，都多少有點「說過了，也就完事了」的觀念，把「諍諫」當成了最高的目標，而不圖參與實際的政治改革。這在一定的程度上，也反映出胡適追求民主自由的作風。在報紙雜誌上寫篇時論短評，批評批評當道，是可以的；眞要請他出來組織反對黨，他是不幹的。

在言官諍臣們看來，「鳴」而居然能「不死」，這是皇上的恩賜，退朝時還免不了誠惶誠恐感激涕零一番。但那畢竟是過去的事了。而今看來，「鳴而不死」乃是天經地義，絲毫不足奇的事。而對「鳴」的容忍只是當道最起碼的民主修養，連「取而代之」都是定期舉行的事，何況「鳴」呢！

當然，「鳴」是言論自由的起點，如果連「鳴」都做不到，自然更不必論其他了。然而，視「鳴」爲民主自由的最高表現，則又不免忽略了民主自由還有遠比「鳴」更重要的實質內容。

一九五四年胡適在第六屆「遠東學會年會」（The Sixth Annual Meeting of the Far Eastern Association）發表英文論文〈中國古代思想中懷疑的權利〉（"The Right to Doubt in Ancient Chinese Thought"）。他把自老子以來的自然主義和孔子「未能事人，焉能事鬼?」「不知生，焉知死」的這種人本的懷疑精神，以至於漢朝王充「疾虛妄」的求眞態度，都視爲中國民主思想上的根。胡適把一九四九年以後共產黨在中國的集權統治叫做「由軍事上的征服所帶來暫時的野蠻」[27]（"temporary barbarization brought by military conquest"）他在文末充滿信心的說：

> 中國這種懷疑的精神，這種智識上與生俱來的懷疑與批評的權利，最後終能把中國從目前暫時的野蠻境況中解救出來。[10]
>
> I may also add that it will be this Chinese spirit of doubt—this Chinese intellectual birthright to doubt and criticize—that may yet ultimately save China from her present state of temporary barbarization.

由此我們可以看出：胡適把自先秦以來的自然主義和人本主義看做抵禦強暴最後的，也是最有效的一道防線。

胡適談民主，一如他談科學。始終不在內容上著意，而只是在精神態度上立論[29]。然而，民主畢竟是一種建立在法律條文上的政治制度，不談制度而只談精神，不免把民主抽象化了，使人覺得無從捉摸。周策縱先生在〈胡適對中國文化的批判與貢獻〉一文中，對這一點有極深刻的指陳：

> 傳統中國的個人，大多束縛於家族制度，很少尊重獨立的個人。中國傳統中實在缺乏「權利」(Right) 的觀念，所以很不容易建立起保障人權和民權的法制。中國也沒有憲法、選舉 (Election) 和多數決的傳統……沒有這種種具體法律制度的保障，若只拿抽象的自由、民本思想說成民主政制，終會只落入一廂情願的自我安慰。[30]

這也正足以說明：何以幾千年的「歷史基礎」，懷疑的精神，民本的哲學，卻始終建立不起一個民主的制度來。

四、民主政治是幼稚政治

胡適對於民主在中國的發展，由於過份相信「歷史潮流」或「歷史基礎」，總是從大處、遠處立論，結果卻忽略了眼前政局的演變，而造成了一些錯誤的估計。

從一九三三到三七這幾年之間，胡適與丁文江、蔣廷黻、錢端升等人發生了一場時斷時續的獨裁專制與民主憲政的辯論。雙方都希望能儘快達到政權的統一，但是達到統一的途徑卻是不同的。丁蔣諸人認爲當時中國經濟落後，教育不發達，交通不方便，實行民主有種種的困難，中國所需要的是一種開明的獨裁政治，由一個強有力的領導中心來策劃國家大事，將中國建設成爲一個現代化的國家。在他們的文字中，有時不免把「政權的統一」與「獨裁」混爲一談。[31]

胡適並不是不贊成「政權的統一」，但是他認爲「政權的統一不一定要靠獨裁專制。[32]」這裏所謂的獨裁專制，在胡適看來，至少有三種方式：領袖的獨裁，一黨的專政和一個階級的專政。這三種方式都是胡適所反對的，理由有三點：

> 第一，我不信中國今日有能專制的人，或能專制的黨，或能專制的階級。……
>
> 第二，我不信中國今日有什麼大魔力的活問題可以號召全國人的情緒與理智，使全國能站在某個領袖或某黨某階級的領導之下，造成一個新式專制的局面。……
>
> 第三，我有一個很狂妄的僻見：我觀察近幾十年的世界政治，感覺到民主憲政只是一種幼稚的政治制度，最適宜於訓練一個缺乏政治經驗的民族。㉝

上舉胡適反對專制的三點理由，發表在一九三三年所寫〈再論建國與專制〉一文中。我們現在回看一九四九年中華人民共和國的成立，以及過去四十幾年來，共產黨在中國所進行的極端獨裁集權的統治，不得不說胡適在一九三三、三四年之間未免太樂觀了。

一九四九年共產黨的立國正是證明「中國有能專制的人」——毛澤東，「有能專制的黨」——共產黨，「有能專制的階級」——無產階級。同時也證明中國有一個「有大魔力的活問題可以號召全國人的情緒與理智」——社會主義。

胡適在一九三三年不信有任何口號或「共同信仰」可以打動這個「老於世故」的中國民族的心。然而一九四九年的變局竟悲劇性的說明了中國民族的心並未完全死滅，竟還有「口號」、「幻術」可以使這個老於世故的民族為一個虛無縹渺的「烏托邦」而奮鬥。雖然這個奮鬥的結果，在今日看來，是個悲慘的錯誤，但當時參加革命的青年當中，確有無數的志士和烈士，他們何嘗不是爲了一個理想而奮鬪而犧牲的呢。

在胡適所提三點反對「專制獨裁」的理由當中，以第三點受到的批評最多。蔣廷黻說這段議論是「笑話」，丁文江則斥之爲「不可通的」[34]。

胡適說「民主憲政只是一種幼稚的政治制度」，他主要立論的基礎是：民主政治不甚需要「出類拔萃的人才」；可以藉「集思廣益」，使許多「阿斗」將平凡的常識湊起來也可以應付局面，所以他又把民主政治叫做「常識政治」。「開明專制」在胡適看來，是「英傑的政治」，需要「無數專門技術人才」[35]。而中國是一個「知識太低，經驗又太幼稚」的民族，是沒有試行新式獨裁政治的資格的。[36]

丁文江在〈民主政治與獨裁政治〉一文中指出：胡適贊成民主的理由之一是相信「兩個臭皮匠湊起來是個諸葛亮」，他說胡適未免「太樂觀了」，因爲「兩個臭皮匠湊起來依然是兩個臭皮匠」，是湊不出諸葛亮來的。他進一步說：獨裁固然需要人才，民主也一樣需要人才，但就當時情形而言，在中國推行民主，遠比實行獨裁要難[37]。張熙若在《獨立評論》二三九號上發表〈民主政治當眞是幼稚的政制嗎？〉也是針對胡適的第三點而提出的反駁。

一九三七年五月，胡適寫〈再談談憲政〉，對丁、蔣諸人就「民主政治是幼稚政治」這一點的批評，有所說明。他說：他當時提出這個看法的立意，不過是「要打破向來學者把憲政看的太高的錯誤見解。」在胡適看來，「民主憲政不是什麼高不可及的理想目標，只不過是一種過程。」而「憲政隨時隨處都可以開始，開始時不妨從小規模做起……從幼稚園做起，逐漸升學上去！」。[38]

胡適對實行民主的這種態度，依舊是他「一點一滴」改良主義的擴大。民主制度的建立必須從實踐中來，必須允許老百姓去「嘗試」。雖然他寫過〈知難，行亦不易〉批評孫中山的「知難行易」說[39]。但在民主的推行上，胡適所相信的卻是「知難行易」的理論，重在「行」，而不重在「知」。他在〈從一黨到無黨的政治〉一文中，清楚的表明了這個態度：

> 最有效的政治訓練，是逐漸開放政權，使人民親身參加政治裏得到一點政治訓練。說句老話：學游泳的人必須先下水，學彈琴的人必須先有琴可彈。憲政是憲政最好的訓練。[40]

換句話說，民主不是一個空談理論的問題。胡適在〈答丁在君先生論民主與獨裁〉一文中，把民主的運作比喻成是無數的「阿斗」，「逢時逢節」的來「畫個諾，投張票」[41]。開始的時候，這些「阿斗」們也許畫不好諾，投不對票，但不能因此就不讓他們畫諾投票。唯有在錯誤中學習，才能增進他們畫諾投票的能力，也才有讓「阿斗」變成「諸葛亮」的一天。這就是胡適「民主政治是幼稚政治」說的精義。

一九二三年胡適為張慰慈的《政治概論》寫序時就已說明：「良好的公民」是「慢慢地訓練出來的」，而不是生就的。如果一個國家要等到「人民程度夠得上的時候方才採用民治制度」，那麼，這個國家就永遠沒有民治的希望了㊷。這段議論可以做為他十年後談民主政治的張本。

從胡適對民主的這個信念中，我們可以看出：他雖然一再用「阿斗」來調侃一般的老百姓，然而，他卻是相當信任「阿斗」的能力的，他相信一般老百姓是可教的，也是能學的。他不像丁文江在〈民主政治與獨裁政治〉一文中，那樣蔑視羣衆，說：「要四萬萬個阿斗自己領導自己，新的國家是永久建設不起來〔的〕。」㊸胡適相信「阿斗」們在長期的嘗試和參與中，自會培養出選擇和參與的能力，而他對那些「英明」的領袖卻是深有疑慮的，他在一九三四年就語重心長的指出：

我可以斷斷的預言：中國今日若真走上獨裁的政治，所得的決不會是新式的獨裁，而一定是那殘民以逞的舊式專制。㊹

「解放」以後的斑斑血史印證了「殘民以逞」的預言。

胡適所說的民主是從現有的政治制度上逐漸改良演變而來的。他所反對的是「以暴易暴」的流血革命，這樣的革命，在他看來，是增加破壞，阻礙進步的。換句話說，他對現有的政治秩序是支持的。

一九三三年，由宋慶齡、蔡元培爲首的「中國民權保障同盟」發表宣言[45]，要求「立即無條件釋放一切政治犯」。胡適爲此寫〈民權的保障〉，他在文章中強調：民權的保障是法律問題而不是政治問題。「只有站在法律的立場上來謀民權的保障，才可以把政治引上法治的路。只有法治是永久而普遍的民權保障。」[46]

對於「無條件釋放一切政治犯」一節，胡適認爲：

> 這不是保障民權，這是對一個政府要求革命的自由權。一個政府要存在，自然不能不制裁一切推翻政府或反抗政府的行動。向政府要求革命的自由權，豈不是與虎謀皮？謀虎皮的人，應該準備被虎咬，這是做政治運動的人自身應負的責任。[47]

這段議論曾被魯迅譏爲「人權抛卻說王權」[48]。同時也被無數的批胡專家指爲「幫閒」、「御用」的鐵證。細看全文，胡適的立意還是在法治上。按法行事是法治的基本精神，一個法治的社會，不能在「法」之外別立標準。「法」容或有未能盡善的地方，但法既立，即須受法之約束。

一九三三年軍閥餘焰未除，而日本帝國主義又虎視眈眈，正準備對中國做全面的侵略。

在這樣「國將不保」的危急情形之下，胡適首要的考慮是國家的存亡，是「大我」的生命，他在〈福建的大變局〉一文中，清楚的指出：

「人權」固然應該保障，但不可捐著「人權」的招牌來做危害國家的行動。「取消黨治」固然好聽，但不可在這個危急的時期借這種口號來發動內戰……無論什麼金字招牌，都不能解除內戰的大罪惡。㊾

換句話說，「爭人權」，「爭自由」的本身就是目的，「爭人權」是不爲其他政治目的服務的。所有借著「人權」、「自由」的口號，來達到其他政治目的的活動，胡適是不支持的。

五、結語

胡適在一九三三、三四年看不到十五、六年之後，中國有落入極端獨裁的危險，這是他的失誤。歷史證明一個「知識太低，經驗又太幼稚」的民族，恰恰爲個人獨裁提供了最好的條件，而一個「領袖的聖明」居然左右了全中國的命運達三、四十年之久。這在在都說明一個愚昧無知的民族是不配實行民主的。歷史的發展爲胡適「民主政治是幼稚政治」的理論做了最無情的駁正。

從胡適的日記中我們得知：吳稚暉在一九二八年卽已看出共產黨「還要大得志一番，中國還免不了殺人放火之刼」，當時胡適「卻不這麼想」[50]。一九五三年，胡適寫〈追念吳稚暉先生〉，承認了自己的錯誤。[51]

一九三〇年代胡適對獨裁政治在中國發展錯誤的估計，一部份來自他對自由民主「世界潮流」的過份有信心，他相信「歐戰的終局實在是民主政治進入一個偉大的新發展的開始」，而不是「民主政治最後的一次凱旋」。[52]其次是因爲他過份相信民主在中國的「歷史基礎」，他一再強調「二千年的平民化」加上「二千年『天高皇帝遠』的放任政治」所養成的民族性是「近於民主政治而甚遠於鐵紀律的獨裁政治」。[53]然而，過去幾十年來歷史的發展告訴我們：大潮流之中也能出現小逆流，而「歷史的基礎」在這個逆流中往往薄弱到了發生不了絲毫的作用。

當然，評論一個史家，不應只就幾十年的歷史發展立論。胡適對民主自由大方向的掌握是極其正確的。一九四七年八月發表〈眼前世界文化的趨向〉，明白的指出：

> 從歷史上來看世界文化的趨向，那民主自由的趨向，是三四百年來的一個最大目標，一個最明白的方向。最近三十年的反自由、反民主的集團專制的潮流，在我個人看來，不過是一個小小的波折，一個小小的逆流。[54]

同年同月他又發表〈我們必須選擇我們的方向〉，重申他對民主自由的信心，在文末他堅定的指出：

> 我們中國人在今日必須認清世界文化的大趨勢，我們必須選定我們自己應該走的方向。只有自由可以解放我們民族的精神，只有民主政治可以團結全民族的力量來解決全民族的困難，只有自由民主可以給我們培養成一個有人味的文明社會。❸

一九四七年八月正是「解放」的前夕，實在看不出多少民主自由的遠景，胡適能在此時發表這兩篇文章，足證他的睿智與遠見。過去兩年來東歐共產主義的紛紛解體，以及最近蘇聯政局轉向民主自由的發展，都為胡適四十四年前的預言，做了最有力的印證。

一九九一年九月

注：

❶ 這是胡適一九四七年發表的一篇文章，收入胡適，《我們必須選擇我們的方向》（臺北：自由中國出版社，一九五〇再版），頁五－一二。

❷ 以上這一段參見，胡適，〈四十年來中國文藝復興運動留下的抗暴消毒力量——中國共產黨清算胡適思想的歷史意義——〉，收入《胡適手稿》（臺北：胡適紀念館，一九七〇，共十集），第九集，頁五四五－四八。

❸ 胡適，〈易卜生主義〉，在《胡適文存》（臺北：遠東，一九六八，共四集），一集，頁六四

三。

❹ 參看，胡適，〈非個人主義的新生活〉，在《胡適文存》，一集，頁七四三—五四。

❺ 參看，胡適，〈不朽〉，在《胡適文存》，一集，頁六九三—七〇二。

❻ 胡適，〈再談談憲政〉，在《獨立評論》，二三六號（一九三七，五，三十），頁六。

❼ 同❷，頁五四六。

❽ 同上，頁五四八。

❾ 胡適，〈容忍與自由〉，《自由中國》二十卷六期（一九五九，三，十六），頁七—八。

❿ 毛子水，〈「容忍與自由」書後〉，《自由中國》二十卷七期（一九五九，四，一），頁一四。

⓫ 參看胡適講，楊欣泉記〈容忍與自由〉，《自由中國》二十一卷十一期（一九五九，十二，一）頁六—八。

⓬ 參看，胡適，〈寄陳獨秀〉，在《胡適文存》，一集，頁二九。

⓭ 陳獨秀，〈答書〉，同上，頁三二。

⓮ 〈胡適致陳獨秀〉，在《胡適來往書信選》（香港：中華，一九八三，共三冊），上冊，頁三五九。

⓯ 參見，周策縱，〈自由・容忍與抗議〉，在《海外論壇》，第二卷第一期（一九六一，一），頁五—一〇；周策縱，〈胡適之先生的抗議與容忍〉，《海外論壇》，第三卷第五期（一九六

二，五），頁二一一三八。

⑯〈胡適之先生的抗議與容忍〉，頁二二一。

⑰ Hu Shih, "Historical Foundations for a Democratic China," in *Edmund J. James Lectures on Government: Second Series* (Urbana, IL.: University of Illinois Press, 1941), pp. 1-12.

⑱ 同上，頁四。中文材料，參看，胡適，〈建國與專制〉，《獨立評論》，八十一號（一九三三，十二，十七），頁四一五。

⑲ 這類批評很多，如胡適，〈信心與反省〉，收入《胡適文存》，三集，頁四六二。

⑳ 胡適，〈政治統一的途徑〉，《獨立評論》，八十六號（一九三四，一，二十一），頁三。

㉑ 同⑰，頁一〇。

㉒ 同上，頁一一。

㉓ Hu Shih, "Types of Cultural Response," in Hu Shih, *The Chinese Renaissance* (New York: Paragon Book Reprint Corp., 1963), p. 7.

㉔ 同⑰，頁一〇。

㉕ 參看，胡適，〈九年的家鄉教育〉，在《四十自述》（臺北：遠東，一九八二），頁一七一三六。

㉖ 參看，胡適，〈寧鳴而死，不默而生〉，在《自由中國》十二卷七期（一九五五，四，一），頁五－六。

㉗ Hu Shih, "The Right to Doubt in Ancient Chinese Thought," in *Philosophy East and West*, XII, No. 4 (January, 1963), pp. 259-99.

這篇文章是一九五四年宣讀的，胡適一直計畫改寫加注，但始終沒有實現。《東西哲學》學刊的編輯覺得這篇文章很能代表胡適晚年思想中的重要部份，在胡適死後，又將之刊行。（見《東西哲學》編者注）有關胡適類似的議論，參看：

Hu Shih, "The Scientific Spirit and Method in Chinese Philosophy," in Charles A. Moore, ed., *Philosophy and Culture—East and West* (Honolulu: University of Hawaii Press, 1962), pp. 199-222.

有關王充的「疾虛妄」，參看：王充，〈對作篇〉，在《論衡》（上海：人民，一九七四），卷二九，頁四四一－四五。

㉘ 同上，〈懷疑〉，頁二九九。

㉙ 有關胡適對科學的態度，參看：

D.W.Y. Kwok, *Scientism in Chinese Thought 1900-1950*, (New Haven: Yale University Press, 1965), pp. 83-108.

㉚ 周策縱，〈胡適對中國文化的批判與貢獻〉，在《胡適與近代中國》，頁三一九－三三三。

㉛ 這類文章很多，如：

蔣廷黻，〈革命與專制〉，《獨立評論》，八十號，頁二－五；〈論專制並答胡適之先生〉，《獨立評論》，八十三號，頁二－六。

丁文江，〈民主政治與獨裁政治〉，《獨立評論》，一三三號，頁四－七；〈再論民治與獨裁〉，《獨立評論》，一三七號，頁一九－二二。

瑞昇（卽錢端升），〈民主政治乎？極權國家乎？〉，《東方雜誌》，三十一卷一號，頁一七－二五。

㉜ 胡適，〈建國與專制〉，《獨立評論》，八十一號，頁五。

㉝ 胡適，〈再論建國與專制〉，《獨立評論》，八十二號，頁三－五。

㉞ 胡適在〈再談談憲政〉一文中說：「我這個『僻見』，蔣廷黻先生不屑答覆；有一天他對我說：『你那一段議論簡直是笑話，不值得討論。』」（《獨立評論》，二三六號，頁五。）丁文江的評論，見丁文江〈民主政治與獨裁政治〉，《獨立評論》，一三三號，頁五。

㉟ 同㉝，頁五。

㊱ 胡適，〈中國無獨裁的必要與可能〉，《獨立評論》，一三〇號，頁五。

㊲ 同㉞，丁文，頁五－六。

㊳同㉞，胡文，頁六。

㊴胡適，〈知難，行亦不易〉，收入胡適、羅隆基等著，《人權論集》（上海：新月，一九三〇），頁一四五—一六八。

㊵胡適，〈從一黨到無黨的政治〉，《獨立評論》，一七一號，頁一一。

㊶胡適，〈答丁在君先生論民主與獨裁〉，《獨立評論》，一三三號，頁八。

㊷胡適，〈政治概論序〉，在《胡適文存》，二集（上海：亞東圖書館，一九二四），卷三，頁二一。

㊸同㉞，丁文，頁六。

㊹同㊶，頁九。

㊺有關「中國民權保障同盟」的歷史及資料，參看《中國民權保障同盟》（北京：中國社會科學院近代史研究所中華民國史研究室主編，一九七九）。

㊻胡適，〈民權的保障〉，《獨立評論》，三十八號，頁四。

㊼同上。

㊽魯迅，〈王道詩話〉，《僞自由書》，在《魯迅全集》（北京：人民，一九八二，共十六冊），冊五，頁四七。

㊾胡適，〈福建的大變局〉，《獨立評論》，七十九號，頁四。

㊿ 胡適一九二八年五月十八日日記，在《胡適的日記》（手稿本，臺北：遠流，一九九〇，共十八册）在第七册，無頁碼。

51 胡適，〈追念吳稚暉先生〉，原刊《自由中國》十卷一期，收入楊愷齡編，《吳稚暉先生紀念集》（臺北：文海出版社，一九七五），頁一一—一六。

52 胡適，〈一年來關於民治與獨裁的討論〉，《東方雜誌》，三十二卷一號（一九三五，一，一），頁一八。

53 同上，頁二三。

54 胡適，〈眼前世界文化的趨向〉，在胡適：《我們必須選擇我們的方向》，頁一一。

55 胡適，《我們必須選擇我們的方向》，同上，頁一七。

胡適筆下的日本

一、在鄙夷和敬畏之間

胡適生在一八九一年，清光緒十七年辛卯，也就是中日甲午之役的前三年。胡適的父親胡傳，鐵花先生，死於一八九五年，光緒乙未，正是甲午之役的次年。胡傳的死與日本侵臺有着直接的聯繫[1]。一九三八年胡適出任駐美大使，又是蘆溝橋事變的第二年，而在他駐美大使四年任內，聯合盟邦以抗日也是他的主要任務之一。胡適一家兩代的命運與日本侵華史有着不可分割的關係。

過去一百多年來，日本一方面是中國新思想與新科技的主要來源——許多「西學」是經過日本人的譯介才傳到中國來的。「明治維新」也爲中國的西化或現代化提供了一個最成功，最值得學習的「樣版」。但在另一方面，日本也是中國百年來災難和苦痛之所自來，中國近代史上的挫敗和羞辱少有不和日本侵華緊密關聯的。

胡適對這樣一個「同文同種」的強隣，他的態度在鄙夷、敬畏和惋惜之間，有指謫，也有辯護。論及日本文化時也是褒貶互見，不像他對西洋文明之一致推崇。就情緒上來說，則常有愛恨雜糅的表現。

胡適第一次到日本是在一九一〇年八、九月之間。這年他考取庚款留美，在赴美途中取道日本，他曾到長崎、神戶、橫濱等地「登岸一游」，這一游給他的印象極壞，在一封一九一〇年九月二十五日寄自紐約州綺色佳(Ithaca, New York)的信裏，說到了日本給他的第一印象：

> 過日本時如長崎、神戶、橫濱皆登岸一游。但規模之狹，地方之齷齪，乃至不如上海、天津遠甚。居民多赤身裸體如野蠻人，所居屬矮可打頂，廣僅容膝，無几無榻，作書寫字，即伏地為之。此種島夷，居然能駸駸稱雄世界，此〔豈〕非吾人之大恥哉！今日韓已合并矣。韓之不祀，伊誰之咎！吾國人猶熟視若無睹然，獨不念我之將為韓續耶！嗚呼！傷已！[2]

在這段話裏，有幾點是極可玩味的。胡適在十四歲那年（一九〇四），雖然對「日本在天南地北」還「不很清楚」，但他已經作過〈原日本之所由強〉這樣的經義題目，也看過《明治維新三十年史》這一類介紹日本維新的書③，他對日本是有一定的認識的，而這次日本之游毋寧是令他失望的，也是對他預期看法的一種修正。所謂「乃至不如上海、天津遠甚」，說的更白話一點兒，就是「〔這幾個日本大城市〕居然遠不如咱們的上海、天津。」這一方面固然有些竊喜——祖國的上海、天津畢竟還不太糟；但另一方面也有他掩不住的失望——怎麼，日本的幾個大都市竟是這般模樣！他對日本人之衣著、居所、几榻更是一無褒詞。至於看到韓國爲日本吞併，進而想到中國可能爲韓國之續，充份表現了一個十九歲少年的遠見與殷憂。

令我最驚訝的是：胡適在這段文字中，頗用了幾個帶有種族主義歧視口吻的字眼，如「野蠻人」，如「島夷」這類極度顯示中華固有文化中自大狂的措辭。這也是日後胡適所嚴厲批判的一種態度。「島夷」稱雄，成了「吾人之大恥」，換言之，中國應該稱雄，而「島夷」應該臣服，方是道理。

胡適對日本的惡劣印象，更由他初抵美之後，對美國的一致稱揚，襯托的更鮮明了。在同一封信中，說到美國的情形是：

> 美國風俗極佳。此間夜不閉戶，道不拾遺，民無游蕩，卽一切游戲之事，亦莫不泱泱然有大國之風，對此，真令人羨煞。④

這簡直是〈禮運大同篇〉中的理想世界，復現於美洲了。除此以外，美國人也給了胡適一種慷慨好客的印象，這些記載在他《留學日記》中頗多。在這封信裏，他特別提到：在康奈爾大學念農科的學生全是公費，「一年可省百五十金，可謂大幸。」而他在「途中極蒙學界歡迎，每至一城，可不費一錢而得游全市。」至於康奈爾大學則是「依山傍湖，風景絕佳。」❺胡適對美國的初步印象眞是十全十美，一無批評，這比起他對日本的看法，眞是判若雲泥了。

當然，以上這些論斷都只是根據一封平常的信，這封信很可能是信手寫來，並無多少深意。我們如此推敲，很可能犯了「過份闡釋」的毛病。但這也多少顯示胡適早年對日本、美國的一些看法；更何況胡適落筆，一向極為謹慎，日記、書信自留學時期起，即做了有計劃的保存。這封信在各類有關胡適的著作中都未收錄❻，直到一九八七年五月才得到發表，是一件值得重視的史料。

胡適一九一四年作〈非留學篇〉，在第二節之中，他比較了中、日留學政策的成敗異同❼。在這段議論中，他一改一九一〇年對日本的卑視態度，而是對日本在各方面的卓越成就，表示由衷的讚嘆。倒是對中國的落後感到無限的痛心，在批評中國時，已很有點「百事不如人」❽的雛形了。而種族主義的色彩更是了無踪影了。

〈非留學篇〉是胡適早年著作中，極重要的一篇文章，文長一萬五仟字，對當時中國的留學政策及教育發展有極痛切的指陳和規劃，也是一九四七年胡適寫〈爭取學術獨立的十年計劃〉❾的最初藍本。這篇文章在一九一五年時，《中寅》雜誌的編者已經搜求爲難，七十五年來，一直是學者們尋訪的對象❿。下引的這一段很能代表青年胡適當時對中、日兩國各方面的看法：

日本之遣留學，與吾國先後同時，而日本之留學生已歸而致其國於强盛之域。以內政論，則有健全之稱。以外交軍事論，則國威張於世界。以教育論，則車夫下女都能識字閱報。以文學論，則已能融合新舊，成一種新文學，小說、戲曲，都有健者。以美術論，則雕刻繪畫都能自樹一幟，今西洋美術，乃駸駸受其影響。以科學論，則本國學者著作等身者殊不乏人。其醫藥之進步，尤為世界所稱述云。⓫

在這段文字裏，除了對日本各方面的成就表示稱揚以外，已看不到任何「島夷」或「野蠻人」的鄙薄口吻了。接着，胡適就當時中國之情形與日本作了比較：

今返觀吾國則何如矣。以言政治，則但有一非驢非馬之共和。以言軍事，則世界所非笑也。以言文學，則舊學已掃地，而新文學尚遙遙無期。以言科學，則尤可痛矣，全國今日，乃無一人足稱專門學者……。⓬

胡適將中、日兩國各方面的進步和落後幾全歸因於留學政策之成敗，這或許未必公允。但我們可以清楚的看出：此時的胡適已把日本的成就，作爲中國現代化過程中最好的榜樣了。胡適將成敗的關鍵集中體現在留學政策能不能造成「新文明」的這一點上，這也就是他往後主張社會改造要從文化教育入手的張本。

一九一四年八月十七日日記有〈還我青島，日非無利〉一條說：「他日世界之競爭，當在黃白兩種，黃種今惟日本能自立耳。」⑬這時胡適已經把日本視爲黃人能自立的代表了。

在一九一五年一月的《留學日記》中，胡適已明白的指出日本是中國眞正的心腹大患，在他看來，日本是當時列強之中「知我內情最熟」的國家。他說：「日本志在中國，中國存亡係於其手。」此時，胡適正熱衷於「不爭主義」與「人道主義」，他自比爲這兩種主義的「傳教士」，而日本是他「佈道」的起點。他覺得當時中國留學生「往往藐視日本，不屑深求其國之文明，尤不屑講求溝通兩國誠意之道，皆大誤也。」因此，他在日記中自矢道：「〔吾〕不可不深知日本之文明風俗國力人心……吾不可不知日本之文字語言，不可不至彼居留二、三年，以能以日本文著書演說爲期。」⑭

雖然胡適學日文，去日本的計劃並沒有完全實現，但他從來沒有放棄過對日本了解的努力。胡適在留學時期對日本的態度是清楚的由鄙夷漸漸的轉向敬畏。但鄙夷的態度在往後也還偶而重現。

一九三九年，時任駐美大使的胡適，在這年七月十八日的日記裏，有如下的記載：

> 荷蘭駐中國使館參贊 H.Boe 來吃飯，此人能談，其見解亦不劣。
>
> 我們談日本人與德國人的相似之點，我說，這大概是歷史環境所造成。這兩國都脫離 Feudalism〔封建主義〕最晚，似不無很深影響。荷蘭人與德國人最接近，然而兩國民族性情大不相同，我疑心荷蘭人推翻封建制度，建立民主國家，似有重要的解放作用。德國人與日本人則同是長期的封建制度造成的奴性民族，能奉行命令，而不能獨立思想也……
>
> Greene 也贊成我的環境造成日本民族的笨相說。⑮

這段日記與上面所引一九一〇年的那封信，在時間上相距二十九年；在身分上，胡適已經由一個小小的庚款留學生，一躍而成了世界知名的大學者，中國駐美大使。然而在他說到日本人的時候，在「奴性」、「笨相」這些字眼中，卻也還有些少年胡適論日本的影子。

看了這段日記，讓我想起一九三六年胡適寫給羅爾綱的一封信，在信中，他告誡羅爾綱不可作〈清代士大夫好利風氣的由來〉這一類的文章。因爲說「清人好利，明人好名」這種概括性的論斷是缺乏證據的。胡適對羅爾綱說：

我近年教人只有一句話：有幾分證據，說幾分話。[16]

胡適說日本人「奴性」、「笨相」的結論，是胡適文字中少有的不嚴謹的「概括論斷」，[17]倒很有點像羅爾綱作〈清代士大夫好利〉的作風。一個最嚴謹、最講究證據的學者，私下寫日記的時候，也忍不住要發些「概括論斷」性的高論。

二、中、日現代化的比較

胡適對日本人及日本文化的另一個態度則是嚴肅冷靜的分析。在這方面，他最感興趣的是：何以日本能在短時期之內由鎖國而至接納西洋文明，以致於在許多方面可以凌駕於西方之上。而中國則由洋務運動，到政法革新，到新文化運動，卻始終徘徊在「中學爲體，西學爲用」，取長補短這些老套之中。經過近百年的努力，何以民主、科學在中國這片土地上，始終不能生根發芽？

一九三三年，胡適在爲芝加哥大學所做一系列「中國的文藝復興」（The Chinese Renaissance）的講演中[18]，首先就提出了這些問題，並排除了一般人習用的兩個解釋：第一，在地理上，中國是面積龐大的大陸國家，而日本是幅員狹小的島國。第二，中國自古以來，從未與一個比他更高的文化接觸過，以至無法適應外來文化。胡適指出：這種論斷是一把「雙刃劍」，既可以用來支持日本西化之成功，也可以用來反駁這個論證。更何況中國文化兩千年來深受印度佛教的影響，對調和外來文化是有經驗的，因此，以這兩點來說明日本西化成功，而中國始終徘徊不前，是有待商榷的。[19]

胡適認為日本能在短時期之內西化成功，是基於三項因素：第一，日本社會有一個強有力的統治階級，所有改革和現代化運動的領袖都是來自這一階級。第二，這個統治階級是有特權和高度訓練的武人世家。在社會上造成了一種「尚武」的風氣，這種「尚武」的風氣是其他東方國家所欠缺，而也正是抵禦西方列強侵略所必須的精神。第三，過去一千年來，日本奇特的政治發展（peculiar political development）已經為一個新的政治架構提供了穩固的基礎，這個基礎是變革中的一個穩定的中心力量。[20]

胡適接着指出：中國在政治上和軍事上的封建制度，早在兩千多年前就已崩壞，整個社會結構「幾乎完全平民化了」（almost completely democratized），因此，缺乏一個世襲的有效的領導階層。在中國，所有的權貴之家至多維持數十年的歷史，又復歸於平民。[21]對於這一點，胡適在一九三四年六月寫〈三論信心與反省〉的時候，再度指出是中國社會結構上的一大缺點。他說：

> 社會組織是平民化了，同時也因為沒有中堅的主力，所以缺乏領袖，又不容易組織，

弄成一個一盤散沙的國家；又因為社會沒有重心，所以一切風氣都起於最下層而不出於最優秀的分子。[22]

由這樣兩種不同的社會結構所帶來的西化，在速度上，固然是日本快而中國慢；但如進一步探討西化的實質，卻是日本淺而中國深。胡適將日本的西化過程稱之爲「中央控制」式(centralized control)，而把中國的西化過程叫作「滲透深入」(diffused penetration)或「滲透吸收」(diffused assimilation)。「中央控制」式的西化，其好處是有計劃，速度快，但正因爲如此，這種西化缺少一個文化轉型中的適應期。表面上的工業化或軍事上的現代化，並不表示就有一個現代的心態(mentality)。胡適特別指出日本人的宗教信仰和女子社會地位兩點來說明日本的西化，在文化的層面並不深入。[23]

反觀中國西化的過程，在速度上顯的緩慢，在結構上則散漫而無組織，並且免不了許多人力和時間上的浪費，但所有的過程都是自願的，有充份的時間來進行文化和心理上的調適。在一篇以〈中國與日本的西化〉(The Westernization of China and Japan)爲題的英文論文中，他說明了這種西化普遍而深入的效果：

從鞋子到文學革命，從口紅到推翻帝制，所有的改革都是自願的，從一個廣義的角度來說，也是「理性」的。在中國沒有任何東西神聖到能够不與這個西方文化接觸，也沒有任何人或任何階級有足夠的力量來保護任何制度不受這個入侵文化的感染。[24]

From the footwear to the literary revolution, from the lipstick to the overthrow of the monarchy, all has been voluntary and in a broad sense "reasoned." Nothing in China is too sacred to be protected from this exposure and contact; and no man, or any class, was powerful enough to protect any institution from the contagious and disintegrating influence of the invading culture.

在另一篇內容和題目都類似的英文文章〈中國與日本的現代化〉(The Modernization of China and Japan)中，胡適指出了這兩種西化的不同結果：

最後的結果是：現代中國毫無疑問的在社會、政治、知識和宗教各方面都比所謂「現代的日本」取得了更深遠的在文化轉型上的成果。[25]

The net outcome is that modern China has undoubtedly achieved more far-reaching and more profound transformations in the social, political, intellectual, and religious life than the so-called "modern Japan" has ever done in similar field.

換句話說，雖然中國的工業化遠不及日本，但從文化和心態上來說，中國卻有比日本更「現代化」的地方。在胡適看來，中國推翻了一個舊文化，建立了一個「中國的文藝復興」，而日本雖然有七十年現代化驚人的成就，但卻始終不曾打破「古老習慣堅硬的核心」(solid core of ancient habit)。[26]

以上提到的兩篇文章，一篇發表在一九三八年，另一篇在一九四〇。正是胡適任駐美大使，也是中國抗戰進入最艱困的時期。這段期間，胡適在英文著作中，特別以「開放自由」和「封閉極集」來強調中日文化和社會的不同，是有他一定的政治和外交上的意義的，我們不能純從學術的觀點來看這些文章。我想，此時胡適負有一定的使命，要把中日之戰講成是民主和極權的鬪爭以爭取友邦對中國的協助。這個動機在一九四二年三月二十三日在美京華盛頓發表的一篇〈中國抗戰也是要保衛一種文化方式〉的演說中就可以很明顯的看出來了。他在演講首段就開宗明義的指出：「中國與日本的衝突基本上是自由和平與極權 壓迫的鬪爭」[27]，通篇演講是從兩國的社會結構和文化發展來論證這個前題。因此，在胡適討論中日西化或現代化的問題時，在學術論證中也多少摻雜了一部份政治的因素。

在這段期間，除了中日現代化的問題引起胡適興趣以外，他也很關注兩國的政體。他對何以日本走上了君主立憲而中國則必須打倒帝制，建立民國，有極獨到的解釋：

> 中國向來的專制帝政實在太糟，太無限制，太醜惡了。一旦戳穿了紙老虎，只看見萬惡而無一善。這是中國和日本的一個根本不同之點。日本自從九世紀以來，一千餘年中，天皇沒有實權，大權都在權臣的手裏；天皇深居宮中，無權可以為惡，而握專制實權的幕府成為萬惡所歸，所以後來愛國的志士都要尊王倒幕。後來日本天皇成為立憲的君主，其實很得了那一千多年倒霉的幫助。中國則不然：一切作威作福的大權都集中在皇帝一身，所以一切罪惡也都歸到他的一身……所以日本維新變成君主立憲，而中國革命不能不打倒帝制……。㉘

胡適從留學時期開始就矢志要了解日本，中年以後，我們看到了他在這方面的實踐和努力。

三、日本的民族性

說到日本民族的特點，一九三四年，胡適在〈信心與反省〉中特別提出日本人之善於模倣。這一點，在胡適看來，是日本人「絕大的長處」，也是日本成功的重要原因。可是，一般的中國人往往看輕「模倣」，而憑空的把日標放在「創造」上。胡適特別指出：「模倣」和「創造」是分不開的，「凡富於創造性的人必敏於模倣；凡不善於模倣的人決不能創造」。㉙這不免跟他說日本人「奴性」、「笨相」的態度有了矛盾。

一九三五年，胡適在寫給即將留日的陳英斌的信稿中，反覆叮嚀「最要緊的是不要存輕視日本文化之心理。日本人是我們最應該研究的。他們有許多特別長處，為世界各民族所沒有的。」[30]胡適把這些長處歸納為四點：

> 第一是愛潔淨，遍於上下各階級；第二是愛美，遍於上下各階級；第三是輕死，肯為一個女人死，也肯為一個主義死；第四是肯低頭學人的好處，肯拼命模仿人家。[31]

關於日本人之勇於就死及愛美兩點，胡適早在一九三〇年，〈書船庸譚序〉中，就已提及：

> 切腹是何等慘事，然而日本的武士却把此事看作一種藝術，要做的悲壯淋漓，要做的美；他們不惜死，却不願讓人笑他「技拙」，笑他死的不美。這真是日本文化的最大特色。凡觀察一國的文化，須看這文化之下的人怎樣生活，更須看這文化之下的人怎樣死法。[32]

胡適對切腹這樣的讚美是讓我非常驚訝的。日本武士之切腹傳統與中國「君要臣死，臣不敢不死」的吃人禮教，在基本上是同一類型的。宋儒的「餓死事極小，失節事極大」不知遭到胡適多少次的批判，被指為野蠻、殘酷、忍心害理。[33]在中國歷史上，忠臣義士、節婦烈女為着一個「忠」字，一個「節」字而自刎，而跳井，而懸樑，而投河的當不在少數，而其死法亦不可以說不壯烈，而胡適卻從未以「悲壯淋漓」、「美」、「藝術」這類字眼稱許過死者。

日本武士切腹的傳統，在我看來，絕不比中國「吃人的禮教」更文明，更美，然而卻受到胡適如此的讚許，這不得不說是以雙重標準來論斷兩國的文化了。

四、不念舊惡

在胡適看來，所謂「文化侵略」在一定的意義上是「以德服人」，並不是一件壞事。他有〈題金陵大學四十年紀念册〉詩一首，最足以表明他這種看法：

四十年的苦心經營，
只落得「文化侵略」的惡名。
如果這就是「文化侵略」，
我要大聲喊着「歡迎」。㉞

對日本侵華的暴行，胡適是絲毫不容忍的，他眞是做到了「口誅筆伐」——在《獨立評論》時代他寫了許多文章譴責日本；在大使任內，更是到處演說，鼓吹盟國支持中國抗日。但在文化上，胡適對日本則全無敵意，在他看來，中日戰爭治本的解決之道是用文化交流來增進雙方的了解，這才有眞正「中日親善」的可能。他在一九二一年五月七日的日記中，已經清楚的表明了這個看法：

中國人在日本留過學的，先後何止十萬人，但大多數是為得文憑去的，就是那最好的少數人，至多也不過想借徑日本去求到西洋的文化。這十萬人中，像周作人先生那樣能賞識日本的真正文化的，可有幾人嗎？這是中國人排日的一個真原因。中日親善不是口頭上可以做到的。若日本能使中國留學生中有一百個周作人，排日的趨向，自然沒有了！35

這個看法後來成了他一九三三年寫〈日本人應該醒醒了〉一文的中心思想，在這篇文章中，胡適說：

日本決不能用暴力征服中國。日本只有一個法子可以征服中國，即就是懸崖勒馬，澈底的停止侵略中國，反過來征服中國民族的心。36

這一段話曾被魯迅（周樹人，1881-1936）指爲是「出賣靈魂的秘訣」，把胡適說成了向日本帝國主義「上條陳」的「軍師」。37

從文化的角度來說，胡適是個澈底的國際主義者，他沒有狹隘的民族主義觀念。在他看來，中國古文明能受到一些外來文化的沖刷，正是中國傳統新生的開始，對這樣的「文化侵略」，「歡迎」都來不及，又何須抗拒。

然而，這兩段話也確實有令人費解的地方：胡適似乎多少有點爲留日學生之中，眞能欣賞日本文化的太少，以至中國有排日的風氣而感到有些遺憾。日本若能訓練出一百個周作人，「排日」的趨向固然是沒有了，難道「日」不該「排」嗎？胡適的那段日記到底是爲中國惋惜，還是爲日本惋惜？

要知道：日本帝國主義絕不會爲留日學生之眞能欣賞日本文化而停止侵略中國；倒是這批熱愛東洋文化的中國留學生成了漢奸，替日本帝國主義做起了內應，周作人不就是一個最好的例子嗎？日本帝國主義是不會以征服中國人的心爲滿足的，而中國人的心被征服之日，也就是中國人亡國之時，這種「和平」，絕非中國之福。

一九三五年，胡適發表〈敬告日本國民〉一文，在文中他懇切的要求日本國民不要再談「中日親善」這四個字，因爲以當時日本在中國之所作所爲是肆無忌憚的凌辱中國人，在這樣殘暴的高壓之下，還要講「親善」，講「王道」，這是「在傷害之上加侮辱。」其次，他要日本國民「不要輕視一個四億人口的民族的仇恨心理。」他指出「中國人的忍耐是有盡頭的。仇恨之上加仇恨，侮辱之上加侮辱，終必有引起舉國反抗的一日。」他語重心長的告訴日本國民：中國化爲焦土，絕非日本之福。[38]

在這篇文章末段，胡適要日本國民「不可不珍重愛惜自己國家的過去的偉大成績和未來的偉大前途。」他把明治維新以來六十年的歷史稱做「人類史上的一樁『靈蹟』」。然而，他也引用了英國史學家湯恩比（Arnold Toynbee）的話，說日本當時之作爲是「一個全民族切腹的行爲」。[39]

胡適自稱是「一個最讚歎日本國民已往的成績的人」，[40]他毫無保留的稱美日本人和日本文化：

> 她的萬世一系的天皇，她的勤儉愛國的人民，她的武士道的遺風，她的愛美的風氣的普遍，她的好學不厭的精神，可以說是兼有英吉利與德意志兩個民族的優點，應該可以和平發展成一個東亞的最可令人愛羨的國家。[41]

然而這樣美好的一個國家，當時卻在武人專政的統治之下「變成了一個最可恐怖的國家，在偌大的世界裏只有敵人，而無友國。」[42]

胡適這篇文字在嚴厲的譴責之中，有他眞摯的惋惜。對日本人民則懷着深切的期許，希望他們能「懸崖勒馬」，在無邊的苦海中「回頭是岸」，他不忍眼看着日本走上自我毀滅的道路，因爲他不信「日本的毀壞是中國之福或世界之福。」[43]

胡適的〈敬告日本國民〉一文，曾在《日本評論》刊出，日人室伏高信有〈答胡適之書〉，其後胡適又作〈答室伏高信先生〉一文，在文中他自認沒有基督教「愛你的仇敵」那樣的情操；但他相信「不遷怒」及「不念舊惡」是可以做到的。[44]我們看胡適一生對日本的言行，他確實做到了這兩點。胡適對日本從未有過仇恨，或心懷報復。他對日本軍閥近乎自殺性的擴張武力，與其說是憤怒，不如說是哀矜。

今日重溫胡適當年對日本的一些言論，再看看戰後日本復興的情形，及中國自「解放」以來的殘破和凋弊。我忍不住要問：中日的距離究竟是更近了，還是更遠了？中日的隔膜是減少了，還是加深了？應該如何面對這個給了我們無數災難的強鄰，依舊是當今極迫切的一個課題。

一九九〇年八月二日初稿成
一九九一年十二月十九日改訂

注：

❶ 關於胡傳的死，參看胡適，《四十自述》（臺北：遠東，一九八二），頁一七—一八；石原皋，《閒話胡適》（安徽：人民，一九八五），頁一—九。

❷ 沈寂整理，〈胡適早期的書信和詩文〉，在《近代史資料》，第六十五號（北京：中國社會科學院近代史研究所，近代史資料編輯室編，中國社會科學出版社，一九八七年五月），頁七三。

❸ 胡適，《四十自述》，頁五二。

❹ 同❷。
❺ 同❷。
❻ 這封信《胡適來往書信選》（三册，香港：中華，一九八三）及《胡適家書手稿》（安徽：美術出版社，一九八九）都未收。
❼ 胡適，〈非留學篇〉，《留美學生季報》一九一四年第三季。有關這篇文章，參看本書〈附錄一〉。
❽ 胡適，〈介紹我自己的思想〉，在《胡適文存》（臺北：遠東，一九六八，共四册），册四，頁六一八。
❾ 胡適，〈爭取學術獨立的十年計劃〉，在《胡適的一個夢想》（臺北：胡適紀念館，一九六六），頁二七—三三。
❿ 參看本書〈附錄一〉。
⓫ 同上。
⓬ 同上。
⓭ 胡適，《胡適留學日記》（臺北：商務，一九七三，共四册），册二，頁三四四。
⓮ 同上，頁五三二—三三。
⓯ 張忠棟選注，〈胡適駐美大使日記〉，《明報》，二七六期（香港，一九八八，十二），頁

九六。

⑯ 羅爾綱，《師門五年記》胡適之再校本（臺北：胡適紀念館，一九五八），頁四三—四四。

⑰ 同上，頁四三。

⑱ 一九三三年七月，胡適應芝加哥大學比較宗教系（The Department of Comparative Religion, University of Chicago）的邀請，在芝大作了六次講演，原題是〈今日中國的文化趨勢〉（Cultural Trends in Presentday China），講稿在一九三四年由芝加哥大學出版，更名爲《中國的文藝復興》（*The Chinese Renaissance.*）。有一九六三年紐約 Paragon Book Reprint Corp. 的重印本。

⑲ 同上，頁三—四。

⑳ 同上，頁五—七。

㉑ 同上，頁七—一〇。

㉒ 胡適，〈三論信心與反省〉，在《胡適文存》，第四集（臺北：遠東，一九六八），頁四七六。

㉓ 同⑱，頁二四—二五。

㉔ Hu Shih, "The Westernization of China and Japan," in *Amerasia* (July 1938), Vol. 2, No. 5, p. 244.

㉕ Hu Shih, "The Modernization of China and Japan: A Comparative Study in

Cultural Conflict and a Consideration of Freedom," in *Freedom: Its Meaning*, ed. Ruth Nanda Anshen. (New York: Harcourt, Brace and Company, 1940), p. 120.

㉖ 同上，頁一一五。

㉗ Hu Shih, "China, Too, Is Fighting to Defend A Way of Life." San Francisco: The Grabbon Press, 1942. This is a speech delivered by Hu Shih in Washington D. C. on March 23, 1942, p.2.

本文有胡適自題的中文題目：〈中國抗戰也是要保衛一種文化方式〉，並有張爲麟的中譯，由臺北，胡適紀念館在一九七二年重印。此處是作者自譯。

㉘ 胡適，〈雙十節的感想〉，在《獨立評論》，第一二二號，頁三。

㉙ 參看胡適，〈信心與反省〉，《胡適文存》，第四集，頁四五八—六一。

㉚ 胡適，〈胡適致陳英斌〉，在《胡適來往書信選》，頁二七二—七三。

㉛ 同上。

㉜ 胡適，〈書舶庸譚序〉，在《胡適文存》，第四集，頁六〇三。

㉝ 參看胡適，〈貞操問題〉，在《胡適文存》，第一集，頁六六五—七五。

㉞ 胡適，〈題金陵大學四十年紀念册〉，在《胡適手稿》(臺北：胡適紀念館，共十册，一九七

〇），第十冊，頁三九三。

㉟ 胡適，《胡適的日記》（香港：中華，一九八五），頁四〇。

㊱ 胡適，〈日本人應該醒醒了〉，在《獨立評論》，第四十二號，頁三。

㊲ 魯迅，〈出賣靈魂的秘訣〉，在《魯迅全集》（北京：人民文學出版社，共十六冊，一九八二），第五冊，頁七六－七七。

㊳ 胡適，〈敬告日本國民〉，在《獨立評論》，第一七八號，頁一〇－一四。

㊴ 同上，頁一二－一三。

㊵ 同上。

㊶ 同上。

㊷ 同上，頁一三。

㊸ 同上，頁一三－一四。

㊹ 胡適，〈答室伏高信先生〉，在《獨立評論》，第一八〇號，頁五－八。

胡適與馮友蘭

一、前　言

在中國近代思想史上，胡適（一八九一—一九六二）和馮友蘭（一八九五—一九九〇）是中國知識份子在中西文化激盪中，爲中國這個老病的文化找尋出路的探路人也是處方者。

儘管兩人在家庭和教育的背景上，有許多極其相似的地方，但他們爲中國所探的路卻是兩個不同的方向，所處的方是兩個不同的療法。胡適代表的是西化的改良派，主張從文化和教育上做一點一滴的改進，相信民主、自由和法治是中國人努力奮鬥的方向。馮友蘭則是一個改頭換面「中體西用」說的提倡者，在馬克思唯物史觀的基礎上，他相信工業化是「中國到自由之路」[1]。中國社會的改變和文化的轉型都必須先從生產方式的改變入手，不談生產方式，而奢談文化道德，不是本末倒置，就是緣木求魚❷。如果說，工業化也就是西化，那麼馮友蘭並不反對西化。只是在西化的道路上，他是偏左的，而胡適是偏右的。偏左的多談「實業建設」，而偏右多談「心理建設」。馮友蘭的關注在「硬體」，而胡適則在「軟體」，兩個人都希望中國走上現代化的道路，其用心卻是一致的。

然而這點偏向的不同卻使兩個人對整個中國文化的闡釋和態度截然異趣。胡基本上持一種批判的態度，而馮則是「同情的了解」❸。胡適所見是中國的古文明、舊傳統在二十世紀不合時宜的地方；而馮則指出此時看來不合理的舊傳統，在當時卻是應運而生的新規範。我們不能以後起之弊，遂一概抹煞初創者之用心。眞是各有所見，也各有所蔽。

胡適談西方文明時，往往突出科學與民主，而少及宗教的力量，然而將基督教從西方文明中抽離，所剩的就不免是一定程度的外型和軀殼。套句荀子的話，胡適在談西方文明時，多少有點「蔽於人而不知天」的傾向。

馮友蘭對現代化問題之所「見」是提出生產方式和經濟結構的重要，但將生產方式說成了唯一的「最後之因」，他的所見又恰成了所蔽，使他忽略了個人的努力在歷史的發展和變動中所起的作用。

如果照淸人姚鼐的說法，將「天下學問之事」分成「義理、文章、考證」三者❹。胡適一生縱橫在這三個領域之中，而且都有建樹：義理有哲學史，文章有《嘗試集》，考證則有《紅樓夢》、《水經注》等。而胡適的義理又是跟考證緊密結合在一起的，從他的哲學史到禪宗研究，他的義理實際上是建築在考證的基礎上的，「辨僞」這一點是他哲學史獨特的貢獻。

馮友蘭在「天下學問之事」中，成就突出的表現在「義理」一項上。雖然他的著作宏富，與胡適相較，他的「詞章」就遜色的多了。晚年所寫的自傳《三松堂自序》，是馮著中少有的流暢可喜的文字。馮的文章固然是說理明白，極富邏輯性，但清新流暢的不多。尤其是他細分「的」、「底」、「地」三個字，使許多沒有西文訓練的人，實在不能了然其精義之所在。在馮著中經常可以看到類似這樣的句子：「這種哲學不但是中國的，也是中國底」「眞地無私者，才能成其私」[5]，當然「的」是「所有」，「底」是「屬性」，「地」則用作副詞，其中確有不同。但在中文裏細分這三個字，不但在口語上不可能，在書面上也是徒增紛擾，而並不能達到精確的目的。馮友蘭在後期的作品中已不用「底」「地」兩字，可見到了晚年，他也漸漸了悟到細分「的」、「底」、「地」是沒有必要的。雖然胡適主張「全盤西化」，但在行文上，卻少有馮友蘭這樣明顯西化的痕跡。用句胡適〈大衆語在那兒〉的話，馮的文章不免是有點「文法是不中不西的，語氣是不文不白的」。（《文存》四，頁五三四）。

胡適的文章跟馮友蘭的相比，在說理的明白和結構的嚴謹細密上，不下於馮；但胡適的政論或批評的文字，卻遠比馮文更具煽動性和說服力。與魯迅的文字相比，胡適的文章可以說是「理勝於情」❻；但與馮友蘭比較，胡適的文章是「情在理中」。換言之，馮比胡更偏向於理智，更不訴諸感情。馮友蘭在〈論感情〉一文中，說到演說、寫作兩種不同的方式，一種是《論語》式的，一種是《孟子》式的，他說：

若使作宣傳鼓動的工作，孔子一定不及孟子。若論意味深長，《論語》則在《孟子》之上。不過《孟子》的文章所帶底感情，一讀卽可感覺到，而《論語》所帶底感情，則不是一讀卽可感覺到底。我所願則學《論語》。❼

馮友蘭在這段比喻中，並無意把胡適的文章說成是《孟子》式的，但他自居於《論語》式，卻是顯然的。用這兩種不同的文字風格來說明胡適與馮友蘭文章的特點，或許還不致大謬。

至於考證，胡適的「考據癖」是出了名的❽，尤其是對許多作家學者生卒年的考訂更是不憚其煩，不憚其詳。而馮友蘭則公開的表示過，對類似的考據是沒有興趣的。他在一篇答胡適評馮著哲學史的文章中，有如下一段話：

> 我覺得一個哲學家的時代對於他的哲學是有關係的，至於他的確切生卒年月，對於他的哲學是沒有大關係的……我不說這些問題不重要，不過我對於這些問題，沒有興趣。[9]

這點對考據興趣的不同，也正是「漢學」與「宋學」分野之所在。馮友蘭曾以「漢宋之別」來說明他與胡適對中國哲學史取向的基本不同。[10]

馮友蘭往往以「上繼往聖，下開來學」自任[11]，縱觀他一生在學術上的建樹，我們不得不說他「繼往」的成就，比開來要大的多。而胡適則不但「繼往」，也同時在打開新局面，開創新時代的過程中，扮演了一個舉足輕重的角色。馮友蘭主要是個記錄歷史，分析歷史的人；而胡適則能在記錄分析之外，兼而創造歷史。

馮友蘭對中國社會的影響主要是在學術界，對所謂「民間」的影響是極其有限的；胡適則不僅在學術上居於領導的地位，對整個社會風氣的移轉也起過相當的作用。

一九四九年以後，馮友蘭雖常把「工、農、兵」之類的字眼掛在筆端，但實際上，他的著作從哲學史到《貞元六書》，以至於後期自我批判的一些文字，都是引不起多少「羣衆」興趣的。胡適雖常被指為是「精英主義者」（Elitist）[12]，其實他倒並不太忽略「羣衆」的存在。在文字上他力求明白，正是眼中有羣衆的最好說明。他要寫白話文的人「用一個字，不要忘了大衆；造一句句子，不要忘了大衆；說一個比喻，不要忘了大衆。」（《文存》四，頁五三四）他也是以此自律的。胡適認識到社會改造，不能坐等「生產方式」的改變，而必須先從改變每一個人的觀念入手，所以他寫的東西，更能引起「羣衆」的反響。

在馮友蘭的著作裏，有不少是「經虛涉曠」「超以象外」的哲學或邏輯[13]；胡適也講哲學，也講方法，但大多是有跡可尋的，很少是與日常生活完全脫節的，他的「實驗主義」[14]、「易卜生主義」[15]都是可以在生活中應用實踐的。卽使他的「宗教」——「不朽」[16]，也不是「形而上」的玄學，而是許多人都能認同的簡單道理。但這裏所說的「簡單」，絕不意味着「膚淺」。誠如我在〈胡適與魯迅〉一文中所說：「胡適之『淺』斷非『淺薄』之『淺』，而是『深入淺出』之『淺』。千萬別小看了胡適的淺顯與通俗，要知道淺顯與通俗的另一面，正是羣衆與力量！」[17]

在學術的領域裏，胡適儼然能成一學派，有不少追隨他的門生、同道。他甚至並不諱言要「努力做學閥」。在一九二一年十月十一日的日記裏，他說：「人家罵我們是學閥，其實『學閥』有何妨？……我們應該努力做學閥」[18]。他不但不避「學閥」之名，而且還以此自任。

在這一方面，馮友蘭就顯的單薄的多了，他不但沒有像錢玄同這樣爲胡適的主張做鼓吹，做後援的「同志」，也沒有像丁文江、傅斯年、顧頡剛、羅爾綱這樣對胡適心悅誠服的朋友、學生。這種情形就好的方面說，是沒有門戶之見；就壞的方面說，是不能造成時勢，開創新局。

馮友蘭在政治上是沒有太大野心的，但也絕不是一個安於恬淡的人。與其說他沒有「用世之心」，不如說當時的幾個「英雄人物」，並沒有把他看成是一顆可用的棋子。蔣介石和毛澤東對他都僅止於「禮賢下士」的往返，偶而吃頓飯，拍張照是有的，眞將國家大事請教諮詢是談不上的。

胡適對國民黨雖然有過嚴厲的批評，但卻始終沒有失掉過蔣介石對他的信心。蔣清楚的認識到胡代表的是「清流」，是一股不可輕視的力量，幾十年來，一直希望能得到胡的支持，而胡也一向是以「政府的諍友」[19]自居的。

胡和蔣的關係雖談不上融洽，但卻是實的；馮對毛雖然是歌頌備至，但兩人的關係卻是虛的。

胡適初見蔣在一九三二年，送了一本自著的《淮南王書》給蔣[20]，講的基本上是道家的無爲，往後幾年又寫了幾篇提倡無爲政治的文章，建議蔣要做到「處尊位者如尸」，要蔣自居於「無知」、「無能」、「無爲」，而「以衆人之所知爲知」，「以衆人之所能爲能」，「以衆人之所爲爲爲」㉑。馮友蘭在一九四〇年寫《新世訓》，以〈應帝王〉一文終篇，講的也是無爲，不過馮文更着重「權術」在用人治事上的功用㉒。這倒是兩個人在政治觀點上，異中有同的趣例。

自從胡適在一九二二年寫了《我的歧路》之後㉓，許多人把政治上的參與，看做了胡適的「歧路」，似乎學術研究才是他的「正途」。周作人就是當時極力勸他著述的一個人。㉔其實，我們現在回看當日的情形，胡適在「歧路」上所寫的政論時評，遠比他的考證文字對近代中國的影響要大的多。胡適之所以是胡適，正因爲他曾走過一段「歧路」。要是他走的都是「正途」，也許他完成了哲學史和文學史，也許他多作了幾篇小說考證，但發光發熱的胡適卻成了一個冷冰冰的陳寅恪了。胡適的「歧路」正是他的「正途」啊！

馮友蘭並不曾有過類似胡適歧路正途的掙扎，但一九四九年以後，馮在政治上的一些表現，卻令人有失其故步的惋惜。他一九七二年的兩句詩「若驚道術多遷變，請向興亡事裏尋。」㉕道盡了他生命和學術上雙重歧路之所自來。他的「歧路」來自他的「遷變」，而他的「遷變」又是和「興亡」緊密相關的。

馮友蘭是一個名副其實的「世紀老人」，他目睹的興亡和身受的考驗，同時代的人少有能和他相比擬的。尤其是他七十歲以後所經歷的那場天地翻覆的大動亂，更是中國知識份子所從未面臨過的空前考驗。考驗多了，失其故步的可能，當然也就大了。

一九四九年，毛澤東要馮友蘭「總以採取老實態度爲宜」，然而四十年來，馮始終不曾「老實」過，他自己也承認有些做法不是「修辭立其誠」，而是「譁衆取寵」。但也正是因爲他的這點「不老實」，他才能「苟全性命於亂世」啊！[26]

馮友蘭不像胡適那樣有過學者從政的經驗，在實際政治的參與上，沒有胡適那麼深。但胡卻始終把持了與當道一定的分際，馮在分際的把持上沒有胡那麼嚴謹，因此，他的名聲所受政治的拖累，卻反在胡適之上。

二、中國哲學史

把胡適與馮友蘭相提並論，首先想到的就是他們兩人在中國哲學史上的貢獻。如果說胡適是中國哲學史的開山者，馮友蘭就是治中國哲學史之集大成者。

胡適一九一九年出版的《中國哲學史大綱》卷上，爲中國往後治哲學史的人提供了一個「典範」[27]。雖然這本書受到許多人的批評非難，但治中國哲學史的基本形式和方法卻是胡適建立起來的。胡適自己對這一點是深信不疑的，他在給彭學沛（字浩徐）的一封信中說道：

我自信，中國治哲學史，我是開山的人，這一件事要算是中國的一件大幸事。這一部書的功用能使中國哲學史變色。以後無論國內國外研究這一門學問的人都躲不了這部書的影響。凡不能用這種方法和態度的，我可以斷言，休想站得住。㉘

馮友蘭也承認胡適在中國哲學史上開山的貢獻，在他晚年所寫的《三松堂自序》中，稱胡適的《中國哲學史大綱》卷上是「一部具有劃時代意義的書。」對蔡元培在序中稱美胡適的著作具有「證明的方法」、「扼要的手段」、「平等的眼光」及「系統的研究」四個特點，馮友蘭認爲「並非溢美」㉙。並從他自己當時爲北大學生的觀點來說明胡適「截斷衆流，從老子講起」這個處理方式在學生中所引起的反響：

在我們班上，講中國古代哲學史，就從三皇五帝講起。講了半年才講到周公。當時的學生真是如在五里霧中，看不清道路，摸不出頭緒。當時真希望有一部用近代的史學方法寫出來的中國哲學史，從其中可以看出一些中國古代哲學家的哲學思想的一點系統，以及中國哲學發展的一些線索……在這種情況下胡適的書出來了……當時我們正陷入毫無邊際的經典注疏的大海之中，爬了半年才能望見周公。見了這個手段，覺得面目一新，精神為之一爽。㉚

這種「耳目一新」的感覺，大概是當時北大學生共同的體會。顧頡剛在《古史辨》第一冊的〈自序〉中，曾用「舌撟而不能下」[31]來形容胡適的哲學史在學生之中所引起的震動。從馮、顧兩人的回憶中，我們還可以看出胡適的哲學史在當時所引起的一場學術革命。

馮友蘭對胡適的哲學史也有批評，在一九三四年寫的英文論文〈當代中國之哲學〉（Philosophy in Contemporary China）裏，他指出：與其說胡著是一本中國哲學史，不如說是一本批評中國哲學的書。在馮友蘭看來，胡適的哲學史是從致用與實驗的角度來批評中國哲學中最具影響力的兩個學派，儒家和道家。因爲胡適是提倡個人自由與個性發展的，因此他覺得儒家忠、孝這兩種教訓是錯誤的，胡適又是講究個人奮鬥和征服自然的，因此，他又覺得道家樂天安命的學說是不對的。馮友蘭說：「我們讀了這本書，忍不住會覺得，就他（胡適）看來，整個中國文化是完全走錯了路。」（The whole Chinese civilization is entirely on the wrong track）[32]

馮友蘭的這段話，基本上是金岳霖在馮著《中國哲學史》的〈審查報告〉中，對胡著所作的批評。總括言之，亦即「哲學要成見，而哲學史不要成見」，而胡適的哲學史不免是「以一種成見去形容其他的成見。」[33]

馮友蘭對胡適在哲學史中着力於古書眞僞的考訂，也就是蔡元培在序中所說「證明的方法」㉞，提出一項重要的補充說明。在馮友蘭看來，所謂古書的眞僞，無非只是時代先後的問題。卽使某部書是晚出的「僞書」，並無損於這部書本身的價値。胡適過份注重於疑古辨僞的科學方法，而忽略了「僞書」之中所包涵的義理，多少讓人覺得「僞書」是沒有價値的史料。其實只要能考出「僞書」之產生時代，則「僞書」依舊是「眞」史料㉟。梁啓超在《評胡適之中國哲學史大綱》中也指出胡適有「疑古太過」的毛病㊱。馮友蘭的批評，基本上是就梁啓超這一點加以發揮的。

馮友蘭認爲：傳統的學者治中國史的態度是建立在「信古」的基礎上，而以胡適爲代表的反傳統的觀點則是從「疑古」出發的，他把自己治史的取向歸結爲「釋古」。他既不完全「信」，也不過份的「疑」，而是站在一個「闡釋解析」的立場，來寫他的哲學史。㊲在《古史辨》第六册的序言中，馮友蘭指出：「信古」是「抱殘守缺」，「疑古」是「審查史料」，只有「釋古」才是「融會貫通」。而「一個歷史」，「必須到融會貫通的階段，歷史方能完成。」他並把當時中國史學界對古史的看法分成了「信古」、「疑古」、「釋古」三個階段㊳。由此，我們可以看出：馮友蘭是以中國哲學史的完成者自居的。

馮友蘭對胡適哲學史的批評，往往是透過與自己著作的比較，做進一步的說明。他認爲這兩本哲學史基本的不同是：胡適走的是歷來「漢學」的路；而他則比較偏向於「宋學」。

他說：「漢學」的「長處是，對於文字的考證、訓詁比較詳細；短處是，對於文字所表示的義理的了解、體會比較膚淺。」[39]他將「漢學」的長短處歸結到胡適的哲學史：

> 胡適的《中國哲學史大綱》對於資料的真偽，文字的考證，佔了很大的篇幅，而對於哲學家們的哲學思想，則講得不夠透，不夠細。[40]

這樣的批評是公允的。

老子年代的問題是胡適與馮友蘭之間一輩子的爭執，直到晚年，兩人都還堅持己見，絲毫不讓步。

胡適的哲學史是從老子講起的。梁啓超在一九二二年評胡適的哲學史時，就提出了老子晚出的問題。[41]以後十幾年之中，老子年代的考訂，一直是個熱門的學術論題。除了梁啓超和胡適以外，當時的學者如顧頡剛、羅根澤、錢穆、唐蘭、高亨等都參加了討論，他們所發表的論文，大多收集在《古史辨》第四集中。

胡適在一九三三年寫了一篇長文〈評論近人考據老子年代的方法〉，總結十年來的討論，在文章的結論中，他說：「懷疑的態度是值得提倡的。但在證據不充分時肯展緩判斷(Suspension of judgement)的氣度是更值得提倡的。」[42]在一封〈與錢穆先生論老子問題書〉中，他明白的指出：梁啓超、馮友蘭及錢穆諸人之論證，「無一可使我心服」。[43]

一九五八年，胡適爲《中國哲學史大綱卷上》（此時更名爲《中國古代哲學史》）在臺北重印出版，寫了一篇〈臺北版自記〉，在這篇不到八頁的序裏，他用了超過四頁的篇幅，舊話重提，再次表明：

我到今天，還沒有看到這班懷疑的學人提出什麼可以叫我心服的證據。所以我到今天還不感覺我應該把老子這個人，或《老子》這部書挪移到戰國後期去。

他接著說：

二三十年過去了，我多吃了幾擔米，長了一點經驗。有一天，我忽然大覺大悟了！我忽然明白：這個老子年代的問題原來不是一個考證方法的問題，原來只是一個宗教信仰的問題！！像馮友蘭先生一類的學者，他們誠心相信，中國哲學史當然要認孔子是開山老祖，當然要認孔子是「萬世師表」。在這個誠心的宗教信仰裏，孔子之前當然不應該有一個老子。在這個誠心的信仰裏，當然不能承認有一個跟著老聃學禮助喪的孔子。⓫

在這段引文中，特別值得注意的是胡適所用的驚歎號，他在「宗教問題」之下，連用了兩個，可見他對這個論斷自信的程度是多麼的深了。

將這段話說的更明白一點，也就是：這場論戰全怪我胡適看錯了問題的性質，把宗教信仰當做了學術論證，其沒有結論是必然的。胡適將馮友蘭對老子的態度輕輕的歸結到「宗教信仰」上，是全盤否定老子晚出的可能。胡適在序文的結尾略帶譏諷的指出：他為〈評論近人考據老子年代的方法〉所寫「幾萬字的長文」，「眞是白費心思，白費精力了」[45]。言下多少有點「對牛彈琴」的弦外之音。

從這一篇頗動了一點意氣的序文裏，我們可以看出：胡適一直到晚年，對老子年代的問題還非常關切。並對馮著哲學史，從孔子講起的這一點極不以為然。而馮友蘭對自己的看法也是愈老彌篤，在一九八四年出版的《三松堂自序》中，有如下一段話：

> 我認為，就整個形勢看，孔丘是當時第一個私人講學的人，第一個私人立說的人，第一個創立學派的人。所以應該是中國哲學史中第一個出現的人。[46]

關於孔老先後的爭執，馮友蘭說胡適「未免耿耿於懷」[47]，這是不錯的。胡適提到這個問題的時候，對馮友蘭常帶著一些鄙薄的口吻。一九四八年，胡適在一封寫給陳之藩的信中，說到自己對孔子的態度：

> 關於「孔家店」，我向來不主張輕視或武斷的抹殺。你看見了我的〈說儒〉篇嗎？那是很重視孔子的歷史地位的。但那是馮友蘭先生們不會了解的。[48]

批評胡適「打倒孔家店」的人何止千百，在這裏他獨舉馮友蘭而不及他人，正可以看出他很在乎馮是不是了解他的意思。胡適向以自己爲文明白清楚自許，[49]而獨有在孔老先後的這個問題上，他似乎下不了令人信服的結論，說他感到「挫折」(Frustrated) 想是沒有大錯的，而馮友蘭又成了他這個「挫折」的中心。

然而，胡適說馮友蘭不了解他「重視孔子的歷史地位」的用心，可能未必盡是。一九五五年，馮友蘭在批判胡適思想進入高潮的時候，寫了〈哲學與政治——論胡適哲學史工作和他底反動的政治路線底聯繫〉。在這篇文章裏，馮友蘭用了許多極不堪的黨調官腔謾罵胡適，但卻是指出了胡適並不反孔的這個事實。他說：「在《中國哲學史大綱》裏，胡適對於『孔家店』採取『小罵大幫忙』底策略。」他又說胡適「企圖使人相信儒家的思想，本來是好的。一切錯誤都是『後來的人』底誤解，『後來』的『流弊』，不是原來儒家的眞義。他也說是跟著別人打倒『孔家店』，可是實際上他是『孔家店』的保護人。」[50]

在同一篇文章裏,馮友蘭又比較了胡適一九一八年寫哲學史,與一九三四年寫〈說儒〉，對孔子評價的不同，他指出：

> 在《中國哲學史大綱》裏，胡適還認為孔子在古代是諸子之一。在《中古哲學史》裏，他也還認為孔子與老子、墨子「鼎足而三」。可是在〈說儒〉裏，他又把孔子恢復到「至聖先師」底地位。孔子是「不祧宗主」，「外邦人的光」，「聲名洋溢乎中

國，施及蠻貊……」。一切光榮歸於孔子，這就是〈說儒〉所要證明的。[51]

當然，寫這篇文章有其特殊的政治意義，馮友蘭是在「批胡」的前提下，出來做「打手」的，對胡適有意的歪曲和誣蔑隨處可見，但關於胡適對孔子的態度轉變的這一點，卻也有可取的議論。馮友蘭在此處不提的是：胡適寫〈說儒〉的重大意義，除了要對「儒」重新闡釋界定以外，還要為「老子並不晚出」的命題做辯護。他認為：在以孔子為首的「弘毅進取的新儒」成立之前（或至少同時），有過一種「過情的柔道人生觀」，對當時人有過相當的影響。而《老子》所代表的正是「儒，柔也」的古義。他在舉出種種證據以後，指出「硬說今本《老子》裏的柔道哲學乃是戰國末年世故已深時宋鈃、尹文的思想的餘波，那種人的固執是可以驚異的，他們的理解是不足取法的。」[52]馮友蘭主張老子晚出，正是胡適所說的「那種人」之一。因此，〈說儒〉之作，在一定的程度上，胡適依然是為他的哲學史「截斷眾流，從老子講起」[53]的這一點做說明。

在中國哲學史的研究上，胡、馮兩人都有「棋逢對手」的感覺。馮友蘭在他晚年所寫的回憶中，雖然肯定胡著的「創始之功，是不可埋沒的。」[54]但他卻長篇的引用了陳寅恪和金岳霖為馮著收入清華叢書所寫的〈審查報告〉，來指出胡著的缺點。馮友蘭顯然是想藉重陳、金兩人的意見來肯定他的《中國哲學史》「後來居上」的事實。

一九三〇年，馮友蘭曾將《中國哲學史》的書稿寄給胡適，請他指教，胡適除了提出對老子年代不同的看法以外，對全書未做任何褒貶，只輕描淡寫的說：「連日頗忙，不及細讀，稍稍翻閱，已可見你功力之勤，我看了很高興。」[55]在這幾句近似客套的話裏，最值得推敲的是「功力之勤」的「勤」字。「勤」只是「勤快」、「勤勉」，不懶惰而已，連「深」字都談不上，更不必說「高明」了。胡適在遣詞用字上顯然是很有斟酌的。

胡適對馮書全面的批評，一直到一九五三年，馮友蘭的《中國哲學史》，由賓州大學(University of Pennsylvania) 的卜德 Derk Bodde 教授翻譯成英文，並由普林斯頓大學出版社 (Princeton University Press) 出版之後，才正式提出。這篇書評是用英文寫的，登在一九五五年七月號的《美國歷史評論》(The American Historical Review)上，據我所知，還不曾有人在中文著作中，引用過這篇文章。我將它摘要翻譯在下面，最可以看出胡適對馮著的態度：

> 馮教授的著作是第一部，也是唯一的一部，由一個知名的中國學者所寫的完整的中國哲學史。在這個領域裏的其他先驅者，包括已故的梁啓超和我自己，都未能完成他們計畫中整個的中國思想史或哲學史。這項計畫需要許多不同領域學者的協助和合作，諸如道教史、中國佛教史、禪宗史，以及每個時代之中科技的研究——這些領域直到

最近才受到近代學術的探索。

因為這是一本先驅者的著作，許多重大的錯誤是可以原諒的。其中之一是：他只以不到九頁（頁四二三—三三）的篇幅來處理道教。道教大約在公元二世紀左右起自民間，在幾經掙扎之後，成了當時帝國三大宗教之一。它不僅導致了對佛教四次重大的迫害（公元四四六，五七四，八四五—四六和九五五），並且對十一世紀以降的理學運動有深遠的影響。另一個缺點是：特別為了英文翻譯而寫的那一節（第二冊，頁三八七—四〇六），對四百年禪宗的成長和發展，只提供了大略而不含評判的處理。這也許是因為這些特殊時期的中國宗教史和思想史，還沒有人做過充分的現代學術研究。

馮教授的哲學史應當被視為一本以「正統」的中國觀點來寫的中國哲學史。原書有未經翻譯的序言三篇，在其中一篇，他指出：「此書第一篇出版後，胡適之先生以為書中之主要觀點係正統派的。今此書第二篇繼續出版，其中主要觀點尤為正統派的。此不待別人之言，吾已自覺之。」究竟什麼是作者坦然承認，而且引以自豪，作為全書基礎的「正統派」的觀點呢？

大略說來，傳統的「正統」觀點是：㈠「道」是由孔子拓展出來的，他是上古時期先聖遺緒偉大的傳承者；㈡「道」受到異端如上古時期墨翟和楊朱，以及中古時期佛教和道教的蒙蔽和驅離；㈢「道」長時期的潛藏在經書之中，直到十一世紀開始的理學運動，才受到理學家的重新闡發。

從這個「正統」的觀點出發，中國哲學的第一個時期必須從孔子開始。馮博士說：「孔子一生，以能繼文王周公之業為職志。」而「周之典章制度」，實可以「上繼往聖，下開來學。」（第一册，頁七）基於同樣的觀點，從公元前一世紀直到公元後二十世紀，中國哲學的第二個時期，必須被視為「經學時代」，那也就是儒學的研究。這樣的分法是無視於道家自然主義巨大的影響，一千年來佛教征服中國的事實，以及道教以一個宗教形式成長的過程。

基於同樣的觀點，這部哲學史一定不能（也沒有）提及孔子向一個比他年長的宿學老聃，也叫老子，問學的事。就這一點而言，馮教授比正統儒家的傳統還更「正統」，在《禮記》一書中，孔子只是後學，而老聃却是大師。

指出馮教授的哲學史是用所謂「正統」的觀點寫的，並不一定是貶低這本書的價值，或說這個觀點是站不住脚的。在一篇未經翻譯的附錄文章裏，馮博士清華大學同事陳寅恪教授寫了一篇〈審查報告〉，推薦這本書列入大學叢書。在此，我們這位知名的史學家嚴肅的指出：秦（公元前二二一—二〇六）以後的中國思想，在漫長的歷史和無數的起伏之中，主要是完成了一項重大的歷史使命，那就是「新儒學之產生，及其傳衍。」[56]這種論調顯示：我們的作者在遵循正統的觀點上是不乏同道的。

在結論中，我要指出：這本哲學史，尤其是第二冊，長篇累牘的引了許多選擇不精，消化不良的原始材料。這些材料即使是中文，大部分也是看不懂的，有些簡直是完全不知所云，無論譯者是如何忠實，英文的翻譯是完全不可讀的。在這些徵引中，我且舉一個極平庸的思想家揚雄（公元前五三—公元一八）《太玄圖》中的一段話為例：

「誠有內者存乎中，宣而出者存乎表，雲行雨施存乎從，變節易度存乎更，珍光淪全存乎晬，虛中弘外存乎廓，削退消部存乎減，降隊幽藏存乎沈，考終性命存乎成。」

難道作者真的認為這樣的胡說也應該在哲學史上站一席地嗎？難道他忘了揚雄同時代的朋友劉歆，曾說《太玄圖》只能用來覆瓿嗎？[57]

在整篇書評中，胡適除了寫書評者習用的一句客套話「樂見此書」以外，幾乎全是不假詞色的批評，而且是從基本的架構上，來全盤否定馮著的價值。關於「正統」這一點，他更是不憚其煩的突出正統觀點對孔子及儒家經典奴性僵化的態度，並順帶的批評了陳寅恪的〈審查報告〉。

一九五五年一月二十四日，胡適在寫完這篇書評後，有如下一段日記，可以看出胡適對馮友蘭的《中國哲學史》是極爲不滿的：

> 寫完馮友蘭《中國哲學史》書評。*The American Historical Review* 要我寫此書英譯本 (by Derk Bodde) 的書評，我耽誤了半年，今天扶病打完。
>
> 為此事重看馮書兩遍，想說幾句好話，實在看不出有什麼好處。故批評頗指出此書的根本弱點，卽是他（馮）自己很得意的「正統派」觀點（見自序二）。
>
> 「正統派」觀點是什麼？他自己並未明說，但此書分兩篇，上篇必須以孔子開始，力主孔子以前無私人著述，力主孔子「以能繼文王周公之業為職志，」「上繼往聖，下開來學。」下篇必須叫做「經學時代」，也是此意。（但更不通！）[58]

「想說幾句好話」而又「實在看不出什麼好處」，馮著在胡適眼裏，簡直是一無是處了！

在學術上，胡適一生最大的遺憾是沒有完成中國哲學史，而這個遺憾與馮友蘭是分不開的。一九一九年，胡適出版了《中國哲學史大綱》卷上之後，在各方矚目期盼之下，下卷本的出版給了胡適很大的壓力，當時如黃侃（季剛）等北大舊人，並以此取笑胡適，說他「善作上卷書」。當時留傳著一個頗不雅馴的笑話：

> 季剛師於並時學者多所譏彈，嘗講論至謝靈運曾為秘書監，笑曰：「今國內乃有著作監，則胡適之其人也。」或問其說，曰：「監者，太監也。」隨指紀曉嵐「下面沒有了」故事為證，聞者為之絕倒。蓋譏胡氏著作大都僅有上册也。[59]

從這段笑話，很可以看出當時舊派學者對胡適的忌恨和嘲諷，但也正因爲如此，胡適就更覺得有完成下卷的必要。

馮友蘭的《中國哲學史》上半部，在一九三一年，由上海神州國光社出版，一九三四年，上下兩册由商務印書館出版。他英文的《中國哲學小史》（*A Short History of Chinese Philosophy*），一九四八在紐約出版。胡適在一九五〇年一月五日的日記裏，提到這本英文的小史，使他覺得完成《中國思想史》更是刻不容緩了：

> 我頗想借一棲身之地，把《中國思想史》的英文簡本寫完付印。前些時曾見馮友蘭的 *A Short History of Chinese Philosophy*，實在太糟了。我應該趕快把《中國思想史》寫完。[60]

一九五一年底，胡適又有六十歲「生日決議案」，把未完成的《中國哲學史》做爲他這一生最大的一筆「債」，也是他此後努力的第一個目標[61]。這個六十歲的「生日決議案」，是在臺北市記者招待會上說的，也是大家所熟知的。五年以後，胡適快過六十五歲生日的時候，他又用英文寫了一個類似的「生日決議案」，冠題爲〈我計劃中的工作〉（My Planned Work），在這篇未經正式發表的英文打字稿中，胡適扼要的敍述了他與中國哲學史的「歷史」，多少也是爲他遲遲不能完成這項著作，作一個解釋：

過去四十年來，我一直從事中國思想史的工作，這項研究涵蓋了大約兩千七百年中國思想的發展。一九一九年，我出版了《中國哲學史大綱》卷上。在過去三十年裏，我試圖擴大研究範圍，在「中國思想史」這個較廣的題目下，將中國思想的各方面及各種信仰都包括在內。

從一九一九年到一九三七年，我出版了大量的有關中國思想史三個主要時期的專題論文：上古時期終於公元二百年，中古時期終於公元一千年左右，以及從十一世紀開始，直到現在的中國文藝復興時期。這些專題論文大多已收入四冊的《胡適文存》，幾篇較長的文章則以專書的形式出版。

中國八年的對日抗戰（一九三七—四五），其中有五年的時間，我自己先以非官方的外交人員身份，後來則以官方使節的身份，受到戰時的徵調（一九三七—四二）。繼之以十年不穩定的生活（一九四六—五六），使我無法將上述的專題研究組合起來，完成我計劃中的三册中國思想史，也使我無法認真寫我長期計劃中的一册英文的中國哲學史。

我行將六十五歲，我覺得此時工是我安定下來，用餘年來完成我畢生主要的工作——中國思想史——的時候了。我是着眼在這項工作上，才計劃在明年年初回到臺灣臺北的。同時我也想去看看中央研究院和中央圖書館的圖書設備。他們的善本和珍本書籍，直到最近才安置在一所合適的房子裏，供研究者使用。（我自己的書都留在北平了）。

我是一個在學術上有廣大興趣的人，除了上述的那個主要計劃外，還有幾個研究項目，其中之一是「中國白話文學史」，《白話文學史》上卷是一九二八年出版的，從一九二〇到一九三七年，我發表了大約二十篇有關中國小說研究的重要論文。但是這個計劃以及其他的研究項目都必須在我完成了中國思想史之後，才能論及。[62]

看了胡適這兩個「生日決議案」，不能不讓我想起曹操「老驥伏櫪，志在千里」蒼涼而悲壯的詩句。然而，千里之行終非老驥所堪任。未完成的中國哲學史，也就成了胡適終身未償的債了。

一九五九年三月十六日是胡適長子祖望四十歲的生日，胡適在日記上又提起了他的哲學史：「光陰過的眞快！我的《哲學史上卷》出版在祖望出生之前一個多月。今天我想到這事，不勝感歎老之將至。」胡適一直到他死前三年，還耿耿以不能完成哲學史爲憾（日記手稿第十八册）。

胡適對馮友蘭在學術上的成績，少有好評。在馮大量的著作中，只有一九二六年發表的一篇短文〈名教之分析〉，受到胡適的肯定，說此文「很精闢」[63]。然而，馮友蘭在《中國哲學史》出版之後，已經是一個公認的權威[64]。胡適貶低他的貢獻，絕非偶然。而胡適對馮友蘭的批評也有不盡公允的。錢穆在《師友雜憶》一書中，提到他與胡適初會的情景，談的依舊是老子的年代問題，又不免涉及馮友蘭，據錢穆的記憶，胡適當時曾說：「天下蠢人恐無出芝生右者」[65]。無論馮對老、孔年代的看法是如何的錯誤，馮絕不致於是「天下之至蠢」，殆可無疑。

一九四三年十月十二日的日記中，有胡適對張其昀、錢穆和馮友蘭三人的短評。說張與錢是「從未出國門的苦學者。」馮則「雖曾出國門，而實無所見」。而他們三人的共同處則是「見解多帶反動意味，保守的趨勢甚明，而擁護集權的態度亦頗明顯。」[66]從這段短評中，不難看出胡適對馮友蘭的失望。沒出過國，在見解上俗陋些，猶有可說；「雖曾出國門，而實無所見」，就比較不可原諒了。一九四三年，馮友蘭已經是一個著作宏富，在中國哲學史及其自身哲學之建立上，都已卓然有成的學者，胡適說他「實無所見」，失之過苛。

在胡適論及馮友蘭的文字裏，我們見到了胡適少有的意氣、盛氣，和少許的嫉妬。溫文儒雅，寬宏包容如胡適，也依舊不免有他的痛處和弱點。

三、歷史・傳統・西化

(A)胡適的「偶然說」

胡適與馮友蘭在史學觀點上，有一個基本的不同。對歷史發展的解釋，胡適主張多元，馮友蘭則偏向一元；胡強調偶然，馮則相信規律。

胡適對歷史發展的解釋，強調「偶然」，是有他悠長的歷史背景的。在《四十自述》中，他詳述自己如何〈由拜神到無神〉的經過，在這個轉變之中，起了決定性作用的是《資治通鑑》卷一百三十六中，范縝講〈神滅論〉以及討論因果的一段文字：

> 子良篤好釋氏，招致名僧，講論佛法，道俗之盛，江左未有。或親為衆僧賦食、行水，世頗以為失宰相體。范縝盛稱無佛。子良曰：「君不信因果，何得有富貴貧賤？」縝曰：「人生如樹花同發，隨風而散：或拂簾幌墜茵席之上，或關籬牆落糞溷之中。墜茵席者，殿下是也；落糞溷者，下官是也。貴賤雖復殊途，因果竟在何

> 處！」子良無以難。縝又著〈神滅論〉，以為：「形者神之質，神者形之用也。神之於形，猶利之於刀；未聞刀沒而利存，豈容形亡而神在哉！」。[67]

胡適自己承認這段文字在他的「思想上發生了很大的影響」，尤其是「形者神之質」以下的三十五個字，使他「換了一個人」。使他自己從輪迴果報的「因果說」之中解放出來，使他相信：因果之間並沒有必然的關係，而只有偶然的關係[68]。胡適在一九一九年寫〈不朽〉一文時，又提到了他幼時所讀的這段文字，並說這段話影響了他一生的「思想行事」。[69]

胡適並沒有寫過專論歷史發展的文字，但從他零星論及這方面的片斷之中，是可以理出一個頭緒來的。一九二七年一月二十五日和以寫《美國憲法的經濟闡釋》（*An Economic Interpretation of the Constitution of the United States*）而著名的美國史學家比爾德（Charles A. Beard, 1874-1948）談到歷史發展的問題，在日記中，有比較詳細的記錄，最可以看出胡適對這個問題，所持的觀點：

> 歷史上有許多事是起於偶然的，個人的嗜好，一時的錯誤，無意的碰巧，皆足以開一新局面。當其初起時，誰也不注意。以後越走越遠，回視作始之時，幾同隔世！[70]

胡適「偶然說」的實際應用，最好的例子是他解釋白話文運動的起因。一九二三年，胡適為科學與人生觀論戰的文字作了一篇序，陳獨秀對這篇序提出了一些意見，有〈答適之〉

一文，其中說到白話文的起因，有如下一段：

> 常有人說：白話文的局面是胡適之、陳獨秀一班人鬧出來的。其實這是我們的不虞之譽。中國近來產業發達，人口集中，白話文完全是應這個需要而發生而存在的。適之等若在三十年前提倡白話文，只需章行嚴的一篇文章便駁得煙消灰滅。此時章行嚴的崇論宏議有誰肯聽？[71]

十二年以後（一九三五），胡適寫《中國新文學大系》的〈導言〉，答覆了上引陳獨秀的這一段話。他特別強調白話文運動初起時，許多個別的，偶然的因素。而把「產業發達，人口集中」視爲一個並不能解釋個別歷史現象的「最後之因」，他說：

> 治歷史的人，應該向傳記材料裏去尋求那多元的，個別的因素，而不應該走偷懶的路，妄想用一個「最後之因」來解釋一切歷史事實。無論你抬出來的「最後之因」是「神」，是「性」，是「心靈」，或是「生產方式」，都可以解釋一切歷史。但是，正因為個個「最後之因」都可以解釋一切歷史，所以都不能解釋任何歷史了！……所以凡可以解釋一切歷史的「最後之因」，都是歷史學者認為最無用的玩意兒，因為他們其實都不能解釋什麼具體的歷史事實。[72]

胡適提出「偶然說」的動機卻絕不「偶然」，他的「偶然說」是針對馬克思的唯物史觀而發的。他在一九二七年向比爾德教授提出這個看法，也多少是因爲比爾德較偏向於從經濟的觀點來解釋歷史的發展。雖然，胡適在日記中說比爾德同意他的「偶然說」，但如果讀過比爾德一九一三年出版的《美國憲法的經濟闡釋》一書，則不難看出，比爾德是深受馬克思學說影響的。[73]

一九五二年十二月八日，胡適在臺北，中國文藝協會，講〈提倡白話文的起因〉，再次強調這個運動初起時的偶發性與多元性，將白話文運動的起因歸結到「五個偶然」。並明確的指出他反對一切一元的歷史觀：「現在有一些講歷史的人，常常說：『歷史是唯物的』，這是用經濟的原因來解釋一切歷史……其實歷史上的許多大事的來源，也多是偶然的，並不是有意的，很少可以用一元論解釋。」[74]

胡適在解釋歷史發展時，除了強調偶發性與多元性之外，也突出個人在歷史發展中所扮演的角色。他相信個人的努力是有意義的，有時甚至可以因個人之努力而改變歷史的發展。他常引象山語錄中的兩句話來說明個人在歷史發展中，所能起的作用：

> 且道天地間有個朱元晦、陸子靜，便添得些子。無了後，便減得些子。[75]

將這句話引用到白話文運動上，就是：

> 白話文的局面，若沒有「胡適之、陳獨秀一班人」，至少也得遲出現二三十年。這是

> 我們可以自信的。[76]

這樣的態度是充份的肯定個人在歷史發展中的價值。胡適一方面相信「偶然」，但另一方面，他並不放棄個人努力，而坐待「偶然」的出現。換言之，他相信個人的努力，在一定的程度上，可以創造出「偶然」的機會來。套句老話，「時勢」是「英雄」造出來的。

胡適這種強調「偶然」，並突出個人的歷史觀，使我想起梁漱溟在《東西文化及其哲學》中的一段話，很可以作爲胡適觀點的注腳：

> 文化這樣東西，點點俱是天才的創造，偶然的奇想，只有前前後後的「緣」，並沒有「因」的。[77]

胡適並不否認歷史發展中，有客觀的因素，他所反對的是把所有客觀的因素單一化，把極複雜多樣的歷史現象做一元的解釋。

胡適在強調「偶然」與「個人」的同時，也講歷史的發展有所謂「潮流」或「趨向」之說。就文學史的觀點而言，自秦漢以至明清文學的發展在胡適看來，其最基本的方向是書面文字與口語文字之合流。如他說到宋詩與唐詩之別，「只是作詩更近於作文！更近於說話。」[78]至於元雜劇與明清小說在這一點上，自然就更體現了胡適所說的「潮流」了。他在提倡白話文運動時的小偶然所以能發生大作用，正是因爲小偶然的方向暗合於大潮流。如「偶然」的方向不同於「潮流」或甚至於相反，那麼「偶然」是發生不了大作用的，至多不過形成一個小小的逆流。胡適在一九四七年寫〈眼前世界文化的趨向〉一文，就指出了「潮流」與「逆流」的不同：

我是學歷史的人，從歷史上來看世界文化上的趨向，那是民主自由的趨向，是三四百年來的一個最大目標，一個明白的方向。最近三十年的反自由，反民主的集體專制的潮流，在我個人看來，不過是一個小小的波折，一個小小的逆流。我們可以不必因為中間起了這一個三十年的逆流，抹煞那三百年的民主大潮流，大方向。[79]

胡適承認歷史的發展有其趨向或潮流，但他所不能同意的是把經濟或生產方式解釋爲形成這個趨向或潮流的唯一原因。

(B)傳統與西化

胡適與馮友蘭對「究竟什麼是歷史發展的主導力量」這一問題，並未有過爭論。但從他們的著作之中，不難看出兩人在這一點上絕大的差異。雖然胡馮兩人從小有極爲相似的教育背景，出國後都曾師事杜威（John Dewey, 1859-1952），也都在哥倫比亞大學得博士學位，但在這一點上，兩人卻少有共同的語言。

馮友蘭是相信唯物史觀的：生產方式是決定歷史發展最主要的一個原因。因此，上舉胡適與陳獨秀之間的歧異，在一定的程度上，也可以說明胡、馮的差別。

馮友蘭常說，他講的不是「中西之分」，而是「古今之異」[80]。一九四〇年出版的《新事論》一書，主要就是在闡明這一點。尤其是〈辨城鄉〉一篇，更是把「古今之異」集中的體現在城、鄉的不同上。西方是一個「以社會為本位的經濟制度」，而中國則是一個「以家為本位的經濟制度」[81]。中西種種社會制度的不同，以及道德意識的差異，在馮友蘭看來，都緣於這兩個不同的經濟制度。

如果「中西之分」，確如馮友蘭所說，就是「古今之異」，那麼，歷史的發展或社會的變遷，是循一定的規律而進行的。「東西之分」成了一個時間問題，而不是一個空間問題。只要假以時日，「古」自會變做「今」，而中國也終究會變成今日之西方。胡適所主張的「偶然說」是不能接受這樣的解釋的。正是因為有這一點基本的不同，胡、馮兩人在對中國文化的評估，以及現代化的論題上，就出現了兩個截然異趣的典型。

馮友蘭從經濟結構的觀點，把「東西之分」解釋為「古今之異」，在同樣的理論基礎上，當兩種文化接觸時，究竟何者受到同化，也是完全取決於經濟，他說：

中國民族在以前所以能同化別民族者，並不是因為他有特別强的同化力，而是靠他的經濟先進的地位。我是根本不信：說某個民族始終特具有某一種能力的。只有經濟的力量，才是最後的，決定的力。[82]

胡適則認爲：兩種文化在接觸時，「選擇去取」的標準，是遵循「優勝劣敗」這個公例而進行的。一種文化被另一種文化「摧陷的多少，其抵抗力的強弱，都和那一個方面的自身適用價值成比例：最不適用的，抵抗力最弱，被淘汰也最快，被摧陷的成分也最多。」[83]換言之，在胡適看來，文化的轉型或變遷是一個極複雜的過程，不能以「經濟」或其他的原因做唯一的或最後的解釋。在他一九三七年發表的英文論文〈中國的印度化：一個文化轉借的個案研究〉（The Indianization of China: A Case Study in Cultural Borrowing）中，就是以佛教傳入中國的過程做爲例子，來說明文化轉借或相互影響的複雜性[84]。他常用的例子是鐘錶之代替滴漏，鎗礮之代替弓箭，是在一個「適用」的基礎上發生的，客觀的標準是容易取得的。但飲食和信仰這方面的改變，就遠沒有滴漏或弓箭那麼簡單。在經過長時期的接觸之後，有的被接受，有的則受到排拒，取捨之間，若以「經濟」爲唯一的解釋，是不符合實際的[85]。

一九三四年，馮友蘭在捷克首都布拉格（Prague）第八屆國際哲學會議上，宣讀了一篇英文論文題爲〈當代中國之哲學〉（Philosophy in Contemporary China），他將自清末至一九三〇年代，五十年之中，中國與西方文化接觸激盪的過程分做三期：第一期是以康有為為代表，這一時期主要的特點是：

> 「思想界」的領導者對來自西方的新文化並不含敵意，同時他們也很能了解西方文化價值之所在，但是他們只能在西方文化符合懸想的孔教架構時，才能欣賞它的價值。[86]

換言之，這一時期的特徵是：透過舊有的價值標準，來闡釋或批判西方的文化（They interpreted the new in terms of, and criticized it in the light of, the old.）。[87]

第二個時期以陳獨秀與胡適為代表，此一時期的特色是透過西方文化的價值標準來評判中國固有的文化（In this period the spirit of the time is the criticism of the old in the light of the new）。胡適的《中國哲學史大綱》就是這個時代精神的代表作品。[88]

第三個時期的精神不再是體現在以一個文化來批評另一個文化，而是體現在以一個文化來闡明另一個文化（illustrating the one with the other）。在第二個時期，強調的是兩種文化之異，在第三個時期則關注其同。[89]

馮友蘭在文中雖未指出第三時期的代表人物是誰，但他顯然是以此自命的。他的《貞元六書》也正是在這樣的自命下寫成的。他所說的第二時期與第三時期的差別，在一定程度上，也確實反映了胡適與馮友蘭對東西文化問題不同的看法。胡適對中國固有的文化，常是用批判的態度，指出它不合理的地方。而馮友蘭則常是要爲這個「不合理」的事實，找出一個「合理」的解釋。這種態度也可以用他在《中國哲學史》序中所說「事出有因」四字來概括⑩，他總是設法爲現有的「事」，求出「因」來。

馮友蘭的《新事論》與《新世訓》，基本上都是在爲五四前後被指爲「吃人的禮教」做辯護。如忠、孝，如貞節，他都能從生產方式與社會結構這一點上，指出所謂「吃人的禮教」，乃是維繫以家庭爲本位，男性爲中心的社會所必要的一些行爲準則。沒有這些「吃人的禮教」，中國社會就無法維持這麼久遠與安定。換言之，民初批評中國傳統禮教爲「吃人」的人，都不免無視於這些制度在特定的社會中，所起的作用；而是以二十世紀初年，中國在海禁大開，西學大行的情況下來批判的。

譬如胡適講到中國婦女問題，有過這樣沉痛的話：

中國所以糟到這步田地，都是因為我們的老祖宗太對不住了我們的婦女……「把女人當牛馬」，這句話還不够形容我們中國人待女人的殘忍與慘酷。我們把女人當牛馬，套了牛軛，上了鞍轡，還不放心，還要砍去一隻牛蹄，剁去兩隻馬脚，然後趕他們去做苦工！

全世界的人類裏，尋不出第二個國家有這樣的野蠻制度！[91]

馮友蘭在〈談兒女〉一文中，雖然沒有爲小腳辯護，但他認爲：在中國那樣以家庭爲本位的小農經濟制度之下，女人受困於家務及孩子，其社會地位之不如男人，乃是必然的。並不是因爲中國的男人特別「殘忍」、「野蠻」，想出種種的禮教來折磨女人，控制女人，更不是因爲中國的女人特別溫馴服從，受制於男人，而是那樣的經濟制度只能產生那樣的社會規範[92]。所謂「吃人的禮教」，如眞是一無是處，在當時就不會建立起來，更不會傳衍至今。這些倫理道德既然能存在，並行之數百年，甚至千年，這個事實的本身就已經說明它的合理。馮友蘭的這個看法，基本上是黑格爾（George Wilhelm Friedrich Hegel, 1770-1831）「存在的就是合理的」（What is actual is also reasonable.）這一觀點的引伸。[93]

馮友蘭在爲中國舊禮教辯護時，從不提胡適的名字，而只說「民初人如何如何」，但他的批評所向，明眼人一看，即知爲胡適。

胡適在《中國哲學史大綱》中說到孝道，有如下的一段話：「細看《祭義》和《孝經》的學說，檢（作者案：今作「簡」）直可算得不承認個人的存在。我並不是我，不過是我的父母的兒子……這種人生哲學……未免太把個人埋沒在家庭倫理裏面了。」[94]

馮友蘭在《新事論》、〈談兒女〉篇中，也講到孝道，他說：

> 民初人常說：「在舊日底社會中，人不是他自己，而是他的父母的兒子……」照民初人的看法，在這種情形下，當兒子底，固然不自由得可憐，當父母底，也未免專制得可恨。但是我們若知以家為本位底社會的經濟制度，我們可見，這些都是應該如此底。誰也不可憐，誰也不可恨。[95]

馮友蘭在此地所說的「民初人」，顯然是以胡適爲代表的。談到婦女解放時，馮友蘭則說：「民初人教女人自動地『反抗』所謂『吃人底禮教』。他們說女人應該學什麼娜拉，自動的脫離家庭。他們說：女人脫離了家庭以後，如果她們能『努力』，能『奮鬥』，他們也可以得到自由底，幸福底生活。」[96]這段話中「反抗」、「吃人底禮教」、「娜拉」這些字眼清楚的指向胡適所提倡的「易卜生主義」。[97]

馮友蘭認爲：婦女解放不從改變生產方式入手，而只要求女人做主觀的「努力」、「奮鬥」、「反抗」是沒有用處的。他說：

> 有些人論歷史，離開了環境機會，專抽象的論某人或某個民族之努力不努力，聰明不聰明，以為人可以願怎麼樣就怎麼樣。我們覺得這種看法，是不對的。[98]

上引這段話，摘自一九三四年出版的〈秦漢歷史哲學〉一文，馮友蘭顯然是針對胡適同年五、六月間寫的三篇〈信心與反省〉在提出意見[99]。馮友蘭所反覆申論的是：「一種社會制度，是跟着一種經濟制度來底；一種經濟制度，是跟着一種生產方法來底。不從根本上着想，不從根本上努力，而只空洞的講『應該』，講『奮鬥』，講『法律』，都是無補實際的。」[100]

馮友蘭所一再申說的是：要改變舊有的社會規範或倫理道德，必須從改變經濟制度、生產方式入手。主觀的個人的「努力」，「奮鬥」都是枝枝節節無補實際的。然則，生產方式和經濟制度的改變，難道不是許多個人努力和奮鬥的結果嗎？不也是枝枝節節，點點滴滴的積累嗎？胡適基本上是不承認有一個「根本的解決的」，他只相信「一點一滴」，「一尺一寸」的改良。[101]

過份強調主觀個人的努力、奮鬥，以爲由此就可以獲致自由，固然未必盡是；但過份小看個人努力，奮鬥的結果，也未必全符實際。

一九六〇年代，美國黑人民權運動提高了黑人的社會地位，絕大部份是因爲個人奮鬥，努力及立法的結果。生產方式，經濟制度在這十幾年之中，並無基本的改變，但是白人對黑人的歧視確是消弭了一部份，而黑人的社會地位也確實有了改變。我們能說民權運動的領袖馬丁・路德・金恩（Martin Luther King Jr., 1929-68），以及那千千萬萬爲了爭取自由平等的黑人，他們的奮鬥和努力是全無意義的嗎？

馮友蘭將胡適所批判的幾項「吃人的禮教」，如忠、孝、貞節等，都盡可能的從生產方式與經濟制度上，指出他們的合理性，但胡適經常指爲中國人「慘無人道」的纏足與太監[102]，卻不見馮友蘭有過任何辯護，可見「唯物史觀」也有窮時。

一九二四、二五年之間，胡適與孫伏園說過一句「中國不亡，世無天理」的痛語[103]。馮友蘭對這句話深有惡感，說中國人過去有「貴古賤今」的毛病，而今則是「貴遠賤近」。並把胡適的這句話稱之爲「濫套」，把這種心理稱之爲「殖民地人的心理」。[104]從這些評語中，可見他對胡適在這方面的不滿已是很深的了。

胡適在〈我們對於西洋近代文明的態度〉以及〈信心與反省〉等文字中，有時爲了激發中國人反省、懺悔、向上的心，就特別突出中國文化中一些慘酷、愚昧、不合理的傳統。而馮友蘭的態度則是中國文化並非一無是處，這個文化能歷數千年而不墜，必有其眞價值在。因此，他特作〈贊中華〉一文，以與胡適抗衡。在文中，他特別強調：中國的國風是「道德的價值，高於一切」。他說：

在這種國風裏，中國少出了許多大藝術家，大文學家，以及等等底大家。但靠這種國風，中國民族，成為世界上最大的民族，而且除幾個短時期外，永久是光榮地生存着。[105]

馮友蘭甚至於把魯迅看作中國人最要不得的阿Q精神，說成了受道家「不在乎」態度潛移默化後的一種「外物」與「超脫」[106]。這種口氣倒很有點像羅素一九二二年，游歷中國之後，在《中國的問題》（*The Problem of China*）一書中，對中國文化的稱許：把中國說成是一個「文化實體」，是一個「唯一生存下來的古國」。[107]然而，馮友蘭的這種態度也正是胡適所一再譏評的中國人的「誇大狂」。[108]

一九二二年，馮友蘭在哥倫比亞大學作《論比較中西》一文，他主張「用意志去信仰」（will to believe），只要我們主觀的相信我們不比西洋差，我們就能與西洋人平等。就憑這點「膽大氣壯」，在馮友蘭看來，「就是我們得勝之重要條件」。[109]這段話簡直有點義和團的口吻了。

有時馮友蘭〈贊中華〉的心太切，就不免對中國人或中國文化表現出一種盲目的樂觀。在《新事論》一書中，他的結論是：

> 真正底「中國人」已造成過去底偉大底中國。這些「中國人」將要造成一個新中國，在任何方面，比世界上任何一國，都有過之無不及。這是我們所深信，而沒有絲毫懷疑底。[110]

這種近似黨調官腔的宣傳文字，在胡適看來，又不免是未經「小心求證」的「大膽假設」

了。馮友蘭這方面的態度和胡適成了極端的對比。胡適時時提醒中國人：「信心」必須建立在「反省」的基礎上，盲目的自信，就是自欺[111]。中國不但沒有可以驕人的祖宗遺產，而且「祖宗的罪孽深重，我們自己的罪孽深重。」[112]我們須要的是懺悔，是知恥，而不是自得與自滿。中國唯一的「一條生路」是「認錯」，是「承認自己百事不如人。」[113]

馮友蘭的〈贊中華〉多少是胡適「認錯」、「懺悔」的反響。他的用心是可感的，態度也是誠懇的，無奈這種空口說白話的「膽大氣壯」，終究起不了多少作用。然而，也正因爲馮友蘭這點帶着民族主義色彩的自豪與驕傲，使他在西化問題上，陷入了進退失據的泥淖，在不知不覺之中又走回了張之洞「中學爲體，西學爲用」的老路。他說：

如所謂中學為體，西學為用者，是說：組織社會的道德是中國人所本有底，現在所須添加者是西洋的知識、技術、工業。則此話是可說底。我們的《新事論》的意思，亦正如此。[114]

馮友蘭在〈秦漢歷史哲學〉一文中又表明：「在歷史之演變中，變之中有不變者存。」而這些所謂「不變者」是「人類社會之所以能成立的一些基本條件……有些基本條件，是凡在一個社會中的人所必須遵守的，這就是基本道德。這些道德，無所謂新舊，無所謂古今，是不隨時變的。」[115]他所說的「基本道德」，豈不就是清季洋務派所說的「倫常名教」嗎？這樣的主張依舊走回了馮友蘭自己所批評的「體用兩橛」。[40]

馮友蘭一方面說：新的技術和工業可以引起生產方式的改變，而生產方式的不同，又可以引發經濟制度的變革，新的經濟制度又能帶來新的社會規範和道德標準。但另一方面他又說：「變之中有不變者存。」這是明顯的自相矛盾。

胡適在西化的這個問題上，態度是鮮明的。他在《獨立評論》第一四二號的〈編輯後記〉中，有一段很扼要的話，說明他對西化的態度：

> 我很明白的指出文化折衷論的不可能。我是主張全盤西化的。但我同時指出，文化自有一種「惰性」，全盤西化的結果自然會有一種折衷的傾向……若我們自命做領袖的人也空談折衷選擇，結果只有抱殘守缺而已。[41]

這一段話也就是兩星期之後（一九三五、三、三〇），胡適寫〈試評所謂「中國本位的文化建設」〉這篇文章的張本。胡適此文發表後之次年，馮友蘭作〈中國現代民族運動之總動向〉一文，提出了中西之別，無非就是城鄉之異的說法，並指出中國欲求「自由平等」，必須從經濟上的自由平等入手，沒有經濟上的不等做基礎，政治上的平等是沒有意義的。在這篇文章裏，他同時指出：「全盤西化」，「部份西化」，或「中國本位」等主張，都是犯了「只注意於文化『個體』，而不注意於文化『類型』的毛病」。換言之，中國文化之種種缺點，並不因爲是「中國」才有這些缺點；而是因爲中國是一個農業社會的國家。同理，西方文化中之種種優點，也不是因爲是「西方」才有這些優點，而是因爲他們是工業社會。在馮友蘭看來，工業化是西化的起步也是完成。[118]

從中國哲學史的編寫，到對傳統的批判；從婦女解放到西化的討論，馮友蘭始終是對胡適理論進行一定程度的修正、補充或批駁。但這絕不意味着馮友蘭不能自成一家，恰恰相反的，他的理論是近代中國知識份子在西化和馬克思主義雙重影響下的綜合代表。

四、結語

在一九六二年胡適去世之前，馮友蘭已經發表了不少認錯悔改和批判胡適的文字。如一九五〇年有〈學習與錯誤〉一文，曾受張君勱痛斥爲「不識人間尚有羞恥事。[119]」然而，胡適卻從未在這方面深責過任何爲了「苟全」，而不得不「權宜」的學者。最好的例子莫如一九五〇年一月九日寫〈共產黨統治下決沒有自由〉，對〈陳垣給胡適的一封公開信〉所作的說明。胡適指出：〈公開信〉雖有一部份材料是眞實的，但基本上是共產黨的宣傳部門，假陳垣之名，來向胡適做「統戰」的。胡適對陳垣的態度，與其說是責備，不如說是同情之中帶着悲憫。他說：「我在海外看見報紙轉載的這封公開信，我忍不住歎口氣說：『可憐我的老朋友陳垣先生，現在已沒有不說話的自由了。」在文末，他又指出：

> 在共產黨的軍隊進入北平之後三個月，七十歲的史學者陳垣就得向天下人公告，他的舊治學方法雖然是「科學的」，究竟「是有着基本錯誤的」！他得向天下人公告，他已「初步研究了辯證法唯物論和歷史唯物論，確定了今後的治學方法！」

胡適對陳垣始終沒有說一句重頭的話，他只說這封〈公開信〉，「最可證明共產黨統治之下決沒有學術思想的自由」[120]。

把胡適給陳垣的這封公開信與張君勱〈一封不寄信——責馮芝生〉對看，最可以看出當時海外學者對大陸知識份子的兩種態度。

在張君勱的信裏，我們處處可以感覺到一種要人「殺身成仁，捨生取義」的「正義的火氣」[121]。他指責馮友蘭：

> 足下讀書數十年，著書數十萬言，即令被迫而死，亦不失為英魂，奈何將自己前說一朝推翻，而向人認罪？[122]

這明明是要人死，要人做烈士。這封表面上看來義正詞嚴的信，字裏行間卻充滿了不同情、不容忍的殘酷和冷峻！

胡適從來不要求公開認錯悔改的知識份子去做「英魂」，這正是他不願「以理殺人」的實踐。在那樣一個沒有不說話自由的集權社會裏，我們又何忍苛責一個人為了保全性命，而說些言不由衷，應景敷衍的話呢。「玉碎」固然有其壯烈，但「瓦全」往往比「玉碎」更需要一些忍耐、堅持、信心與智慧。過份在「氣節」上求全知識份子，正是為那個政權的殘暴在做開脫。從胡適五十年代對陷在中國大陸知識份子的態度上，我們特別能看出一個自由主義者的悲憫胸襟。我想把胡適對陳垣的態度，轉用在馮友蘭身上，大致也還不會太離譜。

正因為胡適不願意「以理殺人」，他對一些忠於自己信仰，而不為暴力所屈的人，就格外敬重。一九五二年二月二十七日的日記，附了一則剪報，標題是「中共思想改造運動碰壁，梁漱溟不肯洗腦。」胡適說：他看了這則剪報，「很感歎」，而梁是個「殉道者」，這種「不能自昧其所知以從他人」的精神，使胡適「很佩服」。[123]

胡適也自有他的褒貶，但在他的褒貶之中，我們看到的是容忍，是同情，是以己度人；而不是隔海說些「士可殺，不可辱」的風涼話。對他兒子胡思杜和許多批判他的學者，胡適從不曾說過一句嚴厲的話，他總是用學者們的認錯悔改來突顯中共政權的殘暴和對知識份子的控制，而從不在個人的「氣節」上做文章。[124]

胡適死在一九六二年，對馮友蘭在「批林批孔」那段時期的表演，無緣親睹，而當今論者又往往對這一段時期的馮友蘭大作文章，其結論則不出醜態、無恥、逢迎、諂媚。[125]以馮友蘭當時的作爲，這些惡聲、批評，絕沒有寃枉他。我也絲毫無意要爲他許多齒冷的作爲做任何辯護。

在此，我只想提出一點：卽在論人時，過份「氣節掛帥」，實際上，也就是「政治掛帥」。中國人，尤其是知識份子，所謂「氣節」，絕大部份也只能表現在對當道的態度上。過份從這一點上來寓褒貶，不知不覺之中，是把學術當成了政治的附庸。一個學者無論在學術上的成就多高，只要一旦在政治上有了妥協，此人卽不足論，這不正是「以人廢言」的老規矩嗎？

有時，我們也過份重視一個人在思想上的一致性，似乎對任何信仰都應該「終身不渝」。一個反共的人應該一輩子反共；一個信仰社會主義的人則必須永遠不改初衷。然而，我們也必須承認：思想上的改變有時是會發生的。如果我們允許一個不信基督教的人信教，或一個信教的人不信教，似乎也沒有理由不允許一個原本尊孔的人批孔。更何況批孔自五四以來，並不是一個新課題。

然而，讓我們最失望，也是最吃驚的，並不是馮友蘭由「尊孔」轉爲「批孔」，而是他在批孔時所用的標準，竟只是一個荒謬而膚淺的政治指示。這就不得不讓我們對他的學術誠實有些懷疑了。

當然，即使這點起碼的誠實，在那個沒有沉默自由的政權之下，也往往是需要以身殉之的。我們與其責備某一個人無恥投機，不如說那是一個不准任何人有獨立人格的時代。可悲可慘的並不只是一個個人，而是整個時代，整個中國。

一九九〇年五月初稿成

一九九一年十二月改訂

注：

❶ 馮友蘭在一九三九年出版《新事論》一書，在序中，他說：《新事論》又名《中國到自由之路》。

❷ 參看，馮友蘭，〈辨城鄉〉，在《新事論》，收入《三松堂全集》，卷四（河南人民出版社，一九八六），頁二四〇—五一。

❸ 陳寅恪在馮著《中國哲學史》的〈審查報告〉中，曾說馮對中國之哲學具「了解之同情」。收入《中國哲學史》之書末（臺北：太平洋圖書公司，一九七〇再版），頁二。

❹ 姚琮，〈復秦小峴書〉，《惜抱軒文集》，卷六，在《惜抱軒全集》（香港：廣智書局，無出版年月），頁八〇。

❺ 這類句子在馮著中隨處可見，上擧的這兩個例，參看〈論民族哲學〉，在《三松堂學術文集》（北京：北京大學出版社，一九八四），頁四二九；〈應帝王〉，《新世訓》，在《三松堂全集》，卷四，頁五〇七。

❻ 參看本書〈胡適與魯迅〉一文。

❼ 馮友蘭，〈論感情〉，《南渡集》，下編，在《三松堂全集》，卷五，頁四四九。

❽ 胡適在〈水滸傳考證〉中說：「我最恨中國史家說的什麼『作史筆法』，但我卻有點『歷史癖』；我又最恨人家咬文嚼字的評文，但我卻又有點『考據癖』！」，見《胡適文存》，共四集（臺北：遠東圖書公司，一九六八），一集，頁五〇五。

❾ 馮友蘭，〈中國哲學史中幾個問題——答適之先生及素痴先生〉，《三松堂學術文集》，頁一九九。

❿ 詳文下。

⓫ 參看，馮友蘭，《中國哲學史》，自序二。

⓬ 參看，Jerome B. Grieder, *Hu Shih and the Chinese Renaissance* (Cambridge, MA.: Harvard University Press, 1970), pp. 281-82.

⓭ 參看，馮友蘭，〈新統〉，《新原道》，在《三松堂全集》，卷五，頁一四六－一六〇。

⓮ 參看，胡適，〈實驗主義〉，《胡適文存》，一集，頁二九一－三四一。

⑮ 參看，胡適，〈易卜生主義〉，同上，頁六二九—四七。

⑯ 參看，胡適，〈不朽〉，同上，頁六九三—七〇二。

⑰ 參看本書〈胡適與魯迅〉一文。

⑱ 胡適，《胡適的日記》（香港：中華，一九八五），頁二三八。在同頁，他還說：「學閥之中還要有一個最高的學閥。」

⑲ 參看，胡適，〈胡適致傅斯年〉，在《胡適來往書信選》（香港：中華，一九八三），共三冊，下冊，頁一七五—七六。

⑳ 胡適一九三二年，十一月，二十八日，日記：「下午七時，過江，在蔣介石先生寓內晚餐，此是我第一次和他相見。」又次日日記載：「……去蔣宅晚飯……今晚無談話機會，我送了一冊《淮南王書》給蔣先生。」《胡適的日記》手稿本（臺北：遠流出版公司，一九九〇），共十八冊。這一段在冊十一，無頁碼。

㉑ 參看，胡適，〈政制改革的大路〉，《獨立評論》，第一六三號，頁八。

㉒ 參看，馮友蘭，〈應帝王〉，《新世訓》，《三松堂全集》，卷四，頁四九八—五〇七。

㉓ 胡適，〈我的歧路〉，原刊《努力週報》，第七期（一九二二年六月十八日），收入《胡適文存》，二集（上海：亞東，一九二四），卷三，頁九一—一〇八。

㉔ 參看，胡適，〈胡適致周作人〉，在《胡適來往書信選》，中冊，頁二九六—九八。

㉕ 見馮友蘭，《三松堂自序》，《三松堂全集》，卷一，頁二九一。

㉖ 同上，頁一四七；一七六。

㉗ 參看，余英時，〈中國哲學史大綱與史學革命〉，在胡頌平編《胡適之先生年譜長編初稿》（臺北：聯經，一九八四），共十冊，冊一，頁六三—七四。

㉘ 胡適，〈整理國故與『打鬼』〉，《胡適文存》，三集，頁一二六。

㉙ 同㉕，頁一九九—二〇〇。

㉚ 同上，頁二〇〇—〇一。

㉛ 顧頡剛，〈自序〉，《古史辨》，第一冊（臺北：明倫，一九七〇，重印本），頁三六。

㉜ Yu-lan Fung, "Philosophy in Contemporary China," paper presented at the eighth International Philosophy Congress, Prague, 1934. 收入《中國哲學史補》（香港，無出版者，年月），頁四—五。本文有錢甦中譯，收入《三松堂學術文集》，頁二八五—八九。

㉝ 金岳霖的〈審查報告〉，收入《中國哲學史》，上冊，在《三松堂全集》，卷二（河南人民出版社，一九八八），頁三七九—八〇。

㉞ 蔡元培序，收入胡適，《中國古代哲學史》（臺北：商務，一九六八，重印本），頁二。

㉟ 關於這一點，參見，馮友蘭，《中國哲學史》，上冊，頁二〇—二一。

㊱ 梁啓超，〈評胡適之中國哲學史大綱〉，收入《飲冰室文集》三八，頁五三，在《飲冰室合集》（北京：中華，一九八九），共十二册，册五。
㊲ 參看，馮友蘭，〈中國近年研究史學之新趨勢〉；〈近年史學界對於中國古史之看法〉，在《三松堂學術文集》，頁三三一—三三七。
㊳ 馮友蘭，〈古史辨第六册序〉，在《三松堂學術文集》，頁四一〇。
㊴ 馮友蘭，《三松堂自序》，在《三松堂全集》，卷一，頁二〇八。
㊵ 同上。
㊶ 同㊱，頁五七—五九。
㊷ 胡適，〈評論近人考據老子年代的方法〉，《胡適文存》，四集，頁一二八。
㊸ 同上，頁一三一。
㊹ 同㉞，頁七—八。
㊺ 同上。
㊻ 馮友蘭，《三松堂自序》，頁二〇六。
㊼ 同上。
㊽ 胡適，〈胡適致陳之藩〉，在《胡適來往書信選》，下册，頁三四六。
㊾ 一九二六年十二月三日，胡適在日記中寫道：

「〔Arthur〕Waley說，他看別人的文字（中文的），往往要猜想某個名詞是什麼，我的文字他完全了解。這話使我很高興。我的文章專注意在這一點長處：『說話要人了解』，這是我的金科玉律。」（《胡適的日記》手稿本，第五册）

㊿ 馮友蘭，〈哲學與政治——論胡適哲學史工作和他底反動的政治路線底聯系〉，收入《胡適思想批判》（北京：三聯，一九五五），共八册，册六，頁八二—八四。

51 同上，頁九二。

52 胡適，〈說儒〉，《胡適文存》，四集，頁六六—六九。

53 同34，頁二。

54 馮友蘭，《三松堂自序》，頁二一三。

55 胡適，〈致馮友蘭書〉，《胡適文存》，四集，頁一三一。

56 陳寅恪，〈馮友蘭中國哲學史審查報告（下）〉，收入《陳寅恪先生文史論集》（香港：文文出版社，一九七三），共二册，下册，頁一五。

57 "Hu Shih's Review on Fung Yu-lan's *History of Chinese Philosophy,* 2 vols. (Princeton, NJ: Princeton University Press, 2nd ed., 1952), tr. by Derk Bodde." in *The American Historical Review* vol LX, No. 4 (July, 1955), pp. 898-900.

58 《胡適的日記》手稿本，第十七册，無頁碼。

59 錄自胡不歸，《胡適之傳》（萍社出版，一九四一），頁三二。此書絕版多年，海內外都不易得。按胡不歸，原名胡傳楷，安徽績谿人。胡適一九四三年，十月，二十九日日記曾提到此書：

「今天收到胡傳楷四月十五日從龍游寄來的一封信，和他一九四一年十二月印出的《胡適之傳》。他出這書，爲我做「五十歲生日」，其意可感。

此書分上下卷。下卷爲「五十歲年表」，其中有我著作分年月日表，很有用。上卷分十八章，每章一題，如『北大敎書』，『文學革命』等等，斷制與材料多不能滿意。」

（《胡適的日記》手稿本，第十五册）

60 《胡適的日記》手稿本，第十七册。

61 〈臺北市記者招待會上答問，一九五二年十一月十九日〉，在《胡適言論集》乙編（臺北：華國出版社，一九五三），頁八九—九〇。

62 胡適"My Planned Work,"在《近代學人手跡》（臺北：文星，一九六四），共兩册，下册，頁九二—九三。

63 胡適，〈名敎〉，《胡適文存》，三集，頁四一。馮友蘭〈名敎之分析〉一文，收入《三松堂學術文集》，頁六〇—六三。

64 徐復觀在〈在非常變局下中國知識份子的悲劇命運〉一文中說：「馮友蘭以新實在論爲基底的

《中國哲學史》，亦即是被胡適稱爲正統的中國哲學史，很輕易的取代了胡適的《中國古代哲學史》」。在《中國思想史論集》（臺中：東海大學，一九六八），頁二四五。

65 錢穆，《八十憶雙親，師友雜憶合刊》（臺北：東大圖書公司，一九八三），頁一三八。

66 《胡適的日記》手稿本，第十五冊，無頁碼。

67 《資治通鑑》（北京：中華，一九五六），共二十冊，卷一三六，在第九冊，頁四二五九。參看，胡適，《四十自述》（臺北：遠東，一九八二），頁四二－四三。

68 同上，《四十自述》。

69 胡適，〈不朽〉，《胡適文存》，一集，頁七〇〇。

70 《胡適的日記》手稿本，第六冊。

71 陳獨秀，〈答適之〉，收入《胡適文存》，二集，頁一五三。

72 胡適，〈導言〉，在趙家璧主編《中國新文學大系》（上海：良友，一九三五），共十冊，第一冊《建設理論集》，頁一七。

73 參看，Charles A Beard, *An Economic Interpretation of the Constitution of the United States* (New York: The Macmillan Company, 1939). Max Lerner, "Charles Beard' s Political Theory." in Howard K. Beale ed. *Charles A. Beard: An Appraisal* (University of Kertucky Press, 1954), pp. 25-45.

74 胡適，〈提倡白話文的起因〉，在《胡適講演集》（臺北：胡適紀念館，一九七〇），共三冊，中冊，頁四三五。

75 同72。原出〈象山學案〉，在《宋元學案》（臺北：商務，一九七〇），頁三五四。

76 同上。

77 梁漱溟，《東西文化及其哲學》（臺北：虹橋書店，一九六八），頁四四。

78 胡適，〈逼上梁山〉，在《四十自述》，頁一〇七。

79 胡適，〈眼前世界文化的趨向〉，在《我們必須選擇我們的方向》（臺北：自由中國出版社，一九五〇），頁一一。參看同書，頁一三—一七。

80 馮友蘭，〈別共殊〉，在《新事論》，《三松堂全集》，卷四，頁二二五。

81 同上，頁二四五。

82 馮友蘭，〈中國現代民族運動之總動向〉，在《三松堂學術文集》，頁三八八。

83 胡適，〈試評所謂「中國本位的文化建設」〉，在《胡適文存》，四集，頁五三七—三八。

84 參看，Hu Shih, "The Indianization of China: A Case Study in Cultural Borrowing," in *Harvard Tercentenary Publication: Independence, Convergence, and Borrowing in Institutions, Thought, and Art* (Cambridge, Mass.: Harvard University Press, 1937), pp. 219-47.

85 同83。

86 同32，頁四。

87 同上。

88 同上。

89 同上，頁七。

90 馮友蘭，〈自序〉，在《中國哲學史》，《三松堂全集》，卷二（河南人民出版社，一九八八），頁三。

91 胡適，〈祝賀女青年會〉，《胡適文存》，三集，頁七三七。

92 參看，馮友蘭，〈談兒女〉，《新事論》，《三松堂全集》，卷四，頁二七七－八八。

93 同32，頁七。

94 胡適，《中國古代哲學史》，卷一，頁一二五。

95 同92，頁二八〇。

96 同上，頁二八六。

97 參看，胡適，〈易卜生主義〉，《胡適文存》，一集，頁六二九－四七。

98 馮友蘭，〈秦漢歷史哲學〉，在《三松堂學術文集》，頁三四七。

99 參看，胡適，〈信心與反省〉；〈再論信心與反省〉；〈三論信心與反省〉，在《胡適文存》，四集，頁四五八—七九。

100 同92，頁二八七。

101 參看，胡適，〈問題與主義〉(五篇)，《胡適文存》，一集，頁三四二—七九。

102 同99，頁四七〇。

103 胡適，〈信心與反省〉，《胡適文存》，四集，頁四六三，作「中國不亡是無天理。」在一封〈胡適致吳稚暉〉的信中，則作「中國不亡，世無天理」，見《胡適來往書信選》，上册，頁四七一。

104 馮友蘭，〈贊中華〉，《新事論》，《三松堂全集》，卷四，頁三五三。

105 同上，頁三五六。

106 同上，頁三六三。

107 Bertrand Russell, *The Problem of China* (London: George Allen & Unwin Ltd., 1972, first published in 1922), p. 208.

108 同103，〈信心與反省〉，頁四六六。

109 馮友蘭，〈論『比較中西』〉，《三松堂學術文集》，頁四六—四七。

110 同104，頁三六五。

111 參看99，頁四六三。

112 同上。

113 胡適，〈介紹我自己的思想〉，《胡適文存》，四集，頁六一八。

114 同104，頁三六四。

115 馮友蘭，〈秦漢歷史哲學〉，《三松堂學術文集》，頁三五〇。

116 參看，馮友蘭，〈辨城鄉〉，《三松堂全集》，卷四，頁二四七—四八。

117 胡適，〈編輯後記〉，《獨立評論》，第一四二號（一九三五，三，十八），頁二四。

118 馮友蘭，〈中國現代民族運動之總動向〉，《三松堂學術文集》，頁三八六—九三。

119 張君勱，〈一封不寄信——責馮芝生〉，原刊香港《再生雜誌》（一九五〇，八）。轉引自藍吉富，《當代中國十位哲人及其文章》（臺北：正文出版社，一九六九），頁六六—七〇。

120 陳垣給胡適的公開信是一九四九年四月二十九日寫的，發表在一九四九年五月十一日的《人民日報》，收入陳智超編注，《陳垣來往書信集》（上海：古籍，一九九〇），頁一九一—九四。

胡適的答書題為〈共產黨統治下決沒有自由（跋所謂「陳垣給胡適的一封公開信」）〉，原刊《自由中國》，第二卷，第三期，收入胡適，《我們必須選擇我們的方向》（臺北：自由中國出版社，一九五〇），頁五七—六一。

有關胡適與陳垣這封公開信的其他材料，見《胡適的日記》手稿本，第十六冊，一九四九年六月十九、二十一、二十四、二十五諸條。

121 胡適在一九六一年十月十日寫信給蘇雪林，勸他不要輕易動「正義的火氣」。胡適說：「『正義的火氣』就是自己認定我自己的主張是絕對的是，而一切與我不同的見解都是錯的。一切專斷，武斷，不容忍，摧殘異己，往往都是從『正義的火氣』出發的。」（《胡適的日記》，手稿本，第十八册）。

122 同119，頁六九。

123 《胡適的日記》手稿本，第十七册。

124 胡適對馮友蘭雖有不少批評，但大多止於學術上的問難，而不及人身。根據胡頌平的記錄，在胡適逝世前不到一年，他口頭上提到過一次馮友蘭，這次是講馮的爲人：「他（馮）本是個會打算的人，在北平買了不少房地產。一九五〇年（作者案：當是一九四八之誤）在檀香山買了三個很大的冰箱帶回去，冰箱裏都裝滿東西，帶到大陸去作買賣，預備大賺一筆的。他平日留起大鬍子，也是不肯花剃鬍子的錢。」（《胡適之先生年譜長編初稿》，册十，頁三五五六。）

125 如王永江、陳啓偉，〈評梁效某顧問〉，《歷史研究》（一九七七年，第四期），頁一二—二三。

胡適與趙元任

一、胡適筆下的趙元任

胡適（一八九一—一九六二）一生之中，眞可以說是交遊遍天下，從王公到走卒都是胡適的「我的朋友」。在這無數的朋友之中，定交最早，相知最深，交情超過半個世紀的是江蘇常州的趙元任（一八九二—一九八二）。

在中國近代史上，胡適與趙元任都是曾開風氣的人物。在此，「開風氣」這三個字，指的不僅是他們爲中國的許多學術領域開闢了新天地，同時也意味着他們在社會風俗的改革上，爲當時的中國做過一番除舊佈新的工作。

胡適年長趙元任不到一歲，但卻整整早死二十年，他們都死在二月二十四日。

這兩個新時代的新人物，在他們一生之中，有許多極相似的際遇。他們同在一九一〇年考取庚款留美，同船赴美，同進康奈爾大學，又同在一九一三年被舉爲 Phi Beta Kappa 的會員。胡適在赴美的船上，就注意到趙元任是個「小學者」，對他懷着「恭敬」。到康奈爾的第一年，他們交往並不多，到一九一二年胡適由農科轉入文科以後，他們的交往才漸漸頻繁起來❶。

趙元任在去國之前，想學電機工程，但後來受了胡敦復（一九〇九康奈爾畢業）的影響，興趣轉向「純粹科學」，到了康奈爾以後，將精力集中在數學和物理上❷。

胡適由農科改習文科的事是大家都知道的，但趙元任在他一九七七年由加州大學出版的英文口述自傳訪問中，對這件事卻有一個新解：當年康奈爾的新生和二年級的學生都住在校園南邊，他們得走差不多一哩的路才能到農學院，在當時課與課之間的休息只有七分鐘，而不是十分鐘，在這麼短的時間之內趕着去上課是很麻煩的事（too much of a job），胡適想省點麻煩，就放棄了農學而改念了哲學❸。

這或許是玩笑之詞，是否眞實，只有胡適自己知道。歷史上的偶然與必然眞不易說。

他們早年的交往在《胡適留學日記》中還依稀可尋：一九一三年十二月二十三日，趙元任及中國留學生數人在胡適住處開了一個茶會，他們「烹龍井，備糕餅數事」，在「寂寞無可聊賴」的學生假期生活中，頗增添了一些樂趣。❹

一九一四年五月十三日日記載：趙元任與其他三個中國學生獲選為 Sigma Xi 榮譽學會之會員，胡適說他們「成績之優，誠足為吾國學生界光寵也。」❺

同年五月二十二日又記：「趙君元任譜笛調一曲，以西樂諧聲和之，大學琴師亟稱之，為奏於大風琴之上，余往聽之，猶清越似笛聲也。」❻這是胡適領略趙元任有音樂天才的開始。

在《胡適留學日記》中，有許多條記趙元任辨今音與古音之精審，他們也偶而討論這方面的問題。胡適自嘆不如說：「元任辨音最精細，吾萬不能及也。」❼

在與胡適同時留美的中國學生之中，他最佩服趙元任。一九一六年一月二十六日，有一整條的札記，推許趙元任：

> 每與人平論留美人物，輒推常州趙君元任為第一。此君……治哲學、物理、算學皆精。以其餘力旁及語學、音樂，皆有所成就。其人好學深思，心細密而行篤實，和藹可親。以學以行，兩無其儔，他日所成，未可限量也。❽

胡適對趙元任在審音、辨音方面的天才，眞是推崇備至。在〈趙元任國語留聲片序〉中，胡適說：

> 如果我們要用留聲機片來教學國音，全中國沒有一個人比趙元任先生更配做這件事的

了。

在同一篇序中，胡適說趙元任是個「天生的方言學者」、「天生的音樂家」和「科學的言語學者」[9]。

在五十年的交往中，胡適對趙元任幾乎只有讚歎欣賞，而少有批評。一九三九年九月二十二日的日記是少有的例外：

> 元任是稀有的奇才，只因興緻太雜，用力太分，其成就不如當年朋友的期望。[10]

這也許是胡適「責備賢者」的用心。說趙元任「興緻太雜用力太分」這是不錯的。他的興趣包括數學、物理、哲學、音樂、語言學，甚至於天文、攝影。看他早年在《科學》雜誌上所發表的文章，我們簡直無法與日後以音樂和語言學名世的趙元任聯想在一起。譬如在一九一五年，他寫過〈心理學與物質科學之區別〉、〈永流電〉、〈永動機〉、〈海王星之發現〉等文章；一九一六年，他又寫了〈飛行機黑夜落地法〉、〈大陵星變〉等文；一九一七年，他的興趣顯然轉移到了醫學和衛生，發表了〈睡眠之衛生〉、〈瞳孔翕張之試驗〉、〈催眠術解惑〉、〈生物界物質與能力代謝之比較〉等文。[11]誠如海斯（Mary R. Haas）教授在《趙元任口述自傳》序中所說：「我還不知道有第二個人〔能像趙元任這樣〕游刃有餘的縱橫在自然科學與人文科學之間。」[12]

上引胡適的那段日記是一九三九年寫的。在往後四十年之中，趙元任在學術上已經沒有早年的駁雜。他漸漸把自己的精力都集中在語言學上了。而許多重要的著作都是在他五十歲以後才發表的。如《國語入門》是一九四八年出版的，《中國話的語法》遲至一九六八年——胡適死後六年——才問世。這一點與胡適的情形頗不同，胡適的重要著作基本上都是在他五十歲以前完成的。而研究趙元任在中國語言學界的貢獻，他五十歲以後的著作是不能忽略的。

二、白話文

胡適是白話文運動「首舉義旗之急先鋒」⑬，也是中國新詩的「通天教主」⑭。他的文字常被視爲近代白話文的典範。然而，胡適的白話文跟趙元任的一比，就一點都不「白」了。

趙元任是個眞正實行「我手寫我口」的人⑮，胡適所主張的「有什麼話，說什麼話；話怎麼說，就怎麼說」⑯到了趙元任的筆下卻成了「有什麼話，寫什麼話；話怎麼說，就怎麼寫。」所謂「白話」或「語體」在趙元任的文字裏才得到了充份的體現。

趙元任並不是自始就寫白話的，他也經過一段寫文言文的過程，在他《早年自傳》中曾以「至下城取目鏡」(went downtown to get eyeglasses)爲例，說明在當時連翻譯英文都是用文言[17]。在他晚年的英文口述自傳中，他很清楚的說明，他開始寫白話文是在一九一七年胡適提出「文學改良芻議」之後[18]。因此，在白話文的提倡上，胡適是「宣導者」(Preacher)，而趙元任卻是「力行者」(Practitioner)。就主張的提出來說，胡比趙早，但在語文合一的實踐上，趙走的比胡更遠，更徹底。

胡適對白話的「白」字，有過如下的解釋：

> 白話有三個意思：一是戲臺上說白的「白」，就是說得出，聽得懂的話；二是清白的「白」，就是不加粉飾的話；三是明白的「白」，就是明白曉暢的話。

用胡適的這個定義，來看他自己的白話文，他的文字確實做到了「清白」與「明白」這兩點，至於戲臺上說白的「白」，也就是胡適在一九一七年答錢玄同信中所說「土白」的「白」，在他的文字中並沒有體現出來。[19]

用趙元任的話來說：胡適的白話文只是明白清楚的書面文字，並不是眞正的「語體」。趙元任爲了「語體」這兩個字，還特別杜撰了兩個英文字，sayable(可說的)跟sayability(可說性)，在他一九六八年編的《中國話讀物》的序中，就很明白的指出，胡適的白話文實際上是「不可說的」。[20]

胡適自己也承認他的文章不夠白。他在〈給浩徐先生信〉中就提到這一點，他說：

> 做慣古文的人，改做白話，往往不能脫胎換骨，所以弄成半古半今的文體。梁任公先生的白話文屬於這一類；我的白話文有時候也不能免這種現狀。纏小了的脚，骨頭斷了，不容易改成天足，只好塞點棉花，總算是提倡大脚的一番苦心。[21]

在同一封信裏，他又說：

> 我們這一輩人都是從古文裏滾出來的，一、二十年的死工夫或二、三十年的死工夫究竟還留下一點子鬼影，不容易完全脫胎換骨。即如我自己，必須全副精神貫注在修詞造句上，方才可以做純粹的白話文；偶一鬆懈，（例如做「述學」的文字，如《章實齋年譜》之類。）便成了「非驢非馬」的文章了。[22]

一九五二年，胡適在臺北中國文藝協會講〈提倡白話文的起因〉，提到趙元任常說：「適之呀！你的白話文不夠白，你要不相信，我可以給你錄音，你自己再聽一遍。」胡適說：「他錄了之後，再放給我聽，覺得眞是不夠白。」（《胡適演講集‧中册》，臺北，胡適紀念館，一九七〇，頁四四二）

趙元任雖然也寫過文言文，但他的白話文卻是徹頭徹尾的「天足」，絲毫沒有一點「纏脚布上的血腥氣」，也沒有一點古文的「鬼影」。

趙的文字比胡的口語，但有時也比胡的洋化，趙元任在《新詩歌集》〈改版譜頭語〉中，連他自己都覺得早年的文字「洋得可笑」[23]。古文的「鬼影」固然沒有了，卻多了一些「洋文」的鬼影。胡適在許多方面頗西化，但在行文上卻少有歐式結構。胡適文章能成爲近代白話文的典範，在我看來，這是一個重要的原因。

其實，胡適對他自己文章中的一點古文鬼影，大可不必如此自責。初期白話文與文言文之間之所以沒有出現嚴重的「斷層」現象，正因爲古文鬼影發生了不少傳承和繫聯的作用。或者說：當時許多寫文言的人，能夠在短時期之內改寫白話，這一方面說明了白話並不排斥文言，而另一方面也說明了文白的界線並不是判然而絕對的。

胡適有時「打鬼」的心過切，在不知不覺之中，也就過份突出了「死文字」與「活文字」的不同，加重了「死文字」的罪孽，同時也過份強調了口語或「土白」的文學作用而忽略了它的局限。一九二五年，胡適寫〈吳歌甲集序〉，他說：「假如魯迅先生的〈阿Q正傳〉是用紹興土話做的，那篇小說要增添多少生氣呵！」[24]六十五年以後我們重讀這段評語，不得不說胡適有些一廂情願的想法。〈阿Q正傳〉之所以能膾炙人口，成爲中國近代文學之極品，正因爲它是「文學的國語，國語的文學」。魯迅寫的是「普通話」，而不是方言。當時，他如果真用「紹興土話」來寫短篇小說，魯迅無形之中就把自己作品的讀者局限在江南一隅了。

老舍以善用方言詞彙入其作品而著稱，但別忘了，老舍的方言正是普通話據以為準的北京話。他的小說所以能廣為流傳，並受到廣大讀者的接受，與其說他用的是方言，不如說他用的是「京調」的普通話。換句話說，老舍是佔了北京人地利之便。試想：如果老舍的《駱駝祥子》或〈月牙兒〉是用吳語或廣東話寫的，別說他的作品出不了國門，就是省門、縣門都不容易邁越。方言固然有其「活」，有其「土」，有其「可說性」，但它的局限也是顯然的。

有人問胡適：白話文要作的好，是否應該先從古文入手？他的回答是：

> 作白話文要做的好，應該從活的語言下手，應該從白話文下手。不要輕易相信這種瞎說，說某人做白話文作的好，因為他讀古書讀的多，這都是騙你們的。（〈提倡白話文的起因〉，《演講集中册》，頁四四一）。

寫好白話文，應該從活的語言下手，這固然不錯，但多讀古書，也絕不致於有害白話文。胡適纏小腳的比喻，不免讓人覺得：一讀古書，就成了「殘廢」，再也寫不好白話文了。其實，近代中國文學史上幾個以寫白話文著名的大家如胡適、魯迅、周作人、朱自清……，那一個不是從古文，舊詩詞之中滾出來的。這已經足以說明：古文絕無害於白話。相反的，這點「文言鬼影」，正是不知秦漢古文，唐宋詩詞爲何物的油頭少年所不可得的。

我在〈讀胡適的嘗試集——新詩的回顧與展望〉一文中，說過如下一段話：

由於胡適「纏脚布主義」的廣為流傳，舊詩的聲調格律往往被視為新詩的桎梏，以為要求新，必須捨舊；其實，新舊之間並不是相剋的，而是相生相成的。一個新詩人如果想在作品中體現一點歷史的縱深，民族的感情與音韻的協調，回過頭去，在舊詩中涵詠一番，體驗一番，也許正是一條捷徑。（《胡適與魯迅》，臺北，時報出版公司，一九八八，頁一〇六）

我想，不但新詩是如此，白話文也是如此。

趙元任寫了〈早年回憶〉來爲他「可說的」白話做示範，這篇自傳性的文字，記載的是他九年的童年生活，收在《中國話的讀物》第一冊。我且引其中一段做爲例子：

大概是我五歲住在祁州的時候兒，我們下半天常常兒有點心吃，他們給我留了一碗湯麵在一張條几上。沒有人看着。趕我一走到那兒，一個貓在那兒不滴兒不滴兒的吃起來了。我就說：「貓雎我的滅！」……[25]

胡適在《四十自述》中，也有〈九年的家鄉教育〉[26]一節，我們把這兩篇自傳對看，就不難看出什麼是「可說」，什麼是「不可說」。

值得討論的一點是：「說白」或「土白」的成份增加，是否就意味着「明白」與「清白」程度的相對提高呢？這卻又未必。從實際的行文來說，「說白」跟「土白」超過了一定的數量，「清白」與「明白」的程度往往反而減低。

趙元任的「說白」跟「土白」大多只反映了中國語言的地域性，而不是普遍性。趙元任的文字，對北京人來說，固然是「可說性」增高了，但對南方人來說，那無數的兒化、輕讀（他用國語羅馬字拼寫的文章和對話是可以反映輕讀的）[27]、和地方用語，卻反而減低了「可說性」。就「可說性」來說，胡適的白話文沒有趙元任所反映的北京話那麼精確；然而就「可讀性」（readability）來說，胡適的白話文卻反在趙元任文字之上。

許多人以爲：文字越白越容易懂，殊不知許多「說白」或「土白」卻又需要翻譯或注解才能理解。就如趙元任爲他自己所寫的《早年回憶》加了一些語言上的注，這就是最好的例證。這也就是方言的局限。

一九二二年，趙元任出版了《阿麗思漫遊奇境記》，是早年白話文學中一部重要的譯作，這本書的書名是胡適給定的[28]，他在日記中說「這部書譯的眞好」。[29]

一九二八年，趙元任又出了《新詩歌集》，爲胡適、徐志摩、劉半農這些新詩人的作品譜了曲，成爲可歌的新詩[30]，這對新詩的提倡與流傳，起了推波助瀾的作用。

趙元任雖然沒有寫過文章，聲援胡適的白話文運動，但他嚴格的要求自己，寫忠實反映口語的文字。他的作品爲胡適「國語的文學，文學的國語」樹立了一個新的典型。㉛

就文字的風格來說，除了胡適的文字不如趙元任的口語之外，趙也是一個喜歡玩文字遊戲的人。他的許多風趣和幽默都是來自他對中國語言極敏銳而深刻的觀察。他在一九四八年出的《國語入門》一書中，講到語尾助詞「吧」字的用法時，特別指出這個字要避免與「王」、「鷄」這兩個字同用。譬如：我們在問人姓時，不宜說「你姓王吧？」在請人吃鷄時，就更不宜加一個「吧」字了。㉜這樣的一個注出現在一本嚴肅的語言教科書上，是令人難忘的。這種例子在他寄給親朋的《綠色書簡》中尤其多㉝。爲大家所熟知的〈石室詩士食獅史〉同音字的遊戲詩就是一個很好的例子。

趙元任不僅喜歡玩中國文字遊戲，也同樣喜歡在英文上玩花樣。他的這個癖好，在羅素的自傳中還特別提及。一九二一年，羅素在中國游歷時，趙元任做他的翻譯。羅素在自傳中有這一段記載：

> 我們有一個官方的翻譯照顧我們，他的英文非常好，他尤其自豪能以英文玩同音字或雙關語的遊戲(to make puns in English)。㉞

胡適在〈趙元任國語留聲片序〉中，說趙是個「滑稽的人，生平最喜歡詼諧風味，最不愛拉長了面孔整天說規矩話。」㉟胡適把這種個性叫做「玩世的放肆」㊱，這是極恰當的。但是趙元任的詼諧和玩世絲毫不帶尖刻的諷刺，更沒有惡意的刻薄。他這方面的風格和以「刀筆」名世的魯迅，是完全不同的。

至於胡適所說的「放肆」，並不是放浪而無忌憚的意思。他所謂的「放肆」，實際上是能夠自我解放，盡性的做一些自己想做的事。在這一點上，胡適就拘謹的多了。

胡適始終擺不脫自己立榜樣，做先導的身份，而趙元任卻很少如此自命，他的洒脫和郎興是胡適所沒有的。胡適寫封信也好，寫篇日記也好，總存着發表的念頭，而趙元任則不然，在他的日記中，有許多只有他自己才看得懂的符號和文字，他是眞正記給自己看的。換句話說，趙元任有些屬於自己的天地和生活，而胡適在這方面就少的可憐了！

一九八九年夏天，我有幸和哈佛大學趙如蘭教授（作者案：趙元任長女）長談，也特別提到這一點，她說：胡適基本上是個 public man（在場面上的人），而趙元任則是一個 private man（有自我生活的人）。這兩個字用的極恰當，卻找不到合適的中文翻譯。

三、政治・社會・文化

胡適是提倡個人主義的。

易卜生所說：沉船時，最要緊的是救出自己。幾乎成了胡適的名句㊲。但我們細看胡適一生行事，絕不是他自己所說救出自己的個人主義者。恰恰相反的，他是個最不「個人主義」的人。他的使命感常常使他有普渡衆生的願望。胡適對政治的關切，就是這種願望最好的證明。

在〈我的歧路〉一文中，胡適就一再表示他對政治忍不住的衝動，這種衝動在趙元任身上是找不到的。胡適在參與政治時，有個分際，大多被解釋爲「愛惜羽毛」；而趙元任之對政治保持距離，卻是他眞正的缺乏興趣。他在婚前就對楊步偉說過：「一輩子不會做官。」他的志願是「想做學問、寫書、和念書；不喜歡做行政事。」㊳就這一點來說，趙元任確是做到了，終其一生，沒有做過一天官。

一九一七年，胡適自美歸國，雖有過「二十年不談政治」的決心，但兩年以後談政治就成了胡適「一種忍不住的新努力」了㊴。換句話說：胡適不談政治是勉強的克制自己，而趙元任不談政治卻沒有太多「強忍」的痕跡。

胡適常常勸學生走進圖書館或實驗室，把自己鑄造成一塊有用的材料，而不要罷課游行，在街上貼標語高喊打倒「帝國主義」㊵。然而，胡適自己卻常常爲了政治而走不回圖書館，走不回教室。放下了只有上卷的哲學史與文學史，去寫《獨立評論》上的政論文章，去幹駐美大使。

胡適勸學生心無旁騖，專心於學業，而他自己卻是個旁騖最多的人。倒是趙元任眞正響應了國難當前，走進圖書館的號召。在國事最危急的時候，專心於一門與政治絕無關聯的學術。

我這麼說很可能給人一種錯誤的印象：似乎趙元任消極遁世，完全不問人間疾苦。其實，並非如此，趙元任有他特別的方式來表達他的抗爭。

一九二六年三月十八日，北京各校學生在天安門集合，反對日本帝國主義侵犯中國主權的行爲，並向段祺瑞執政政府請願，不料段祺瑞竟下令衞隊開槍射擊，造成四十七人死亡，一百五十餘人受傷的慘案[41]。劉半農爲這次屠殺，作了一首〈嗚呼！三月一十八〉的詩，表示憤慨。這首詩是相當激烈的：

嗚乎！三月一十八，
北京殺人亂如麻。
民賊大肆毒辣手，
天半黃塵飛雪花。
晚來城廓啼塞鴉，

悲風帶雪吹颼颼。
地流赤血成血花，
死者血中躺，
傷者血中爬。
……
養官本是為衞國，
誰知化作豺與蛇。
高標賤價賣中華，
甘拜異種做爹娘，
願梟其首籍其家，
死者亦已矣，
生者肯放他？
嗚呼！三月一十八，
北京殺人亂如麻。㊷

趙元任爲這首詩譜了曲，這正表示他是同情，也是支持這種抗爭精神的。趙元任也譜了許多抗日愛國歌曲，如陳濟略作詞的〈看，醒獅怒吼〉，如張滙文作詞的〈我們不買日本貨〉，如陳禮江作詞的〈抵抗〉等等，這類例子太多，不能備舉。[43]

一九三八年，八一三淞滬戰爭爆發時，趙元任曾爲堅守四行倉庫的八百壯士作了一首歌，〈蘇州河北岸上的大國旗〉，他借用美國國歌的曲調，填了歌詞，其中有「願同胞跟隨那團壯士，不問你我他，一齊上前把敵殺，保我自由中華。」這樣的句子。誠如趙如蘭在注中所說：從這首歌裏，尤其可以看出趙元任的「愛國思想和民族意識。」[44]類似這樣的愛國歌詞還有〈我是北方人〉等[45]都是激昂慷慨之作，與他的學術文章是截然兩種風格。

趙元任雖不像胡適編過《人權論集》[46]，寫過許多政論的文章，主編過《每週評論》、《努力週報》、《獨立評論》等政論性的雜誌；[47]但趙元任絕不是一個「自了漢」，在他平和與世無爭的個性裏，也自有他的義憤與激昂。誠如趙如蘭在給劉紹唐的一封信中說：「父親的人生觀是入世的。他對於種種社會上的改造總是很熱心，他很在乎要跟社會有接觸。他絕不是一個隱居的人。」[48]

早在一九一四年，趙元任就與當時留美的同學如楊銓、任鴻雋等組織過「科學社」，以「提倡科學，鼓吹實業，審定名詞，傳播知識」爲宗旨[49]。往後他又成爲《科學》雜誌主要撰稿人和編輯。有一段時間他爲了支持這個雜誌的發行，從獎學金中省下錢來，以湯和蘋菓餅做午餐，竟因此得了營養不良症[50]。

趙元任不參與政治，並不表示他不關心社會改革，正相反的，他對許多改革活動都積極參與。他與楊步偉革命性的婚姻，就是一個破舊立新最好的例子[51]。至於他對國語語音的統一及漢字的改革，更有不可磨滅的貢獻。一直到晚年，他還發表了《通字方案》，爲中國文字的統一與簡化盡了他最後的努力[52]。

跟胡適比起來，趙元任幾乎是不談「全盤西化」或文化交流這類問題的。在趙元任的著作裏，也少有像胡適〈問題與主義〉、〈信心與反省〉、〈我們對於近代西洋文明的態度〉[53]這類充滿爭議的文字。但趙元任偶一談到這類問題的時候，他能用極淺顯的文字，表達很深刻的意思。在〈新詩歌集序〉中，他反覆用數學與音樂做例子，說明文化的「世界性」與「特殊性」。譬如以數學爲例，這是一門只有世界性的學問，他說：

> 算學就是算學，並無所謂中西，斷不能拿珠算、天元什麼跟微積、函數等等對待；只有一個算學，不過西洋人進步得快一點，他們是世界上暫時的算學先生，咱們是他們的暫時的算學學生。……要是中國出了個算家，他是中國人算學家，並不是「中國算學」的專家。這是講算學，一個人要在這上頭找「國性」發展的可能，那是很少的。[54]

論到音樂的時候，他不否認音樂是比較有「國性」的，但這個「國性」的發展必需「在音樂的世界上學到了及格的程度，然後再加個人或是中國的特別風味在上，作爲有個性的貢獻。」[59] 換句話說，他是反對盲目的「保存國粹」的，而「保存國粹」更不意味着就是保留落後與原始。套句胡適的話，中國音樂的發展，必需先「充份的世界化」之後，才夠資格談到體現國情。在沒有充份世界化之前，就妄談保存國粹，只是變相的懼外與排外。

極度保存國粹的觀念，不但中國人有，外國人也常持這種態度加之於國人，見不得中國有任何改變或進步。他們恨不得中國人至今過的還是明末清初的生活，對這種心態，趙元任總名之曰：「博物院的中國」的觀念。他很尖銳的指出：

> 不但對於音樂，對於好多事情，他們願意看着中國老是那個樣子，還是拖着辮子，還是養着皇帝，還是乀呵尢呵的挑水擡轎，還是吟吟嗡嗡的嘆詩念經，這樣他們的觀光公司才有題目作廣告，這樣他們旅行的看了方才覺得 picturesque（如畫的），quaint（離奇的），等等形容詞。[60]

這段話不僅是對外國人說的，也是對海外華人說的，許多在海外住久了的同胞，不知不覺的也染上了「博物館型」的懷舊情結，一旦回到中國，見不到自己幼時的一些景物，竟然也表現出一種若有所失的悵惘，正義凜然的發些「復興固有文化」等的高論。似乎自己在海外享受現代文明，而自己的同胞卻必需永世不得翻身的擠在土房茅舍之中，過着五代同堂，鷄犬相聞，老死不相往來的日子。從海外回到中國也無非是逛逛人世間最大的博物館，舒解一下感情上的懷舊症，從同胞的落後與貧窮之中，感受到自己的優越。趙元任有一段話很值得我們深思：

> 你一年到頭在自來水、電燈、鋼琴的環境裏過舒服了，偶而到點別緻的地方，聽點別緻的聲音，當然是有趣。可是我們中國的人得要在中國過人生常態的日子，我們不能全國人一生一世穿了人種學博物院的服裝，專預備着你們來參觀。中國不是舊金山的「中國市」，不是紅印度人的保留園。[57]

這段話寫在一九二七年，我們六十多年以後重讀，不僅覺得他有深意，也有新意。

四、婚姻・家庭

在五四這一代知名的學者之中，趙元任也許是唯一爭得了婚姻自由，享受了家庭幸福的人。胡適、陳獨秀、錢玄同……這一批以爭自由平等出名的人物，卻都不曾爭得他們自己的婚姻自由；而魯迅、徐志摩、郁達夫、郭沫若……這一批人，雖然爭得了部份的婚姻自由，但也多少犧牲了一個女人的幸福。

趙元任是自始不與舊式婚姻制度妥協的。他並沒有姑且先結婚而後再離婚的打算，也沒有婚後另謀出路，演出婚外情。他是經過十幾年的努力，先退了早年訂的婚，再與楊步偉結婚的，而且這個婚姻維持了甜甜蜜蜜的六十年。趙元任在反對舊式婚姻制度上，不像胡適經過幾度周折，胡適在訂婚之後，曾經過一段爲中國婚制辯護的時期。認爲父母之命，正是來日孩子幸福的保障，父母作主的婚姻可以「顧全女子之廉恥名節……女子無須以婚姻之故自獻其身於社會交際之中，僕僕焉自求其耦，所以重女子之人格也。」[58] 甚至於還批評西方之自由戀愛爲「墮女子之人格，驅之使自獻其身以釣取男子之歡心」。[59] 他的這種立論，我總懷疑是出於「甜檸檬」心理的作祟——希望爲最不合理的事找出些道理來——。

趙元任在這方面就坦率的多，他在一九〇六年五月二十日的日記上，記載着他將要訂婚時的心情是「婚姻不自由，我至爲傷心」。[60] 胡適對他不自由的婚姻始終不曾說過「至爲傷心」這一類的話，而總是曲爲迴護或強顏歡笑。止因爲如此，我覺得他的悲哀特別深，戀情格外苦。

胡適與江冬秀表面上白頭偕老，但細看胡適的日記書信，是不難看出他心理上的矛盾、落寞和悲哀的。胡適與江冬秀結婚，基本上只是爲了不忍傷兩個女人的心。不忍讓含辛茹苦爲他付出一切的寡母，在兒子學成歸國後，背負毀棄婚約之罪名；也不忍讓江冬秀在多年等待之後，美夢成空。

我常覺得胡適成婚那一刻的心情，與其說是洞房花燭的喜悅，不如說是烈士就義之前一種成仁的悲壯情懷。這從最近發表的胡適寫給胡近仁的信中，可以得到證實：

吾之就此婚事，全為吾母起見，故從不曾挑剔為難（若不為此，吾決不就此婚，此意但可為足下道，不足為外人言也）。今既婚矣，吾力求遷就，以博吾母歡心。吾所以極力表示閨房之愛者，亦正欲令吾母歡喜耳。[61]

這封信寫在一九一八年五月二日，結婚還不到半年！[62]

胡適提倡了喪禮改革，婦女解放，個人主義，言論自由，卻獨不曾解放自己！他的婚姻就是吃人禮教下活生生的祭品。他對傳統的抗爭越激烈，他對自己的壓抑也就越深沉。一九一九年，胡適寫的小說〈一個問題〉和短劇〈終身大事〉，顯示了他對家庭生活極悲觀的看法和對舊式婚制極嚴厲的批評。婚後不久，就寫這樣的作品，多少是自己內心的一種表白。[63]

論胡適與江冬秀婚姻的文章很多[64]。我不擬再從《胡適留學日記》等舊材料中，摘些片斷來說明他的掙扎與矛盾。一九八五年出版的《胡適的日記》中有一九二一年八月三十日的記事，是胡適婚後討論自己婚姻比較全面的剖白。這是一段他與高夢旦之間的談話：

他談起我的婚事，他說許多舊人都恭維我不背舊婚約，是一件最可佩服的事！他說，他的敬重我，這也是一個原因。我問他，這一件事有什麼難能可貴之處？他說，這是一件大犧牲。我說，我生平做的事，沒有一件比這件最（作者案：似應爲「更」）討便宜的了，有什麼大犧牲？他問我何以最討便宜。我說，當初我並不曾準備什麼犧牲，我不過心裏不忍傷幾個人的心罷了。假如我那時忍心毀約，使這幾個人終身痛苦，我的良心上的責備，必然比什麼痛苦都難受。其實我家庭裏並沒有什麼大過不去的地方。這已是佔便宜了。最佔便宜的，是社會上對於此事的過分贊許；這種精神上的反應，真是意外的便宜。我是不怕人罵的，我也不曾求人贊許，我不過行吾心之所安罷了，而竟得這種意外的過分報酬，豈不是最便宜的事嗎？若此事可算犧牲，誰不肯犧牲呢？[65]

把這段日記與他一九一八年寫給胡近仁的信對看，可以看出兩種不同的心境：給胡近仁的信是婚後半年寫的，此時他對自己的婚姻還不能完全心平氣和的接受，所以還有「吾之就此婚事，全爲吾母起見……若不爲此，吾決不就此婚」這類略含憤激的話。三年以後，他寫這段日記，顯然是經過了一番自我說服的功夫，努力從不合理的結合之中，尋出些合理的成份；從無限的失落和悵惘之中，找出些「這也並非一無可取」之類自慰的話，而終於達到了他自己所說「情願不自由，也是自由了」，近乎自我欺瞞的境界。[66]

胡適在一九二一年五月二十三日的日記中，特別記了趙元任退婚的事：「他辦他退婚的事，辦了十幾年，至此始成功，費了兩千塊錢。」[67] 對這件事胡適未下任何評語，但從一星期之後，他爲趙元任與楊步偉證婚，並立即將他們自主結婚的消息告訴《北京晨報》的這個事實，可以看出胡適是極贊成也極欣賞他們這種作法的。他在日記上說，趙楊的結婚方式是「世界——不但是中國——的一種最簡單又最近理的結婚式。」[68]

從胡適與趙元任對自己婚姻處理的方式上，又可以看出：胡是「宣導者」，而趙是「力行者」。

在胡適大量的著作中，我們看不到多少家庭生活，更不必說什麼夫妻恩愛、天倫之樂了。但在有關趙元任的傳記裏，卻處處可以看到他和楊步偉生活在愛情的喜悅之中。雖然一九二二年趙氏夫婦初抵美國的境況並不很好，又加上大女兒如蘭的出世，生活極爲忙亂，甚至於窘迫。但從楊步偉的自傳和《雜記趙家》的回憶中，可以清楚的看出：這對新婚夫婦絲毫不以此爲苦；相反的，他們是樂在其中，如蘭剛生不久，楊步偉有如下一段生動的敍述，描寫這位年輕的父親如何沉浸在初獲女兒的樂趣之中：

> 小孩出世了……元任在家真忙的不得了，買小床，買推小孩車（其實幾個月後才用得

着）……。雖然這樣忙累，可是過的非常快樂。……

如蘭八個月就會站和扶着走路……元任彈琴時總是給他連小床放在鋼琴旁邊，元任一面彈他就一面哼一面搖。(69)

這樣的樂趣和胡適「我實在不要兒子，兒子自己來了。無後主義的招牌，於今掛不起來了！」(70)相比，一個是興奮喜悅，一個是自嘲無奈。

在截至目前已發表的胡適日記中，記他與孩子共同生活的片斷極少。一九二二年七月十九日記了一段他與次子思杜在一起的「弄子圖」，但在這幅「弄子圖」中，不但沒有透露半點融洽喜悅的情緒，而且還是以「今天忽然發生意外的災禍」一語開端的：

他們把小兒子思杜〔抱〕到我床上來，我逗他玩，他的小手打傷了我的左眼珠，立時痛不可耐……。(71)

胡思杜這一抓讓胡適的左眼包了四天。難得跟孩子有相處的機會，在一起竟是一場「意外的災禍」！胡適之不擅於「弄子」也可見一斑了。

同年九月二十四日，胡適又有一段記他與長子祖望在一起的日記，這一次稍有些父子和樂的氣氛：

早起洗面時，敎祖兒唱「風來咯，雨來咯，老和尚背了鼓來咯。」祖兒一唱便會，但他唱第二遍時，便把末句改為「老和尚背子一個鼓來咯」。[72]

以下一大段是說明何以祖望將「了」字改爲「子」字，又「子」字其實就是「着」字，而以「平民文學的修正，原來是這樣來的。」作結。這一方面固然顯示胡適之敏於觀察；但另一方面，我們也不能不問：怎麼連教兒子唱首兒歌都得發通議論？這到底是「弄子」還是「方言調查」？

一九三七年二月十二日的日記中，胡適有一段「庭訓」，看到的只是胡適對祖望的失望，依舊看不出半點歡樂：

祖望來辭行，他明日回學校去了。我對他說：養成做工的習慣是第一要事。沒有「丙」等分數的人可以做學問的，也沒有「丙」等分數的人可以做事有大成功的。[73]

跟胡適比起來，趙元任的家庭生活要完全的多也美滿的多。音樂在他的家庭生活裏扮演了重要的角色，趙元任常常是藉着音樂來和孩子們交通的。或者可以說音樂是他和孩子之間的另一種語言，這種語言對胡適來說是一竅不通的[74]。

趙如蘭在〈我父親的音樂生活〉一文中，多次提到音樂與他們家庭生活的關係。她說：「在一九二八至一九三三年之間，父親寫了許多可以稱之爲家庭歌曲的作品，因爲這些作品主要是爲了我妹妹新那和我同他一起唱着玩的。」[75]又說：「不管我們在什麼地方，一有機會父親就掏出小本子和我們一起練習唱這些歌。」[76]

趙元任這樣的家庭使我想起胡適在一九一五年八月的《留學日記》中所記「斐卿」（Frederick Fitschen）氏的家庭：

> 斐卿夫人善音樂，其子女六人……皆學樂或習歌。昨日下午……斐卿夫人為開「家庭樂會」……而夫人躬自發縱指示之……此種家庭，可稱圓滿，對之幾令我暫忘吾之「無後」主義。[77]

我想，當胡適看到趙元任父女合唱的情形，不僅要暫忘他的「無後主義」，更會對自由戀愛的婚姻有些「妬羨」[78]。

一九三九年九月，胡適在駐美大使任內寫了一封信給江冬秀說：「我們都不配做父母，我們都不曾把兒子當作小朋友看待。」[79]這時孩子都已成人，失去的家庭樂趣再也不可能重拾了。胡適這兩句話不僅是自責，也多少有些追悔。

五、結語

在這篇文章裏，我試着從不同的角度，來看胡適與趙元任這兩個歷史人物在新舊交替時代中的一些側影。從兩個人不同的婚姻和家庭生活中，我特別感受到胡適的孤獨和寂寞。

胡適從一九四五年到一九六一年寫給趙元任的信，大部份都已發表[80]。從這批信件中最可以看出兩人的交誼。五十年代眞可以說是胡適一生中最暗澹的歲月。一個年過六十，一個從妻子孩子身上得不到任何慰藉的老人，一個曾經管領中國學術風騷數十年的宗師碩儒，爲了謀些臨時的敎職往返奔波於美國東西兩岸之間，那份累累於道塗的辛酸和落寞，牢騷和無奈都剖白在他給趙元任的信裏。而趙氏夫婦對他的關懷和協助也充份顯示了數十年不渝的交情。

胡適一生中的慰藉不是來自愛情，也不是來自親情，而是來自友情。

一九九〇・一・二十五　初稿成

一九九〇・九・二十　改訂

注：

1. 關於這一段歷史，參看胡適，〈追想胡明復〉，在《胡適文存》，三集（上海：亞東圖書館，一九三〇），頁一二一一－一二一二。
2. 參看，趙元任，《早年自傳》（臺北：傳記文學，一九八四），頁九一。這本自傳的第一部分〈早年回憶〉及第四部分〈閒話常州〉是趙元任的中文原著，發表在《中國話的讀物》（*Readings*

in Sayable Chinese, 3 vols. San Francisco: Asian Language Publications, Inc., 1968). 第一冊，第二部分，頁一一一〇〇。第二部分〈第二個九年〉及第三部分〈在美十年〉發表在 Yuen Ren Chao, *Life with Chaos*, vol Ⅱ (Ithaca, N. Y.: Spoken Language Services, Inc., 1975). 由張源譯成中文，以下所引《早年自傳》以中文本爲準。另可參看：*Yuen Ren Chao: Chinese Linguist, Phonologist, Composer, and Author*. An Interview Conducted by Rosemary Levenson. Regional Oral History Office, The Bancroft Library. (Berkeley, CA.: University of California, 1977)，頁二八，以下簡稱《口述自傳》。

❸ 見趙元任，《口述自傳》，頁二八。

本文初稿曾蒙趙如蘭教授指正，他在來信中對這一點有說明：

「《趙元任口述自傳》中講胡適爲什麼由農科改習文科，我覺得這種幽默是典型的趙氏自己講他自己的事的方式。凡是他有個比較被良心所推動的舉動，他總是找個開玩笑的辦法來解釋它。現在在這個情形之下，他可能因爲感覺到胡適同他的知己程度達到了可以也替他幽此一默，而用這個理由來替他解釋。然而我總覺得胡適是個對自己使命非常認眞的人，他不會爲了這一點的不方便而改變他終身的事業。

當然，我也相信趙氏不是憑空造出這麼一個故事。據我猜想他們兩個人都知道這是個藉口——

雖然也有這個事實。」

❹ 胡適，《胡適留學日記》，共四冊（上海：商務，一九四七），第一冊，頁一五一。

❺ 同上，頁二三一。

胡適在日記上，對 Sigma Xi 有極簡短的介紹：「Sigma Xi 名譽學會，乃大學中之科學榮譽學會。」

作者案：Sigma Xi 科學學會，一八八六年成立於康奈爾大學，鼓勵純科學或應用科學之研究，成員是在科學上卓有貢獻的人。能够入會是一種很高的榮譽。

❻ 同上，頁二三六。

據趙如蘭教授告訴作者：同一天在趙元任日記中（一九一四年五月二十二日）有如下記載：

"...Heard organ recital, at which my arrangement of the *See pan* 西板 air was played..."

趙如蘭在信上說：「其實趙氏也曾寫過一個曲子是給笛子與鋼琴演的二重奏。胡適會不會把兩支曲子弄混了？我不知道『西板』這個名稱的來源，趙氏的日記中，至少有四次提到這個名字，中英文都有，但是那個曲調聽起來無疑的是老八板（或也稱老六板）。」（一九九〇・二・一〇）

❼ 同上，第四冊，頁一一一〇。

❽ 同上，第三冊，頁八三四。

❾ 胡適，〈趙元任國語留聲片序〉，在《胡適文存》（臺北，遠東，一九六八，以下未經注出者皆爲此版），二集，頁四八〇—八三。

❿ 胡適，〈胡適駐美大使日記〉（張忠棟選注），在《明報月刊》，二七六期（香港，一九八八，十二），頁一〇〇。

⓫ 有關趙元任著作的詳細目錄，見 Anwar S. Dil, ed. *Aspects of Chinese Sociolinguistics: Essays by Yuen Ren Chao* (Stanford, CA.: Stanford University Press, 1976), pp. 402-15.

⓬ 見《口述自傳》，序，頁一。

⓭ 陳獨秀，〈文學革命論〉，收入《胡適文存》，第一集，頁一八。

⓮ 《胡適的日記》（香港：中華，一九八五），頁一二九。

⓯ 「我手寫我口」，原出黃遵憲，〈雜感〉，在錢蕚孫箋注，《人境廬詩草箋注》（臺北：商務，一九六五），卷一，頁九下。胡適在〈五十年來中國之文學〉一文中，曾引用這句話，（《胡適文存》，二集，頁二〇九），並對黃遵憲大加稱揚。

⓰ 胡適，〈建設的文學革命論〉，在《胡適文存》，第一集，頁五六。

⓱ 趙元任，《早年自傳》，頁九一。

⑱ 見趙元任《口述自傳》，頁一二三。

⑲ 胡適對「白話」的「白」字作過幾次解釋，首見〈答錢玄同書〉，收入《胡適文存》，第一集，頁四三，同樣的一段話，在略經修改後，又出現在《白話文學史上卷》（臺北：胡適紀念館，一九六九），頁一二。

⑳ 趙元任，《中國話的讀物》，第一册，頁四。

㉑ 胡適，〈整理國故與打鬼，給浩徐先生信〉，在《胡適文存》，第三集，頁一二三。

㉒ 同上，頁一二四。

㉓ 趙元任，〈改版譜頭語〉，在《新詩歌集》（臺北，商務，一九六〇，增訂版）。另見㊻。

㉔ 胡適，〈吳歌甲集序〉，在《胡適文存》，第三集，頁六六〇。

㉕ 同⑳，第二部分，頁二。

㉖ 參看，胡適，〈九年的家鄉教育〉，在《四十自述》（臺北：遠東，一九八二），頁一七—三六。

㉗ 趙元任所寫《國語入門》及《中國話的讀物》都是漢字與國語羅馬字同時並用的。

㉘ 見趙元任，《早年自傳》，頁一三五。

㉙ 《胡適的日記》，頁三九。

㉚ 趙元任，《新詩歌集》，共收胡適等人新詩十四首，一九二八年，上海商務印書館初版，一九

六〇年，臺灣商務印書館再版。

㉛ 這兩句口號，見胡適，〈建設的文學革命論〉，在《胡適文存》，第一集，頁五五。

㉜ Yuen Ren Chao, *Mandarin Primer* (Cambridge, MA.: Harvard University Press, 1948), p. 144．關於「雞」後不宜加「吧」字這一點，趙元任在一九七八年第五號的「綠色書簡」中（第九九頁，第二三二條）又提及一次。

㉝ 「綠色書簡」（Green Letter），是趙元任每隔幾年寫給他朋友的信，其中不止是講他在這段時間中所做的事，也包括他的讀書心得及對語言的觀察等等，眞是無所不談。他一共寫過五次「綠色書簡」，計：

第一次是一九二一年在北京。

第二次是一九二三年在美國麻州劍橋。

第三次是一九二五年在法國巴黎。

第四次是一九七五年在美國加州柏克萊。

第五次是一九七八年在美國加州柏克萊。

除第一號信收入《口述自傳》作爲附錄以外，其他都沒有正式發表過。

後引的〈石室詩士食獅史〉，附在《口述自傳》，頁二二一。

㉞ Bertrand Russell, *The Autobiography of Bertrand Russell, 1914-1944* (Boston,

MA.: Little, Brown and Company, 1951), p. 182. 有關趙元任與羅素的關係，另可參看趙元任的《口述自傳》，頁五七—六六。在五九頁，趙元任說自己喜歡玩雙關語或同音字的遊戲，但羅素在自傳中所舉的例子，卻並非趙元任想出來的。

㉟ 同❾，頁四八三。

㊱ 同上。

㊲ 胡適，「愛國運動與求學」，《胡適文存》，三集，頁七二三。

㊳ 楊步偉，《一個女人的自傳》（臺北：傳記文學，一九六九），頁二〇二。

㊴ 參看，胡適，〈我的歧路〉，在《胡適文存》，二集（上海：亞東圖書館，一九二四），卷三，頁九一—一〇二。

㊵ 同㊲，頁七二〇—二五。

㊶ 關於趙氏夫婦對這個事件的回憶，參看，楊步偉，《雜記趙家》（臺北：傳記文學，一九八五），頁五二—五三。趙元任，《口述自傳》，頁七四—七五。

㊷ 趙元任，《趙元任音樂作品全集》（上海：上海音樂出版社，一九八七），頁三一—三三。

㊸ 同上。

㊹ 同上，頁一五五—五六。

㊺ 同上，頁一八四—八五。

㊻《人權論集》是胡適、梁實秋、羅隆基三人合編的，一九三〇年，上海，新月書店初版。

㊼《每週評論》，一九一八年十二月二十二日在北京創刊，一九一九年八月三十日被北洋政府封禁，共出三十七期，原由李大釗等編輯，第二十六期起，胡適任主編。《努力週報》，一九二二年五月在北京創刊，一九二三年十月停刊，胡適任主編。《獨立評論》，一九三二年五月二十二日創刊，共出二百四十四期，胡適是主要撰稿者及編輯。

㊽趙如蘭，〈趙如蘭女士致編者函之一〉，在趙元任，《早年自傳》，頁三。

㊾參看，胡適，《胡適留學日記》，第一册，頁二六三—六五。

㊿趙元任，《早年自傳》，頁九七。

51關於趙元任與楊步偉的結婚，參看，楊步偉，〈新人物的新式結婚〉，在《一個女人的自傳》，頁二一一—一五。

52趙元任，《通字方案》，一九八三年，北京，商務印書館出版。

53〈問題與主義〉，見《胡適文存》，一集，頁三四二—七九；〈信心與反省〉，見《胡適文存》，四集，頁四五八—七九；〈我們對於近代西洋文明的態度〉，見《胡適文存》，三集，頁一—一五。

54趙元任，〈新詩歌集序〉，在《新詩歌集》（臺北，商務，一九六〇，增訂版），頁一〇。

55同上。

㊺ 同上，頁一五。引文中的英文是原有的。在這篇序中英文用的不少，趙元任在一九五九年爲《新詩歌集》寫的〈改版譜頭語〉中說：「近年在國外住多了，反而覺著我那時候的中文實在洋得可笑。」

57 同上。

58 胡適，《胡適留學日記》，第一册，頁一五四。

59 同上。

60 趙元任，《早年自傳》，頁七一。

61 胡適，《胡適家書手稿》（安徽美術出版社，一九八九），頁五九。

62 胡適跟江冬秀是一九一七年十二月三十日結婚的。見胡頌平，《胡適之先生年譜長編初稿》（臺北：聯經，一九八四）共十册。第一册，頁二九九。

63 見《胡適文存》，一集，頁八〇五—二七。

64 在一九八七—八八兩年之間，中國大陸先後出版了三本《胡適傳》，除朱文華，《胡適評傳》（重慶出版社，一九八八）之外，其他兩本，都爲胡適的婚姻立專章討論：易竹賢，《胡適傳》（湖北：人民出版社，一九八七），頁一一四—二五；沈衛威，《胡適傳》（河南大學出版社，一九八八），頁八五—九五。這方面的資料極多，謹舉最近出版的兩篇爲例。

65 胡適，《胡適的日記》（香港：中華，一九八五），頁一九九—二〇〇。

⑥⑥一九一七年一月十六日，胡適有〈病中得冬秀書〉小詩三首，其三作：「豈不愛自由？此意無人曉；情願不自由，也是自由了。」《嘗試集》（上海：亞東圖書館，一九二二），頁一二。
⑥⑦同⑥⑤，頁六三。
⑥⑧同上，頁七三。
⑥⑨楊步偉，《雜記趙家》，頁二〇—二一。
⑦⓪這首詩一九二二年上海亞東版的《嘗試集》未收，收在一九七一年，臺北，胡適紀念館出的《嘗試集》，頁一七七—七八。
⑦①同⑥⑤，頁四〇五。本文初稿成於一九九〇年一月，《胡適的日記》手稿本還沒出版。
⑦②同上，頁四六六—六七。
⑦③同上，頁五三五。
⑦④胡適在《四十自述》（臺北：遠東，一九八二）上曾說：「三十年來，我不曾拿過樂器，也全不懂音樂。」（頁三一）。
⑦⑤趙如蘭，〈我父親的音樂生活〉，收入《趙元任音樂作品全集》，頁二六六。
⑦⑥同上。
⑦⑦《胡適留學日記》，第三册，頁七五七—五八。
⑦⑧「妬羨」這兩個字是胡適用來說趙元任的審音天才讓人「妬羨」，見〈趙元任國語留聲片序〉，

在《胡適文存》，二集，頁四八〇。

79 見張忠棟選注，〈胡適駐美大使日記〉，在《明報月刊》，二七六期（一九八八，十二），頁九九。

80 《胡適給趙元任的信》（臺北：萌芽出版社，一九七〇）。

81 有關胡適與趙元任的交誼，另可參看：

Hu Shih, "Foreword," to Buwei Yang Chao, *How to Cook and Eat in Chinese* (New York: The John Day Company, 1945), p. viii.

趙楊步偉，〈我記憶中的適之〉，收入馮愛群編，《胡適之先生紀念集》（臺北：學生書局，一九七二），頁一九－二二。

王彤，〈趙元任在美哭胡適〉，同上書，頁三七－四二。

胡適與魯迅

一、序論：捧魯與批胡

胡適（一八九一—一九六二）與魯迅（一八八一—一九三六）是民國以來，在思想史及文學史上，影響最大的兩個人。他們都是以學者而兼爲「社會活動家」，表現了知識份子對社會、政府、時局多方面的關懷。他們經歷了中國歷史上最劇烈的激變時代；在中國近代的改革中，扮演了重要的腳色。他們早年都受過傳統的中國教育，二十歲左右留學海外。胡適去了美國，由農科改念哲學；魯迅去了日本，由醫學轉到文學。胡適的這個改變，雖不像魯迅那麼戲劇化，因爲看了幾張日俄戰爭的幻燈片，見到了中國人遭日本人砍頭的情形，而發憤要改變中國人的精神，作一個「心理」醫生❶；然而胡適畢生的努力，也無非是爲中國當時的「病症」，開出了他自己的處方。

在五四運動前後，胡適和魯迅無論是對白話文的推行，對中國傳統文化的批判，他們的態度都是一致的。可是在政治上，他們卻代表了兩個不同的思想潮流：胡適偏右，而魯迅偏左；一個崇尚美式的民主自由，一個相信俄共的社會主義。這點政治見解上的不同，終於使這兩個曾經同開風氣的人物，漸漸的由合作而分歧，走向了兩個不同的方向。

魯迅死後所受到共產黨的「禮遇」是空前的。全集的一再版行，銅像的樹立，紀念館的落成，無一不是爲魯迅的偶像化在鋪路。一個作家可以受到黨和「最高領袖」數十年來毫無保留的歌頌，一方面固然顯示了共產黨對魯迅的景仰，但在另一方面，也說明了景仰的後面，是有其政治上的意義的。換句話說，景仰與歌頌，在一定的程度上只是一個假象，藉著歌頌魯迅的思想來打倒一些什麼，提倡一些什麼，才是頌揚後面的目的。

我常憂心把一個文學家過份的「黨化」，過份的與當前的政治「緊密結合」，對這個文學家將來在歷史上的地位，究竟是益？是損？如果後人不讀魯迅作品則已，一讀就必須與共產黨的思想關聯在一起，這對魯迅來說，毋寧是一件可哀的事。今人讀李、杜詩，蘇、辛詞，可有幾人想到他們是爲什麼階級「服務」的，而文學之不爲政治不爲某一個特定的階級服務，正是李、杜、蘇、辛之所以千古。而今，每篇魯迅的作品都被加上了一套合乎馬、列思想的解說；其實，魯迅當年何嘗眞在每篇小說裏加進了這許多「微言大義」。魯迅對類似這種過份的附會和曲解，曾經很譏諷的說過：「批評家的精神總比作者會先一步的。」❷而批評家的這點「先見之明」也往往把一篇活生生的作品弄得支離破碎，讓讀者觸目驚心。

每當我看到那些頌揚魯迅的文字，以及加在他身上的「謚號」，如「中國文化革命的偉人」，如「文化新軍最偉大和最英勇的旗手」，如「無產階級和人民大衆的牛」❸等等，總使我想到魯迅的一篇文章〈罵殺與捧殺〉。在這篇文章裏，魯迅說到泰戈爾一九二四年訪問中國的時候，徐志摩等人「說得他（泰戈爾）如像活神仙一樣，於是我們地上的青年們失望，離開了。神仙和凡人怎能不離開呢？……如果我們的詩人諸公不將他制成一個活神仙，青年們對於他是不至於如此隔膜的。現在可是老大的晦氣。」❹而今，魯迅自己也被說得「像活神仙一樣」，我只怕地上的青年們也要「失望，離開了。」而魯迅也免不了要受到「老大的晦氣」。批評家們似乎不懂一個人固然可以被「罵殺」，也可以被「捧殺」。自從魯迅死後，我們只看到他被推向神龕，被供上最高的祭檯，因而魯迅的「人氣」也就日減一日了。

周作人（一八八五—一九六七，字啓明，號知堂，魯迅二弟）晚年，在寫給鮑耀明的信中，對時人之捧魯迅，有極沉痛的話：

> 現在人人捧魯迅，在上海墓上新立造像——我只在照相上看見，是在高高的臺上，兀

坐椅上。雖是尊崇他，其實也是在挖苦他的一個諷刺畫，即是他生前所謂思想界的權威的紙糊高冠是也。恐九原有知，不免要苦笑的吧。要恭維人不過火，即不至於獻醜。❺

在另一封致曹聚仁的信中，周作人又說：「（魯迅）死後，隨人擺佈，說是紀念，其實有些實是戲弄。」❻周作人是當事人，又是後死者，對魯迅的深知，又遠非他人所能及，所以他的見解畢竟高人一等。凡是把魯迅繼續往上捧的人，都應該為了愛護魯迅，尊敬魯迅，而三復斯言。

偶像與傀儡之間的分際是極微妙的，一個最神聖的偶像往往在歌頌膜拜之中，不知不覺的成了傀儡。魯迅在〈無花的薔薇〉一文中就曾指出：「待到偉大的人物成為化石，人們都稱他偉人時，他已經變了傀儡了。」（《全集》三，頁二五六）沒想到他自己還沒成為「化石」，就已經走上了這條路。

老子說：「寵辱若驚，寵為下。」魯迅當然是深通此理的，他若看到現在受寵的情形，能不怵然而驚？

如果中共用魯迅作為教育人民的「正面教材」；那麼，胡適就是他們的「反面教材」。魯迅是「英雄」，而胡適是「國賊」；魯迅是為「無產階級」服務的，而胡適是為「資產階級」服務的。魯迅是「在文化戰線上，代表全民族的大多數，向著敵人衝鋒陷陣的最正確、最勇敢、最堅決、最忠實、最熱忱的空前的民族英雄」[7]，而胡適則是「中國馬克思主義和社會主義思想的最早的、最堅決的、不可調和的敵人」，「企圖從根本上拆毀馬克思的基礎」[8]。魯迅所受到的尊崇固然是空前，胡適所遭到的批判也是亙古所未有。以一個政權之力，發動全國各階層的人民對一個知識分子從各方面，作爲期數年的批評、攻擊、詆毀、誣蔑，大概古今中外都不多見。

與魯迅相比，胡適身後的際遇是慘澹得多了。魯迅死後兩年卽有全集印行，以後又有「官修」的全集，分別在一九五八、一九八一年問世，有註解，有各種索引，搜羅之全，翻檢之便，堪稱中國古今集部之最[9]。近幾年來又有《魯迅研究資料》之出版，截至一九八九年已出了二十二輯。舉凡與魯迅有過關係之人、物、事、地，無不爲之詳細考索，妥善保存。反觀胡適，辭世已三十年，不但全集之版行至今沒有眉目，甚至連一本完整的傳記亦不曾見，更不必說立銅像，建博物館了。以南港故居改建的「胡適紀念館」，無論是規模、出版、財力、人力各方面都遠遜於北京的「魯迅博物館」。然而，胡適身後的這點蕭條之氣、冷落之感，也正是魯迅之不可及處。胡適的偉大在他沒有官方的代言人，沒有黨和毛主席做他的後盾，不斷的肯定他的價值。胡適全集之所以編印無期，多少是因爲他的思想，在國共兩面都不討好。這點雙方都覺得「違礙」的事實，正是胡適「獨立自主」最佳的說明。胡適「蓋棺」雖已三十年，但始終不曾被「論定」；魯迅卻是「棺」未蓋，而「論」已定。這種過早的「論定」，全面的頌揚，在一定的意義上，就是「靠攏」。林語堂說魯迅愈老而「黨見愈深」⑩，這話是極有道理的。

共產黨頌揚魯迅，總是把他視爲苦難大衆或工、農、兵的代言人。其實，「五四」前後的知識份子大多瞧不起羣衆，魯迅也不例外。「阿Q」是魯迅作品中「羣衆」最好的寫照。「羣衆」在魯迅眼中，是愚昧、無知、自私的代名詞，而他是自居於「超人」的。在鐵屋中吶喊，喚醒沉睡的中國人，這正是以先知和救世主自居。共產黨的批評家總想把魯迅的偉大建築在「羣衆」和「左」上，其實，這兩點正是他最不值一提的。

魯迅的深刻絕不體現在某一個政治理念上，而是體現在他對人性有深層的掌握，並瞭然於中國人的冷漠與殘酷。共產黨的批評家是在一片頌揚之中「厚誣」了魯迅，把魯迅講淺了，也講窄了。

誠然，如周作人所說：「（胡適）也有他該被罵的地方。」⑪只是那些爲了政治運動而批胡的文字，卻不曾動得胡適分毫。

從捧魯與批胡這兩件事，我們可以看出，被罵的並不曾被罵倒；而被捧的卻已捧得有些

「不成人形」，歪了嘴臉，失了本來面目。孰得孰失，眞可深思。

學術是不能爲政治所用的，學術一旦有了「服務」的對象，學術就不再成其爲學術，而淪爲宣傳了。這種宣傳式的學術，對當時的政治運動，也許能收些速效，但對整個國家的學術事業卻可以造成極深遠、極惡劣的影響。

二、交誼：由合作到分歧

魯迅長胡適十歲，但成名卻比胡適晚。民國六年（一九一七），胡適以二十七歲之青年任教北大，並由於提倡白話文而馳名全國。這時魯迅已年近四十，蟄居北京也已五、六年，在教育部任僉事，是個閒缺，住在紹興會館，平時則以抄古碑，玩古董消遣。五年以後（一九二二），魯迅在〈吶喊自序〉中回憶這段日子：

> S會館裏有三間屋，相傳是往昔曾在院子裏的槐樹上縊死過一個女人的，現在槐樹已經高不可攀了，而這屋還沒有人住；許多年，我便寓在這屋裏抄古碑。客中少有人來，古碑中也遇不到什麼問題和主義，而我的生命卻居然暗暗的消去了，這也就是我唯一的願望。[13]

這種孤寂落寞的情懷，倒很有點像胡適五十年代住在紐約時的心情；但這種心境絕非民國初年的胡適所有。初回國門的胡適，眞是意氣軒昂，講學，著作，文學革命，社會改良，在各方面他都是一時之領袖，生命絕無「暗暗消去」之可能。

一九一八年在魯迅的生命史上，是極重要的一年。從這一年起他應錢玄同（一八八七—一九三九）的邀請，開始在《新青年》上撰稿，成了新文學運動中重要的一員。著名的短篇小說〈狂人日記〉就是這一年寫成的。魯迅與胡適的交往也從這一年開始。從他們的書信及日記中，還可依稀看出兩人過從的情形。

初識的頭幾年，只有魯迅日記中有一些極簡短的記錄。胡適的名字第一次出現在《魯迅全集》是一九一八年，八月十二日的日記：「收胡適之與二弟信」。次年，五月二十三日有「夜胡適之招飲於東興樓，同坐十人」一條。一個月之後，魯迅同周作人到第一舞臺看胡適一生中所寫唯一的話劇〈終身大事〉。[13]

一九二一年一月間，魯迅與胡適曾爲《新青年》該不該談政治有過幾次書信往返。胡適主張《新青年》不談政治，成爲一個思想與文藝的雜誌，魯迅則認爲不必特別排除政治問題[14]。這個意見上的分歧並沒有影響到兩人的交往。同年三月，在一封致周作人的信裏，胡適還特別邀請周氏兄弟，加入他所發起的《讀書雜誌》。[15]

魯迅在十幾年以後（一九三四）回憶《新青年》時代胡適所給他的印象，在〈憶劉半農君〉這篇文章裏，魯迅比較了陳獨秀、胡適之與劉半農三個人：

> 《新青年》每出一期，就開一次編輯會，商定下一期的稿件。其時最惹我注意的是陳獨秀和胡適之。假如將韜略比作一間倉庫罷，獨秀先生的是外面豎一面大旗，大書道：「內皆武器，來者小心！」但那門却開着的，裏面有幾枝槍，幾把刀，一目了然，用不着提防。適之先生的是緊緊的關着門，門上粘一條小紙條道：「內無武器，請勿疑慮。」這自然可以是真的，但有些人——至少是我這樣的人——有時總不免要側着頭想一想。半農却是令人不覺其有「武庫」的一個人，所以我佩服陳、胡，却親近半農。」[16]

其實，這段話無非是說胡適「狡詐」而善於作僞。幾十年來，罵胡適爲「反動派」、「帝國主義走狗」的頗不乏人；說胡適陰險的，魯迅是第一人。也許就因爲魯迅對胡適常懷着「戒懼」之心，所以兩人的交往始終僅止於較正式的接觸，這從魯迅對胡適的稱呼可以看出，魯迅在信中始終以「適之先生」相稱。魯迅長胡適十歲，又是《新青年》的同事，稱胡適「先生」，未免太客氣了，倒是周作人反以「適之兄」稱胡適。

胡適與周作人的過從比魯迅密切。一九二一年，胡適曾推薦周作人去燕大任「中國文」一門的主任，待遇極佳[17]，後以周作人生病，沒有上任，一年後（一九二二年三月四日）胡適又特別把周作人介紹給燕大校長司徒雷登（John Leighton Stuart, 1876-1962）。胡適覺得「啓明在北大，用違所長，很可惜的，故我想他出去獨當一面。」⑱周作人雖長胡適六歲，但仍受到胡適的「提攜」。

胡適不但替周作人介紹過工作，一九二一年也爲魯迅的三弟周建人在商務印書館謀到過一個月薪六十元的職位。⑲

一九二二年八月十一日，胡適有日記，可以看出他當時對周氏兄弟的印象及交往的情形：

> 演講後，去看啓明，久談，在他家吃飯，飯後，豫才（魯迅本名）同來，又久談。周氏弟兄最可愛，他們的天才都很高。豫才兼有賞鑒力與創作力，而啓明的賞鑒力雖佳，創作較少。⑳

胡適對周氏兄弟，似乎並沒有魯迅那樣的「戒心」，在文學革命初起的那幾年，胡適是將他們兄弟作爲「同志」看待的，並深以新文學陣營中，得到這樣兩位高手爲幸。這段期間，魯迅也曾勸過胡適從事文學創作，胡適也頗爲所動。一九二三年，三月四日，胡適有如下日記：

> 與啓明、豫才談翻譯問題。豫才深感現在創作文學的人太少，勸我多作文學。我沒有

> 文學野心，只有偶然的文學衝動。我這幾年太忙了，往往把許多文學的衝動錯過了，很是可惜。將來必要在這一方面努一點力，不要把我自己的事業丟了來替人家做不相干的事。㉑

雖然胡適之把「文學創作」看做是他「自己的事業」，但一九二二年以後，他除了偶而作些新詩以外，在文學創作上，眞是一片空白。而魯迅主要的成就卻在小說上，他的雜文雖然如匕首，如投槍，凌厲無匹，但由於多評時事，今人已經必須藉長篇的註解才能看得懂，其可讀性與可懂性必隨時而俱減。魯迅傳世之作終究還是他的小說。胡適短於創作而長於考據論說。大體言之，胡適學者的成份居多，而魯迅則文人的習氣較深，胡適可入「儒林」，而魯迅當在「文苑」。

一九二三、二四兩年，胡適與魯迅書信往返較前幾年多，並互贈著作。胡適曾以〈西遊記考證〉、〈五十年來之世界哲學〉與〈五十年來中國之文學〉等論文贈與魯迅，魯迅則以《吶喊》及《中國小說史略》上、下兩册回贈。㉒在這兩年書信往返中，兩人所討論的主要是中國的小說。胡適對魯迅小說史的研究，有很高的評價：

> 在小說的史料方面，我自己也頗有一點點貢獻，但最大的成績自然是魯迅先生的《中國小說史略》；這是一部開山的創作，搜集甚勤，取材甚精，斷制也甚嚴謹，可以替

我們研究文學史的人節省無數精力。㉓

一九二三年，胡適作〈西遊記考證〉，曾多次向魯迅請教，魯迅也提供了不少材料㉔。有一回魯迅得知一部百二十回本的《水滸傳》，還特別通知胡適㉕。在〈西遊記考證〉中，胡適多次提到「周豫才先生」，可見在小說研究上，魯迅對胡適是有幫助的。

在這段期間，魯迅對胡適也還有些好評，說胡適爲《申報》五十週年紀念所寫的〈五十年來中國之文學〉：「警辟之至，大快人心！我很希望早日印成，因爲這種歷史的提示，勝於許多空理論。」㉖對胡適所作〈水滸續集兩種序〉則認爲「極好，有益於讀者不鮮。」㉗對胡適的爲人則含糊籠統的說他「偉烈」㉘，這些好評雖有些客套，但往後連這樣客套的稱許也不多見了。

魯迅一向並不很同意胡適治中國小說的方法。據周作人說：〈阿Q正傳〉第一章之所以如此纏夾，也無非是諷刺胡適的「歷史癖」與「考據癖」㉙，只是那樣的諷刺並無惡意。一九二〇年代初期，胡適在紅樓夢及許多其他小說的考證中，充份的發揮了他這兩種癖好，一九三六年，魯迅對胡適的小說考證有所批評：

> 如果作者手腕高妙，作品久傳的話，讀者所見的就只是書中人，和這曾經實有的人倒不相干了。例如《紅樓夢》裏賈寶玉的模特兒是作者自己曹霑，《儒林外史》裏馬二

> 先生的模特兒是馮執中，現在我們所覺得的卻只是賈寶玉和馬二先生，只有特種學者如胡適之先生之流，這才把曹霑和馮執中念念不忘的記在心裏：這就是所謂人生有限，而藝術卻較為永久的話罷。[30]

胡適做小說考證，一方面固然是他「歷史癖」與「考據癖」太深，但他眞正的用意還是在提倡他實驗主義的治學方法。這個方法是「細心搜求事實，大膽提出假設，再細心求實證。」[31]就如他在〈水滸傳考證〉中所說，他的目的是要爲當時的小說研究「開闢一個新方向，打開一條新道路。」[32]可是，魯迅對胡適的這個方法，也有他的意見，在一封致臺靜農的信裏，魯迅說到鄭振鐸，兼及胡適：

> 鄭君治學，蓋用胡適之法，往往恃孤本秘笈，為驚人之具，此實足以炫耀人目，其為學子所珍賞，宜也。我法稍不同，凡所泛覽，皆通行之本，易得之書，故遂孑然於學林之外。[33]

魯迅的批評並不是完全沒有道理的。胡適在〈跋紅樓夢考證〉中就說：他所得的敦誠《四松堂集》是「天地間唯一的孤本。」[34]在〈考證紅樓夢的新材料〉中也指出：他所得殘本〈脂硯齋重評石頭記〉是「海內最古的《石頭記》抄本。」[35]當然，如以「孤本秘笈」炫人，而始終不予公開，那是不應該的；可是胡適的這些材料終究還是公諸於世了。如果因爲胡適能得「孤本秘笈」，而魯迅不能得，遂以此爲胡適之罪狀，這是有欠公允的。能得「孤本秘笈」一方面固然顯示胡適有「門路」可尋，另一方面卻也說明他搜求之勤，用力之深，以此而責胡適，不免有忌恨之嫌。

小說考證只是胡適「整理國故」大計劃中的一小部份。「整理國故」是胡適一九一九年所提出的口號，他希望藉着「實驗主義」的新方法，對中國舊有的哲學、文學，乃至於習俗、制度，全盤的「重新估定其價值」。從「國故」之中，分出「國粹」與「國渣」來，斷不許混「糞土」於「香水」，視「腐臭」爲「神奇」，務必使各家各派還其本來面目㊱。這樣的運動，立意固然很好，然而一旦成爲風氣，青年們多以鑽故紙爲時髦，對於眞正的科學以及西方的新學說新思想反而乏人問津。魯迅有見於此，曾於一九二四年提出他對「整理國故」的隱憂：

> 就現狀而言，做事本來還隨各人的自便，老先生要整理國故，當然不妨去埋在南窗下讀死書，至於青年，卻有他自己的活學問和新藝術，各幹各事，也還沒有大妨害的，但若拿了這面旗子來號召，那就是要中國永遠與世界隔絕了。倘以為大家非此不可，那更是荒謬絕倫。㊲

胡適提倡「整理國故」是有的，但如說他「要中國與世界永遠隔絕」卻是誣告。這種由「整理國故」所帶來的弊端，也不只魯迅有所察覺，魯迅的死敵陳西瀅也對胡適提出了類似的警告[38]。一九二八年，胡適呼籲青年不要再往故紙堆裏鑽，他在〈治學的方法與材料〉一文中指出：

> 現在一班少年人跟着我們向故紙堆去亂鑽，這是最可悲歎的現狀。我們希望他們及早回頭，多學一點自然科學的知識與技術：那條路是活路，這條故紙的路是死路。三百年的第一流聰明才智銷磨在這故紙堆裏，還沒有什麼好成績。我們應該換條路走走了。[39]

青年們競往故紙鑽的情形，恐非胡適始料所及。發起運動的人往往是首功，也是罪魁；但我們不當以後起之流弊，遂一併抹殺倡導者之初衷。胡適自己也很瞭解，此中功罪不易遽下定評，這亦不僅「整理國故」爲然，從提倡白話文到批判舊傳統，無一不引起後世之訾議。在一封致錢玄同的信裏，胡適極爲感慨的說：「我們放的野火，今日已蔓燒大地，是非功罪，皆已成無可懺悔的事實……此中一點一滴都在人間，造福造孽惟有挺着肩膀擔當而已。」[40]胡適畢竟還是一個負責任，有擔當的人。

從現已出版的資料中，魯迅最後寫給胡適的信是在一九二四年六月六日。一九二六年八月四日，魯迅在日記中還提到「得風舉信，附胡適之信」[41]，但此信是否給魯迅的，則不得而知。

從一九一八年到一九二四年，前後七年之間，可以視爲魯迅與胡適交往的一段時期。一九二四年以後到魯迅逝世，其間十二年，胡適與周作人繼續通信，與魯迅則無往來記錄。一九二六年，胡適寫了一封勸和的信給魯迅、周作人和陳源（西瀅）請他們停止謾罵似的筆戰。胡適懇切的說：「你們三位都是我很敬愛的朋友，所以我感覺你們三位這八九個月深仇也似的筆戰是朋友中最可惋惜的事。」[42]這很可能是胡適寫給魯迅最後的一封信。

一九二七年四月二十八日顧頡剛有信致胡適，略略透露了一些胡適與魯迅的關係：「這幾年之中，周氏兄弟假公濟私，加以伏園、川島們的挑撥，先生負謗亦已甚矣，在這國民革命的時候，萬不可再使他們有造謠的機會，害了先生一生。這是我和淚相勸的一件事，請先生聽我吧！」（《胡適來往書信選》，上册，頁四三〇）顧頡剛與魯迅有他們自己的恩怨，但魯迅與胡適關係的惡化，在這封信中，已經可以明白的看出了。

一九二九年，周作人有長信給胡適，力勸他由上海回到北平去專心他的著述，完成中國哲學史與文學史，在信末周作人覺得他這樣勸胡適「未免有交淺言深之嫌。」[43]胡適在獲信後對所謂「交淺言深」的話，頗使他有些「感觸」：

生平對於君家昆弟，只有最誠意的敬愛，種種疏隔和人事變遷，此意始終不減分毫。相去雖遠，相期至深。此次來書情意殷厚，果符平日的願望，歡喜之至，至於悲酸。

> 此是真情，想能見信。㊹

到了一九二九年，魯迅與胡適各方面意見的分歧已經很明顯了。魯迅並曾多次爲文或明諷或暗刺胡適，胡適卻始終不曾批評過魯迅，也從來沒有爲自己辯白過。胡適在一九二九年寫〈一百二十回本忠義水滸傳序〉時，仍一再提到魯迅研究《水滸傳》的成果，並說：「魯迅先生之說，很細密周到，我很佩服，故値得詳細徵引。」㊺由此可知，胡適在信中所說「敬愛」之心，並非客套，乃是實情。所謂「歡喜而至於悲酸」這句話，不僅僅是胡適一時之所感，也實在是胡適與魯迅近二十年關係發展的過程。

一九三六年十月十九日，魯迅病死於上海，蘇雪林於同年十一月，寫了兩封公開信分致蔡元培、胡適，信中對魯迅大肆攻擊，說他不反冂，操縱文壇，是「玷辱士林之衣冠敗類，二十五史儒林傳所無之奸惡小人。」㊻胡適在覆信中，對蘇雪林頗多匡正，指責他不該以人身攻擊的方式評價魯迅。魯迅死後，胡適沒有發表任何悼唁的文字，此信亦可視爲胡適對魯迅的紀念：

> 我很同情於你的憤慨，但我以為不必攻擊其私人行為。魯迅狺狺攻擊我們，其實何損於我們一絲一毫？他已死了，我們盡可以撇開一切小節不談，專討論他的思想究竟有些什麼，究竟經過幾度變遷，究竟他信仰的是什麼，否定的是些什麼，有些什麼是有

價值的，有些什麼是無價值的。如此批評，一定可以發生效果。餘如你上蔡公書中所舉「腰纏久已累累」，「病則謁日醫，療養則欲赴鎌倉」……皆不值我輩提及。至於書中所云「誠玷辱士林之衣冠敗類，二十五史儒林傳所無之奸惡小人」一類字句，未免太動火氣（下半句尤不成話），此是舊文字的惡腔調，我們應該深戒。㊼

胡適這番話卽使今日讀之，依然可以作爲研究魯迅的引導。瞎捧和亂罵都是發生不了作用的，這樣的態度也可以讓那些痛詆胡適的人平心靜氣的想一想。

胡適在覆蘇雪林的信裏，還特別爲魯迅作了一番「辯冤白謗」的工作，說魯迅的《中國小說史略》並非抄襲之作：

凡論一人，總須持平。愛而知其惡，惡而知其美，方是持平。魯迅自有他的長處。如他的早年文學作品，如他的小說史研究，皆是上等工作。通伯（陳源，西瀅）先生當日誤信一個小人張鳳舉之言，說魯迅之小說史是抄襲鹽谷溫的，就使魯迅終身不忘此仇恨！現今鹽谷溫的文學史已由孫俍工譯出了，其書是未見我和魯迅之小說研究以前的作品，其考據部份淺陋可笑。說魯迅抄鹽谷溫，真是萬分的寃枉。鹽谷一案，我們應該為魯迅洗刷明白。最好是由通伯先生寫一篇短文，此是「gentleman」的臭架子，值得擺的。如此立論，然後能使敵黨俯首心服。㊽

這段話最足以說明胡適之「尊重事實，尊重證據」[49]的精神，絕不以個人之意氣，而無視於是非。魯迅在遺囑中告誡他的後人：「損着別人牙眼，卻反對報復，主張寬容的人，萬勿和他接近。」[50]胡適不正是這樣的人嗎？魯迅是主張「以眼還眼，以牙還牙的。」他曾坦白的說過：「如果我沒有做，那是我無力，並非我大度，寬恕了加害於我的敵人。還有，有些下賤東西，每以穢物擲人，以爲人必不屑較，一計較，倒是你自己失了人格。我可要照樣的擲過去，要是他擲來。」[51]胡適與魯迅，兩人個性不同如此，無怪乎他們的交往僅能止於「泛泛之交，尋常朋友」[52]了，爾後竟連這點起碼的友誼也無從維持了。

三、從白話文到新詩

論到胡適與魯迅，往往因爲他們個性以及政治立場的不同，而掩蓋了這兩個人共同的主張。加之魯迅晚年所寫的雜文，對胡適冷嘲熱諷，極盡其譏訐之能事，更給人一種「勢不兩立」的感覺。其實他們在白話文與新詩的提倡上，始終是站在同一條戰線上的。

胡適在一九一七年一月號的《新青年》上，發表了著名的〈文學改良芻議〉，揭開了白話文學運動的序幕。說到這個運動，論者常以陳獨秀與錢玄同爲胡適最有力的支持者。誠然，陳、錢兩人，在新文學理論的確立上，有「攻城野戰」之功，對肅清「選學妖孽」、

「桐城謬種」[53]更有他們不可磨滅的貢獻。然而陳獨秀和錢玄同，畢竟只是批評家，而不是創作家。他們的意見至多給胡適在理論上做些後援；至於實際的作品，陳、錢兩人是無能爲力的。這也是胡適當時所最感苦惱的事，眼看着理論已經確立了，而在作品上卻依舊是一片空白。在這樣的情形下，胡適不得不親自上陣，來作一些引路的工作。在新詩上，他寫了《嘗試集》；在小說上，寫了〈一個問題〉；在戲劇上，作了〈終身大事〉。他的努力，除了《嘗試集》以外，其餘兩項不得不說是個大失敗。胡適自己曾說「提倡有心，創造無力」[54]，將這句話用在文學革命上是極爲恰當的。

這個作品上的空白，等到一九一八年，魯迅的〈狂人日記〉、〈孔乙己〉、〈藥〉等短篇小說，陸續在《新青年》上發表，才得到塡實。就如魯迅所說，他的短篇小說「顯示了文學革命的實蹟」[55]，這話是不錯的。

魯迅一向很注意小說，據周作人說，這是受了梁啓超所編《新小說》以及〈論小說與羣治之關係〉等文章的影響[56]，相信小說是改革社會的利器。胡適早年也相信小說可以「破除迷信，開通民智」[57]，在這一點上，胡適與魯迅的看法是相同的。周氏兄弟在一九〇九年就翻譯過《域外小說集》[58]，這本集子被胡適譽爲「古文學末期」「最高的作品」[59]。由於周氏兄弟能直接讀西文，胡適推許他們的譯筆比林紓的還要高明的多[60]。然而，這樣高明的一部翻譯小說集子，在十年之內，竟只賣出了二十本[61]。這與日後魯迅《吶喊》與《徬徨》的銷售情形相比，眞不可以道里計了。當然，一爲譯著，一爲創作；一爲域外小說，而一爲本土小說；然而，文言與白話之別也必然是一項極重要的因素。

魯迅從一九一八年起，改用白話寫作，在他整個生命歷程中，起了決定性的作用。在此之前，他只是一個敎育部沒沒無聞的僉事，此後則一躍而成了全國知名的人物。我們可以說：胡適是創造白話文運動的英雄，而魯迅是白話文運動所創造出來的一個英雄。如果沒有胡適提倡白話文在先，魯迅依舊寫他的文言，那麼，魯迅是否能成爲日後的「青年導師」、「文化偉人」就很值得懷疑了。

在提倡白話文這一點上，我們不得不說胡適是比魯迅更具「先見之明」的。胡適對魯迅也多少起了一點領導的作用，這在魯迅一九三二年所寫的〈自選集自序〉中，也稍稍透露了一些個中消息。他承認一九一八年後，在《新青年》上所寫的那幾篇小說(收入《吶喊》)，是爲了響應當時的「文學革命」，其「步調」是和「前驅者」一致的。他並戲稱自己所寫的是「遵命文學」，「不過我所遵奉的，是那時革命的前驅者的命令，也是我自己願意遵奉的命令。」[62]雖然魯迅並沒有說出「革命的前驅者」是何人，但胡適既是公認的文學革命中「首舉義旗的急先鋒」[63]，將胡適視爲「革命的前驅者」，當非大謬。

胡適的這點領導作用，還可以由魯迅開始作新詩得到證明。誠如唐德剛先生所說，胡適是「新詩的老祖宗」[64]，中國之有新詩，自胡適始。而白話文運動在初起時，與其說是「文的運動」，不如說是「詩的運動」。胡適在一九一六年左右，與梅光廸等人的討論，主要是集中在如何用白話作詩這一點上，「文」倒反在其次。魯迅顯然是受了胡適影響，在《新青年》第四卷第五號（一九一八年五月十五日）上，以「唐俟」的筆名，發表了三首白話詩：〈夢〉、〈愛之神〉、〈桃花〉[65]，以後又作了幾首。魯迅多年後回憶他寫新詩的情形道：

我其實是不喜歡做新詩的——但也不喜歡做古詩——只因為那時詩壇寂寞，所以打打邊鼓，湊些熱鬧；待到稱為詩人的一出現，就洗手不作了。[66]

胡適在提倡白話詩之初，常有「應者寥寥」之歎[67]；魯迅也說，《新青年》創刊的頭幾年「作品也只有胡適的詩文和小說是白話。」[68]因此，所謂「詩壇寂寞，打打邊鼓」無非也就是表示支持胡適，對胡適所提倡的白話詩，報以回響。魯迅作的白話詩不多，但頗得胡適賞識。胡適在一九一九年〈談新詩〉一文中說：「會稽周氏兄弟」是不「從舊詩、詞、曲裏脫胎出來的」新詩人[69]。這是很高的評價，表示他們能另闢蹊徑，不爲舊詩詞所囿。套句胡適的話：周氏兄弟的詩不是放過腳的「纏足」，而是「天足」，他們的作品，不帶纏腳布上的

「血腥氣」⑳。

胡適在〈嘗試集自序〉中，將周氏兄弟的名字，與「我的朋友」沈尹默、劉半農、傅斯年、俞平伯、康白情、陳衡哲諸人是並列的，說他們「都努力做白話詩。」㉑《嘗試集》初版於一九二〇年三月，同年年底，胡適做了一次「刪詩」的工作，魯迅跟周作人都曾參與其事，胡適對他們的「選擇去取」，「都極贊成」㉒。這樣的關係，可以說是很融洽的了。

在提倡白話文這一點上，魯迅與胡適是合作無間的。魯迅以實際的作品來印證胡適的理論，而胡適也對魯迅的作品推崇備至。在〈五十年來中國之文學〉一文中，胡適說到小說的情形：

> 成績最大的卻是一位託名「魯迅」的。他的短篇小說，從四年前的〈狂人日記〉到最近的〈阿Q正傳〉，雖然不多，差不多沒有不好的。㉓

一九二二年，胡適寫〈五十年來中國之文學〉，將周氏兄弟引為同調，並視之為自古文學陣營中，起義來歸的戰友㉔，不是沒有道理的。對於反對白話文的人，魯迅的態度是遠比胡適更為強硬的。在〈二十四孝圖〉一文中，魯迅徹底而無情的批判了所有反對白話文的人：

> 我總要上下四方尋求，得到一種最黑，最黑，最黑的咒文，先來詛咒一切反對白話，妨害白話者。即使人死了真有靈魂，因這最惡的心，應該墮入地獄，也將決不改悔，

總要先來詛咒一切反對白話，妨害白話者。⑮

胡適對反對白話文的人，雖然也有他的「義憤」，但是像這樣激烈而決絕的言詞是沒有的。在同一篇文章中，魯迅毫無保留的一再表示：「只要對於白話來加以謀害者，都應該滅亡！」因爲妨害白話者的流毒「甚於洪水猛獸，非常廣大，也非常長久，能使全中國化成一個麻胡，凡〔所〕有孩子都死在他的肚子裏。」⑯

魯迅既然如此痛恨反對白話文的人，他對提倡白話文的人，自然就報以最熱烈的支持了。一九二七年，魯迅在香港青年會演講，題目是〈無聲的中國〉，在文中他指出：文言文極其艱深，使人與人之間的交通，增加許多無謂的障礙，從某個角度來說，文言文既說不出，又聽不懂，因此中國人也就既啞且聾了，故名之爲「無聲的中國」。他認爲胡適所提倡的「白話文運動」是試着將「無聲的中國」恢復到「有聲的中國」；將一個已死的人「復活」過來⑰。這樣熱烈的稱揚「白話文運動」，肯定胡適的貢獻，在《魯迅全集》中是絕無僅有的。

胡適初回國的那幾年，不僅在白話文與新詩的提倡上，居於領導的地位；即使在對中國舊傳統的批判上，胡適也走在魯迅的前頭。胡適在一九一八年七月寫了〈貞操問題〉⑱，發表在《新青年》第五卷第一號上，強烈的批判了女子單方面守節、殉夫等不人道的傳統。一個月以後，魯迅在《新青年》第五卷第二號上，發表了〈我的節烈觀〉[79]，他們的看法在基本上是一致的。胡適在一九一八年五月，作〈我的兒子〉詩，反對傳統的孝道，他要他的兒子「做一個堂堂的人」，而不要做「孝順的兒子」[80]。這首詩發表在一九一九年八月三日第三十三期的《每週評論》上；兩個月以後魯迅在《新青年》第六卷第六號上寫了〈我們現在怎樣做父親〉[81]，批判了以父母爲本位，而不以子女爲本位的親子關係。這樣在時間上一前一後相繼出現論題相同，態度相同的文章，絕不能以單純的「偶然」作爲解釋。魯迅所受胡適的影響是不能輕易忽視的。

胡適與魯迅同爲中國白話文之宗匠，白話文到了他們手裏，眞是縱橫恣肆，無爲而不可了。然而，兩人的風格是極不同的。周作人曾說：胡適之、冰心和徐志摩的作品像晚明的「公安派」，而俞平伯和廢名則似竟陵[82]。其實，與其以俞平伯、廢名的作品來比竟陵派，倒不如以魯迅作爲代表更恰當。清人錢謙益以「幽深孤峭」，「鬼趣兵象」論竟陵派[83]，以這兩句話來形容魯迅的作品，尤其是〈野草〉，眞是再合適也沒有了。胡適在一些論辯的文章裏，「兵象」或有之；「鬼趣」則絕無。魯迅不僅在小說中，時以死亡爲其主題，許多散文也都挾着一股陰冷森嚴之氣。讀胡適的作品，我們只感其熱，而不感其冷（胡適的冷是「冷靜」而不是「冰冷」）。然而，讀魯迅的作品卻不時有砭人肌骨的寒意了；當然，這點寒意，也正是回味和餘韻之所自來。周作人說胡適的作品「好像一個水晶球樣，雖是晶瑩好看，但仔細地看許多時就覺得沒有多少意思了。」[84]這話是不錯的。胡適自己也說他文章的長處是「明白清楚」，短處是「淺顯」，胡適為文的宗旨是：「做文字必須要叫人懂得，所以我從來不怕人笑我的文字淺顯。」[85]他認為魯迅的文章是「有意夾點古文調子，添點風趣，加點滑稽意味……魯迅先生的文章，有時是故意學日本人做漢文的文體。」[86]，也許就因為這點特性，魯迅的文章有白話文的明白，而無其冗沓；有文言文的簡練而無其晦澀。

胡適的文章說理有餘，抒情不足；魯迅的文章則不僅能曉之以理，亦能動之以情。這點不同也就是魯迅能寫小說，而胡適則不能的基本原因。拿胡適《四十自述》與魯迅《朝花夕拾》相比，很能看出這點風格上的不同。同樣是自傳性的回憶，《四十自述》基本上是敍事的，而《朝花夕拾》則是抒情的。胡適在寫《四十自述》之初，也希望以小說的形式出之，但終於沒有成功，在〈自序〉中，胡適就說明了這一點：

> 我究竟是一個受史學訓練深於文學訓練的人，寫完第一篇（〈我的母親的訂婚〉），寫到了自己的幼年生活，就不知不覺的抛棄了小說的體裁，回到了謹嚴的歷史敍述的老路上去了。[87]

看了這段話，也許會讓我們以為胡適的文章都是正襟危坐，板着臉孔說話的，這倒也未必。

一九二三年，胡適評梁漱溟《東西文化及其哲學》，刊出後，梁有信給胡寫道：

> 尊文間或語近刻薄，頗失雅度；原無嫌怨，曷為如此？[88]

胡適在答書中，回答了梁漱溟的質問；也可以由此看出胡適爲文的另一種態度：

> 「嫌怨」一語，未免言重，使人當不起。至於刻薄之教，則深中適作文之病。然亦非有意為刻薄也。適每謂吾國散文中最缺乏詼諧風味，而最多板起面孔說規矩話。因此，適作文往往喜歡在極莊重的題目上說一兩句滑稽話，有時不覺流為輕薄，有時流為刻薄。[89]

魯迅的文章以忌刻尖酸名世，所謂「師爺」、「刀筆」都是指此而言；胡適的文章也有刻薄的一面，然而，胡適的刻薄有不同於魯迅的地方：胡適的刻薄很少表現在對個人的批評上，而魯迅的刻薄卻在個人的批評上，表現得特別突出。魯迅曾這樣的譏諷過胡適：「杜威教授有他的實驗主義，白璧德教授有他的人文主義，從他們那裏零零碎碎販運一點回來的就變了中國的呵斥八極的學者。」[90]他也曾以「喪家的」「資本主義的乏走狗」[91]罵過梁實秋。類似這樣的文字，就是我所說的「個人的批評」。

胡適對互罵的筆戰文字是沒有興趣的。民國以來，罵胡適的人何止千百，我們可曾看到胡適有一篇回罵的文章？魯迅死後，胡適在給蘇雪林的信裏說：「他們（指左派文人，魯迅亦在內）用盡方法要挑怒我，我總是『老僧不見不聞』，總不理他們。」因爲胡適相信「你們不能拿沒有東西來打有東西的」（You can't beat something with nothing）[92]。胡適並不是不爭，但是他的爭顯示出一種「其爭也君子」的古風；他「橫眉」的時候不多，卻一樣可以使他的敵人「俯首」。魯迅則在其匕首的寒芒中，但見他髮豎眉橫，運其如劍之筆，左衝右突，當者披靡。林語堂曾以德國詩人海涅語：「我死時，棺中放一劍，勿放筆。」[93]語魯迅，可謂知人。

四、結　語

一九五六年，正當清算胡適思想進入高潮的時候，胡適曾感慨的說過：「魯迅若不死，也會砍頭的！」[94]換句話說，魯迅早死，正是大幸；他若晚死三十年，其生前與死後之際遇都將是另一番景象了。

一九五八年，魯迅死後二十二年，胡適在紀念五四的一次演講上，又提到了他當年的舊友。他稱魯迅爲《新青年》時代的「健將」、「大將」，但他也指出魯迅的毛病在「喜歡人家捧他」，「趕熱鬧」，所以「慢慢走上了變質的路子」[95]。胡適所謂「變質的路子」是指魯迅參加了「左翼作家聯盟」這件事而言的。魯迅對自己加入「左聯」也是極爲後悔的。他死前一年，在一封致胡風的信中，說到蕭軍應不應該入左聯的事。他直截了當的回答道：

> 我幾乎可以無須思索，說出我的意見來，是：現在不必進去。最初的事，說起來話長了，不論它；就是近幾年，我覺得還是在外圍的人們裏，出幾個新作家，有一些新鮮的成績，一到裏面去，卽醬在無聊的糾紛中，無聲無息。[96]

胡適覺得這一段話中，「醬」字用的「好極了」[97]。在同一封信中，魯迅接着說到自己的處境，不免讓人有「其言也哀」，「其言也善」的感覺：

> 以我自己而論，總覺得縛了一條鐵索，有一個工頭在背後用鞭子打我，無論我怎樣起勁的做，也是打，而我回頭去問自己的錯處時，他却拱手客氣的說，我做得好極了。……你看這是怎樣的苦境！[98]

在寫給胡風的這封信裏，他對左聯的許多作法諸多不滿，卻只敢私下在信中發發牢騷，而未見他發表過其他正式批評的文字。魯迅無所不罵，而獨不罵共產黨與日本人，此中消息是很值得玩味的。

魯迅寫給胡風的這封信，胡適曾多次徵引[99]，並說：「我看他一九三五年給胡風的信，很感覺他晚年很痛苦，但已無法解放自己了。」[100]我想：胡適一則慶幸自己沒有走上這條路，一則也是爲老友深表惋惜。

在魯迅加入左聯這一件事上，讓我想起胡適在一九三三年所寫〈福建的大變局〉一文中，引到前清翰林徐謙對蔡元培說的一段話：

我本來不想左傾。不過到了演說臺上，偶然說了兩句左傾的話，就有許多人拍掌。我不知不覺的就說的更左一點，臺下拍掌的更多更熱烈了。他們越熱烈的拍掌，我就越說越左了。（《獨立評論》七十九號，頁三）

這段話很可以解釋三十年代一部分作家文人左傾的心理。說魯迅入左聯全是出於譁衆媚俗，固然不甚公允，說他完全沒有被羣衆牽着走，也未必就是實情。許多自認爲是青年導師，領導羣衆的人，往往在不知不覺之間被羣衆帶着走了，失了自己的故步。魯迅入左聯之後，那種身不由己的感覺，就是從領導羣衆到被羣衆領導的最好說明。

與魯迅相比，胡適是比較耐的住寂寞的，是比較能夠在掌聲喝彩之後寂寂度日的。五十年代胡適在紐約的那段日子，是眞正由絢爛而歸於平寂。每次我去普林斯頓大學葛斯德東方圖書館（The Gest Oriental Library, Princeton University）的時候，我總忍不住看幾眼掛在進口處的胡適照片。想到他在五十年代初期，他在此任館長的那幾年[101]。中國近代思想史上的宗師碩儒竟淪落到美國來管理一個小小的東方圖書館！這與其說是胡適個人的際遇，不如說是那個時代整個中國知識份子的悲劇。然而在那段最暗澹的日子裏，胡適卻依舊保持了他的平實與樂觀，不降格，不辱志，不喪氣。

胡適死後，林語堂寫了一篇短文追悼胡適，其中有如下一段：

> 魯迅政治氣味甚濃，脫不了領袖慾。適之不在乎青年之崇拜，魯迅却非做得給青年崇拜不可，故而跳牆（這是我目擊的事），故而靠攏，故而上當，故而後悔無及。[102]

林語堂說：「不在乎」這三個字，正是「胡適之先生高風亮節的註腳，是胡先生使我們最佩服最望風景仰，望塵莫及的地方。」

他的結論是：胡適的「眼光氣魄，道德人品」都在魯迅之上。[103]

林語堂與胡適、魯迅都是舊識，有過深交，他的立論自有根據。細看林文，但論「眼光氣魄，道德人品」，而不及文章。魯迅文筆之辛辣，見解之深沉，誠有胡適所不可及處，論者評胡適也常以淺顯通俗為胡適病。然則胡適之「淺」，斷非「淺薄」之「淺」，而是「深入淺出」之「淺」。千萬別小看了胡適的淺顯與通俗，要知道淺顯與通俗的另一面正是羣衆與力量。胡適若不是通俗與淺顯又何勞共產黨發動全國做為期數年的批判呢。

一九九一年十二月　改訂

注：

❶ 見魯迅，〈吶喊自序〉，《魯迅全集》（北京：人民文學出版社，一九八一，共十六冊，以下簡稱《全集》），卷一，頁四一五－二〇。

❷ 魯迅，〈並非閒話〉，《全集》，卷三，頁一四九。

❸ 這三個「諡號」都是毛澤東加在魯迅身上的。分見《毛澤東選集》（北京：人民出版社，一九五三）：

a.〈新民主主義論〉，卷二，頁六九五。

b.〈新民主主義論〉，卷二，頁六九一。

c.〈在延安文藝座談會上的講話〉，卷三，頁八七八。

❹ 魯迅，〈罵殺與捧殺〉，《全集》，卷五，頁五八六。

❺ 周作人、曹聚仁，《周曹通信集》（香港：南天書業公司，一九七三），第一輯，頁三二。

❻ 同上，頁四九。

❼ 同❸，b。

❽ 見胡頌平，《胡適先生年譜簡編》（臺北：大陸雜誌社，一九七一），頁九二。

❾ 《魯迅全集》首刊於一九三八年，由魯迅先生紀念委員會編輯，收入著作、譯文和輯錄的古

籍，共二十卷。一九五六到五八之間，人民文學出版社重新編輯，只收魯迅自己撰寫的著作，共十卷。一九八一年的十六卷本，是以十卷本爲底本增收《集外集拾遺補編》、《古籍序跋集》、《譯文序跋集》和《日記》。第十六卷爲著作年表及索引。

⑩ 見林語堂，〈魯迅之死〉，在《魯迅之死》（臺北：德華出版社，一九八〇），頁六。另見93。

⑪ 同⑤，頁一〇一。

⑫ 同❶，頁四一八。

⑬ 分見《魯迅日記》，頁三二四；三五七；三五九，在《全集》，卷十四。

⑭ 關於《新青年》該不該談政治的幾封信，收入張靜廬輯註，《中國現代出版史料甲編》，（北京：中華書局，一九五四），〈關於新青年問題的幾封信〉，頁七—一六。

⑮ 見《胡適來往書信選》（北京：中華書局，一九七九，共三册），上册，頁一二八：「啓明兄：我現在發起這小玩意兒（指《讀書雜誌》），請您幫忙。豫才兄處，請你致意，請他加入。」

⑯ 魯迅，〈憶劉半農君〉，《全集》，卷六，頁七一—七二。

⑰ 見《胡適來往書信選》，上册，頁一二三—一二四。當時的待遇是：「㈠薪俸，不論多少，都肯出。他們的薪俸通常是二百元一月，暑假加北戴河避暑的費用。㈡全不受干涉。」

⑱ 杜春和、丘權政、黃沫選編，〈胡適的日記選〉，在《新文學史料》，第五輯（一九七九，十一），頁二八一。胡適將周作人介紹給司徒雷登的事，參看胡適，〈從私立學校談到燕京大學〉，《獨立評論》，一〇八號，頁四一五。

⑲ 同⑰，頁一三〇。

⑳ 同⑱，頁二八二。

㉑ 同⑱。

㉒ 有關互贈著作的事，分見《魯迅日記》，頁四五二；四六四；五〇〇；五〇二，《全集》，卷十四。

㉓ 胡適，〈自序〉，《白話文學史》，上卷（臺北：胡適紀念館，一九六九），頁九。

㉔ 參見魯迅，〈致胡適〉，《全集》，卷十一，頁四一〇—一一；胡適，〈西遊記考證〉，《胡適文存》（臺北：遠東圖書公司，一九六八，共四冊，以下簡稱《文存》，如非特別註明，即指遠東版），頁三五四—九〇。

㉕ 見魯迅，〈致胡適〉，《全集》，卷十一，頁四二三。

㉖ 同上，頁四一二—一三。

㉗ 同上，頁四二一。

㉘ 同上，頁四二七。

㉙ 見周作人，〈關於魯迅之二〉，《瓜豆集》（九龍：實用書局，一九六九），頁二三八。胡適在〈水滸傳考證〉中說：「我最恨中國史家說的什麼『作史筆法』，但我卻有點『歷史癖』；我又最恨人家咬文嚼字的評文，但我卻又有點『考據癖』！」（《文存》，一集，頁五〇五）。

㉚ 魯迅，〈出關的關〉，《全集》，卷六，頁五一九。

㉛ 胡適，〈我的歧路〉，《文存》，二集（上海：亞東圖書館，一九二六），卷三，頁九九。

㉜ 胡適，〈水滸傳考證〉，《文存》，一集，頁五〇六。

㉝ 魯迅，〈致臺靜農〉，《全集》，卷十二，頁一〇二。

㉞ 胡適，〈跋紅樓夢考證〉，《文存》，二集，頁四三五。

㉟ 胡適，〈考證紅樓夢的新材料〉，《文存》，三集，頁三七三。

㊱ 有關「整理國故」這個運動，參看胡適，〈新思潮的意義〉，《文存》，一集，頁七二七—三六；〈國學季刊發刊宣言〉，《文存》，二集，頁一—一八；〈胡適致錢玄同〉，在《魯迅研究資料》，第九集（天津，人民出版社，一九八二），頁八四—八五。

㊲ 魯迅，〈未有天才之前〉，《全集》，卷一，頁一六七。

㊳ 見胡適，〈整理國故與「打鬼」〉及附錄，《文存》，三集，頁一二三—三二。

㊴ 胡適，〈治學的方法與材料〉，《文存》，三集，頁一二一—二二。

㊵胡適，〈胡適致錢玄同〉，在《魯迅研究資料》，第九集，頁八八—八九。

㊶《魯迅日記》，《全集》，卷十四，頁六一一。

㊷胡適，〈胡適致魯迅、周作人、陳源〉，《胡適來往書信選》，上册，頁三七八。

㊸周作人，〈周作人致胡適〉，同上，頁五三九。

㊹胡適，〈胡適致周作人〉，同上，頁五四二。

㊺胡適，〈百二十回本忠義水滸傳序〉，《文存》，三集，頁四一一。

㊻蘇雪林，〈蘇雪林致蔡元培〉，在《胡適來往書信選》，中册，頁三三四。蘇雪林寫給蔡元培、胡適的公開信，也收入蘇雪林，《我論魯迅》（臺北：文星書店，一九六七），頁五〇—六四，與《胡適來往書信選》所收，小有異同。

㊼胡適，〈胡適致蘇雪林〉，《胡適來往書信選》，中册，頁三三九。

㊽同上。這封信中所說陳源指魯迅的小說史是抄襲之作，指的是陳源一九二五、二六發表的兩篇短文：

「我們中國的批評家有時實在太宏博了。他們俯伏了身軀，張大了眼睛，在地面上尋找竊賊，以致整大本的剽竊，他們倒往往視而不見。要舉例嗎？還是不說吧，我實在不敢再開罪『思想界的權威』」。（原刊《現代評論》，第二卷，第五十期。收入《西瀅閒話》，上海：新月書店，一九三一，頁二一〇）。

一九二六年一月三十日，陳源又在《晨報副刊》上發表〈致志摩〉，他說：

「他（魯迅）常常挖苦別人家抄襲。有一個學生抄了郭沫若的幾句詩，他老先生罵得刻骨鏤心的痛快。可是他自己的《中國小說史略》卻就是根據日本人鹽谷溫的《支那文學概論講話》裏面的〈小說〉一部分。其實拿人家的著述做你自己的藍本，本可以原諒。只要你書中有那樣的聲明。在我們看來，你自己做了不正當的事也就罷了，何苦再挖苦一個可憐的學生，可是他還盡量的把人家刻薄。『竊鉤者誅，竊國者侯』，本是自古已有的道理」。（一九二六年一月三十日《晨報副刊》）。

有關這一段爭執，另可參看，魯迅，〈不是信〉，在《魯迅全集》，卷三，頁二二九—二三一。

(49) 同(39)，頁一〇九。

(50) 魯迅，〈死〉，《全集》，卷六，頁六一二。

(51) 魯迅，〈學界的三魂〉，《全集》，卷三，頁二〇九。

(52) 這兩句話是周作人晚年寫給曹聚仁的信中所說的（《周曹通信集》，第一輯，頁一〇一）。周作人跟胡適的關係，比魯迅的好的多，如果周作人尚且覺得只是「泛泛之交，尋常朋友」，魯迅就更不必說了。

胡適在一九五六年十一月二十六日的日記裏，有如下一段話，可以看出他對魯迅個性的看法：

「房兆楹兄給我看他的〈魯迅的祖父〉稿本，此文甚有趣，可以使我們知道魯迅早年確因其祖父曾有犯重罪，『斬監侯』，而受親友冷落的苦痛，致有憤世多疑忌的心理！」（《胡適的日記》手稿本，共十八册，臺北：遠流出版公司，一九九〇），册十七，無頁碼。

葉公超在〈深夜懷友〉一文中，也說到胡適與魯迅在個性上的不同：

「從前上海的左翼作家，在魯迅領導之下，曾向他（胡適）『圍剿』多次。他也答覆過，有時占點便宜，多半是吃虧，但是他的文字始終是坦率而純篤的。刻薄是與適之的性格距離最遠的東西。」（《胡適逝世紀念文獻集》，臺南：萬象書局，一九六二，頁二〇二）。

53 「選學妖孽」、「桐城謬種」二語爲錢玄同所創，見《胡適文存》，一集，頁四六。

54 同31，頁一〇一—一〇二。

一九五八年五月四日，胡適在臺北中國文藝協會講了一次「中國文藝復興運動」，在這次演講中，他又提到自己在新文學創作上「提倡有心，創作無力」的問題，對他自己在這方面的成績，也有評估。他說：

「我一生只寫了兩個短篇小說。一個短篇小說，就收在《胡適文存》第一集裏面，叫做〈一個問題〉，現在看了我都害羞，實在不像樣子。一篇小說……叫做〈西遊記裏的第八十一難〉，那是我做了一個假古董，實在太寒傖。長篇小說是我在小孩子的時候寫的，有一個提倡革命的報，叫做《競業旬報》，我居然膽子很大，寫了一個長篇小說給他們，叫做〈眞如島〉，內容是什麼意思我也想不起來了，是章回小說，是要破除迷信，提倡開通民治的小說，寫了七八回就沒了，就放棄了。到後來走上了考據的路，文學這一條路就放棄了。戲劇是寫了一個短篇的獨幕劇，叫做〈終身大事〉，現在看來也是幼稚得很。」（《胡適演講集》，中冊，頁三八五—八六）

55 魯迅，〈中國新文學大系小說二集序〉，《全集》，卷六，頁二三八。

56 周作人，〈關於魯迅之二〉，《瓜豆集》，頁二三一。

57 胡適，〈在上海（二）〉，《四十自述》（臺北：遠東圖書公司，一九八二），頁六九。

58 《域外小說集》，共兩冊，一九〇九年二月、七月先後在日本東京出版，署「會稽周氏兄弟纂譯」，周樹人發行，上海廣昌隆綢莊寄售。一九二一年增訂改版合為一冊，上海群益書社出版。（見《全集》，卷十，頁一五五，①）。

59 見胡適，〈五十年來中國之文學〉，《文存》，二集，頁一八〇—八二。

60 同上，頁二〇〇。

61 魯迅，〈域外小說集序〉：「半年過去了，先在就近的東京寄售處結了帳，計第一冊賣去了二十一本，第二冊是二十本，以後可再也沒有人買了。」（《全集》，卷十，頁一六一）。

62 魯迅，〈自選集自序〉，《全集》，卷四，頁四五六。

63 陳獨秀，〈文學革命論〉：「文學革命之氣運，醞釀已非一日，其首舉義旗之急先鋒，則為吾友胡適。」，在趙家璧主編，《中國新文學大系》（上海：良友圖書公司，一九三五，共十冊），第一冊，《建設理論集》，頁四四。

64 唐德剛，〈新詩老祖宗與第三文藝中心〉，《胡適雜憶》（臺北：傳記文學社，一九七九），頁七五。

胡適在一九二一年七月六日的日記上，有如下一段話：

「邵子政先生（班卿先生之子）說我是現在白話詩的通天教主。我說，這話我也不認爲大錯……」（《胡適的日記》手稿本，册一）。

65 這三首詩收入《全集》，卷七，頁二九—三一。

66 魯迅，〈集外集自序〉，《全集》，卷七，頁四。

67 見胡適，〈嘗試集自序〉，《文存》，一集，頁二〇一。

68 同55。

69 見胡適，〈談新詩〉，《文存》，一集，頁一七一。

70 胡適，〈嘗試集四版自序〉：「我現在回頭看我這五年來的詩，很像一個纏過脚後來放大了的婦人回頭看他一年一年的放脚鞋樣，雖然一年放大一年，年年的鞋樣上總還帶着纏脚時代的血腥氣。」（《文存》，二集，頁五一五）。

71 見同67，頁二〇三。

72 「刪詩」的事見胡適，〈嘗試集四版自序〉，《文存》，一集，頁五一六—一七；〈胡適致周作人〉，在《胡適來往書信選》，上冊，頁一二四。

73 同59，頁二五九。

74 見同59，頁一八二；魯迅，〈致曹聚仁〉：「古之師道，實在也太尊，我對此頗有反感。……太炎先生曾教我小學，後來因為我主張白話，不敢再去見他了。」（《全集》，卷十二，頁一八五），顯然，魯迅也是以「叛將」自居的。

胡適到了晚年在他〈四十年來中國文藝復興運動留下的抗暴消毒力量——中國共產黨清算胡適思想的歷史意義〉的一篇長文中，多次提到周氏兄弟，將周作人所提出的「人的文學」認為是新文學運動的中心議題並指出「魯迅、孟真和我都曾有同樣的主張」。（《胡適手稿》，臺北：胡適紀念館，一九七〇，共十冊），冊九，頁五四二—四四。

75 魯迅，〈二十四孝圖〉，《全集》，卷二，頁二五一。

76 同上。「麻胡」即「麻叔謀」，有蒸食小孩的傳說（見《全集》，卷二，頁二五七，3）。

77 見魯迅，〈無聲的中國〉，《全集》，卷二，頁一一—一五。

78 胡適，〈貞操問題〉，收入《文存》，一集，頁六六五—七五。

79 魯迅，〈我的節烈觀〉，收入《全集》，卷一，頁一一六—二五。

80 胡適，〈我的兒子〉，收入《嘗試集》（臺北：胡適紀念館，一九七一），頁一七七—七九；

參看〈我的兒子〉，《文存》，一集，頁六八七—九二。

81 魯迅，〈我們現在怎樣做父親〉，《全集》，卷一，頁一二九—四〇。

82 見周作人，《中國新文學的源流》（北平：人文書店，一九三四），頁五二—五三。

林語堂就這一點，提出了稍微不同的看法：

「周作人不知在那裏說過，適之似公安，平伯、廢名似竟陵。實在周作人才是公安，竟陵無異辭；公安竟陵皆須隸於一大派，而適之又應歸入別一系統中。愚見如此。」（《人間世》，二十二期，頁四二）。

83 見錢謙益，〈鍾提學惺〉，在《列朝詩集小傳》（上海：中華書局，一九五九），頁五七〇—七一。

84 同82，頁五二。

85 見胡適，〈在上海（二）〉，《四十自述》，頁六九。

86 胡適，〈整理國故與「打鬼」——給浩徐先生信〉，《文存》，三集，頁一二一三。

87 胡適，〈自序〉，《四十自述》，頁三。

88 此信收入《文存》，二集，頁一七七。

丁文江也覺得胡適批評梁漱溟的文字有些輕率，在一封一九二三年四月二日的信中，寫道：

「你批評梁漱溟的文章很好。我沒有他的原書在身邊，不能比較，但是就文章論，是極好的

——許多地方有 irony（嘲諷），這是你文章技術的長處……。不過你文章中有『荒謬』、『不通』的字樣，似乎不太好。寫信、說話不要緊，正式發表的東西，不可以有如此謾罵的口聲。你以爲如何？」（《胡適來往書信選》，上冊，頁一九二。

❽❾ 《文存》，二集，頁一七八。

❾⓪ 魯迅，〈大家降一級試試看〉，《全集》，卷四，頁五四七。

❾① 魯迅，〈喪家的資本主義的乏走狗〉，《全集》，卷四，頁二四六—四八。

❾② 同㊼，頁三三八。

❾③ 林語堂，〈魯迅之死〉，在《魯迅之死》（臺北：德華出版社，一九八〇），頁七。林語堂的這篇悼文寫在一九三六年十一月二十二日。原載一九三七年一月一日的《宇宙風》，第三十二期，題爲〈悼魯迅〉。

❾④ 胡適，〈胡適之先生的一封信〉，《自由中國》，第十四卷，第八期（一九五六，四，十六），頁二七三，收入《胡適選集》，《書信》（臺北：文星，一九六六），頁一二九。

❾⑤ 胡適，〈中國文藝復興運動〉，《胡適演講集》，中冊，頁三八八。

❾⑥ 魯迅，〈致胡風〉，《魯迅全集》，十二冊，頁二一一。

❾⑦ 同❾⑤，頁三八九。

❾⑧ 同❾⑥。

99 這封信胡適從一九五五年到五九年，幾乎每年提到一次，我隨手翻了一下，即找到以下四處：

一、一九五五年十月二十三日給趙元任的信，收入《胡適給趙元任的信》（臺北：好望角，一九七〇），頁八六—八七。

二、一九五六年四月一日給雷震的信，見94。

三、一九五八年五月四日的演講〈中國文藝復興運動〉，見95。《演講集》中所收的文字與原文頗有異同，胡頌平收入《胡適之先生年譜長編初稿》（臺北：聯經，一九八四，十冊）的文字用的是五月五日《新生報》的稿子，與原文出入就更大了。（第七冊，頁二六八二）。

四、一九五九年三月四日給吳湘湘的信（《年譜長編》，第八冊，頁二八四六）。

100 同上，第四條。

101 胡適正式任命爲葛斯德東方圖書館館長是在一九五〇年五月十四日，他的職稱是：

"Fellow of the University Library and Curator of the Gest Oriental Library with rank of full professor."

見《胡適給趙元任的信》，頁三九。

胡適做了兩年館長，以後是終身的榮譽館長。

胡適爲葛斯德東方圖書館的藏書做了一番鑑定的工作，並發表了以下幾篇有關的文章。因鮮爲人知，將篇名及出處列後，供人參考：

"My Early Association with the Gest Oriental Library", *Green Pyne Leaf*, vol. 6 (June, 1951), pp.1-3.

"Eleven Centuries of Chinese Printing: Introduction to an Exhibition of Books from the Gest Oriental Library."

這篇文章並未出版，僅在一九六二年四月追悼胡適的展覽會中展出，詳情見：莊申，〈記普林斯頓大學葛斯特東方圖書館追悼胡適之先生著作展覽會及其相關之史料〉，《大陸雜誌》，二十四卷十期（一九六二年，五月），頁一八－二四。

"The Gest Oriental Library: The Eye Trouble of an Engineering Contractor Leads to a Rare Collection of 100,000 Volumes", *Princeton Alumni Weekly* (March 7,1952), pp.9-10.

"The Gest Oriental Library at Princeton University", *Princeton University Library Chronicle*, vol. 15, No. 4 (Spring, 1954),pp. 113-41.

這篇文章有陳紀瀅的翻譯：〈普林斯頓大學蓋斯特東方收藏〉（臺北：重光，一九六五）。

⑩² 林語堂，〈追悼胡適之先生〉，《海外論壇》，三卷，四號（一九六二，四，一），頁二。

⑩³ 同上。

吹不散的心頭人影

——記胡適與曹珮聲的一段戀情

一、傳記的真實

中國史家刻畫英雄人物，往往只寫傳主的公衆生活（Public life），而很少在私人生活上着墨。因爲私人生活大多不能反映英雄本色，有損形象。所謂「爲尊者諱，爲賢者諱，爲親者諱」的老規矩，最足以說明這種心理。忌諱多的結果是只寫正面，不寫負面；只有光明，沒有陰暗。英雄人物都成了平面人物，缺乏感情和心理上的縱深。

我們所樂道的往往是英雄們在事業上的偉大成就，只見他們在檯前發宣言、出文告，登高一呼，應者如雲。而不知他們也有月下燈前寫情詩，寄相思的孤寂時光，也有在婚姻和愛情上的掙扎、困惑與矛盾。

當然，傳記走上這條「光明」的大路，也有它客觀的原因：傳主們在前檯的舉止言行是

「有跡可尋」的，材料是比較容易搜得的，而他們在後檯或檯下的生活則往往缺乏現成的材料。

在材料不足的情況下，寫傳主的個人生活，容易流爲閒話，甚至謠言。隨意的猜測或想像對傳主是有失公允的。因此，在處理或解釋這方面的材料時，須要格外小心，稍一不愼，就成了揭人陰私，詆毀前人。

胡適是民國以來提倡傳記文學最力的一個人，他總是勸人編年譜，寫傳記。他認爲中國傳記之所以不發達，忌諱太多，正是主要原因之一。他在〈南通張季直先生傳記序〉中，有一段話，還可以作爲今天傳記作者的指南：

> 傳記寫所傳的人最要能寫出他的實在身份，實在神情，實在口吻，要使讀者如見其人，要使讀者感覺真可以尚友其人。❶

一個看不到私人生活的傳記，常使人覺得傳主「非我族類」，無從「尚友」。傳記作者基於「爲賢者諱」的古訓，而極力爲傳主迴護、粉飾。結果是把傳主裝點成了一個高不可攀，不食人間烟火的怪物，這樣的傳記反而起不了多少積極的作用。

我們如果只看胡適在前檯的形象，不免讓人覺得他極理智而寡情。但如果細讀他的日記和詩，則不難看出胡適在男女之間，既不寡情，也不濫情。在婚姻和愛情的夾縫之中，他也偶有情不自禁，身不由己的時候。這不但不減我們對他的敬意，卻反而讓我們覺得他更近人情。

從胡適一九二三、二四兩年和曹珮聲的一段戀情之中，特別可以看出他在感情上的迷惘和掙扎。一個不可救藥的樂觀主義者，一個管領中國學術風騷數十年的宗師碩儒，竟也有他的寂寞，他的哀怨，他的相思！

有關胡適與曹珮聲的這段戀情，過去三、四年來，南京大學中文系的博士生沈衛威曾發表過幾篇文章❷。但依據的材料主要是幾首詞義曖昧的新詩和一些當時人的訪問，缺乏第一手的文字資料。一九九〇年，臺北遠流出版社出版了《胡適的日記》手稿本，在這批日記中，我們才看到了不少胡適自己有關此事的記載。❸

在目前出版的資料中，有關曹珮聲的記載，還是很零星的。根據李又寧〈走訪胡適故鄉〉（臺北，《時報周刊》，二六二期，頁六九），及沈衛威的〈胡適的婚外戀〉（《名人傳記》，一九八八年，第八期，黃河文藝出版社，頁六八—七一），我們可以爲曹珮聲的一生理出一個輪廓：

曹珮聲，本名曹誠英，小名麗娟，在《胡適的日記》中多以「珮聲」或「娟」相稱。安徽績溪旺川八都人。生於一九〇二年，小胡適十一歲。她的姐姐是胡適二哥胡洪騅

（紹之）的妻子。一九一七年，胡適與江冬秀成婚時，曹是冬秀的伴娘，曹在此時結識胡適。

一九一九年，曹珮聲在父母的安排下，與胡冠英結婚，嫁到了胡家所在上庄，次年曹入杭州「浙江女子師範學校」。一九二二年，因曹婚後三年未生孩子，胡冠英再娶。次年，曹珮聲與胡冠英離婚。

一九三一年，曹珮聲畢業於中央大學農學院，一九三四年，留學胡適母校康奈爾大學習農。一九三七年，學成回國後，曾在安徽農學院、復旦大學，及瀋陽農學院等單位工作，文革期間，回到安徽，一九七三年死於家鄉，死時與胡適同年。

二、烟霞山月，神仙生活

胡適與曹珮聲過從最密的一段時間是一九二三年夏秋之間。這一年的元旦，胡適寫了一首〈別賦〉，顯然是一首情詩，從這首詩裏，可以看出他曾經有過一段極纏綿的戀情，而且希望從感情的困惑中解脫出來，做一個「自由人」：

我們蜜也似的相愛，
心裏很滿足了。

一想到，一提及離別，
我們便偎着臉哭了。
那回，——三月二十八，——
出門的日子都定了。
他們來給我送行；
忽然聽說我病了。——
其實是我們哭了兩夜，
眼睛都腫成核桃了；
我若不躲在暗房裏，
定要被他們嘲笑了。
又挨了一個半月，
我終於走了。
這回我不曾哭，
然而也盡够受了。
前一天——別說是睡，——

我坐也坐不住了。
我若不是怕人笑，
早已搭倒車回去了！
第二天——稍吃了點飯；
第三晚竟能睡了，
三個月之後，
便不覺得別離的苦味了。
半年之後，
習慣完全征服了相思了。
「我現在是自由人了！
不再做情痴了！」❹

最後這兩句話特別值得玩味：胡適不但做過「情痴」，也曾為情失掉過「自由」。這首詩是一個「情痴」重獲自由後的表白。但細看他一九二三年的日記，我們不得不說這一年胡適是相當的「痴」，也相當的沉醉在愛情之中。

一九二三年四月三十日到五月三日，胡適有杭州之行，此行見到了曹珮聲，五月三日並有〈西湖〉詩記感，詩的最後一段寫道：

> 聽了許多毀謗伊的話而來，
> 這回來了，只覺得伊更可愛，
> 因而不捨得匆匆就離別了。❺

「毀謗伊的話」大概是指曹珮聲與胡冠英離婚的事而言。

五月和六月之間胡適與曹珮聲之間書信的往返頻繁，日記在「收信」、「發信」中多有記錄。

七月三十一日，胡適有〈南高峰看日出〉詩，詩前有小序：

> 七月二十九日晨與任百濤先生曹珮聲女士在西湖南高峰看日出，後二日，奇景壯觀，猶在心目，遂寫成此篇。❻

八月十七日，胡適又作〈怨歌〉一首，此詩胡適各集都未收錄，這是第一次發表。詩的主題是一株梅樹，據沈衞威訪問汪靜之的記錄，曹珮聲小時曾以梅花自喻，〈怨歌〉這首詩大約是寫曹珮聲婚後的生活，而對婚後不生孩子，受到夫家壓迫的這一點，表現的尤其突出：

> 那一年我回到山中，
> 無意中尋着了一株梅花樹：

可惜我不能久住山中，
只匆匆見了，便匆匆他去。

這回我又回到山中，
那梅樹已移到人家去了。
我好容易尋到了那人家，
可憐他已全不似當年的風度了。

他們把他種在牆邊的大松樹下，
他有好幾年受不着雨露和日光了；
害蟲佈滿了葉上，
他已憔悴的不成模樣了。

他們嫌他總不開花；
他們說：「等的真心焦了。

他今年要真不開花，
我家要砍掉他當柴燒了。」

我是不輕易傷心的人，
也不禁為他滴了幾點眼淚。
一半是哀念梅花，
一半是憐憫人家的愚昧。——

折掉那高牆，
砍倒那松樹！
不愛花的莫栽花，
不愛樹的莫種樹！❼

不到一個半月以後（九月二十六日），胡適又作〈梅樹〉一詩，寫的依舊是梅花的「憔悴」、「早凋」，兩首詩中的「梅花」，顯然都是別有所指。

一九二三年九月，胡適因痔疾在西湖養病。九月九日起，胡適有《山中日記》，他與曹珮聲的戀情，在這段日記中有最眞實的剖白。我將有關部份摘抄在下面：

九月十二日

晚上和珮聲下棋。

九月十三日

今天晴了，天氣非常之好。下午我同珮聲出門看桂花，過翁家山，山中桂樹盛開，香氣迎人。我們過葛洪井，翻山下去，到龍井寺。我們在一個亭子上坐着喝茶；借了一副棋盤棋子，下了一局象棋，講了一個莫泊三的故事。到四點半鐘，我們仍循原路回來。下山時，不曾計算時候；回來時，只需半點鐘，就到烟霞洞了。

當晚胡適還作了一首〈龍井〉詩，記當天遊龍井的情形。「烟霞洞」的地名在胡適的詩和日記中，多次出現。據阮毅成《適廬隨筆》的記載：「烟霞洞在西湖南山，洞旁有屋數楹，是金復三居士的住宅。」❽

胡適在《山中雜記》中，也記了烟霞洞：

烟霞洞在南高峰之下，與翁家山相近，地勢約高二百幾十個密達（公尺），可望見南高峰，和錢塘江。烟霞洞本是一個石洞，中有石刻佛像甚古，刻工很不壞，有幾個像是佳作。[9]

九月十四日

同珮聲到山上陟屺亭內閒坐。……我講莫泊三小說〈遺產〉給她聽。上午下午都在此。

九月十六日

與珮聲同下山。她去看「松竹友梅館」管事曹健之（貴勤），我買了點需用的文具等，到西園去等她。……

九月十七日

下午客去後，睡了一覺，醒時已七時半，明月入戶，夜飯早已吃過，山中人以為我們都下山了，當家的叫了一個僕人在廳上鋪席守夜，正要睡下去了！這兩天行路稍多，睡眠稍少，故疲倦易熟睡，竟至如此。

九月十八日

下午與娟下棋。

夜間月色甚好，（今日陰曆初八）在月下坐，甚久。

九月十九日

與珮聲出門，坐樹下石上，我講了一個莫泊三故事給她聽。

夜間月色不好，我和珮聲下棋。

九月二十一日

早九點，同娟及山上養病之應崇春先生的夫人坐轎子去遊雲棲……在雲棲吃飯後，我們下山，仍沿江行，過之江大學，到六和塔。我與娟登塔頂縱觀，氣象極好。

九月二十六日

今天遊花塢。同行者，夢旦、知行、珮聲、復三夫婦……。

九月二十七日

旁晚與娟同下山，住湖濱旅館。

九月二十八日

今天為八月十八，（按，當是陰曆）潮水最盛，我和娟約了知行同去斜橋，赴志摩觀潮之約。……

晚上在湖上蕩舟看月，到夜深始睡，這一天很快樂了。

九月二十九日

君武至十點半才起，他邀我和娟同去遊李莊。

十月一日

夜間與娟下棋。

十月三日

睡醒時，殘月在天，正照着我頭卜，時已三點了。這是在烟霞洞看月的末一次了。下弦的殘月，光色本悽慘，何況我這三個月中在月光之下過了我一生最快活的日子！今當離別，月又來照我。自此一別，不知何日再能繼續這三個月的烟霞山月的「神仙生活」了！枕上看月徐徐移過屋角去，不禁黯然神傷。

胡適的文字大多是述學或政論，寫情寫景的不多。這一段日記是少有的抒情之作。從中也看到了胡適極少示人的一種哀怨悲戚的情緒，特別讓人感到這段戀情在歡樂之中，有着無限的悲苦。

十月四日

娟今天回女師。

十月五日胡適在杭州向請他吃飯的朋友們辭行，到女師訪葉校長，「娟也出來見我」。臨行前，曹珮聲又去旅館看胡適。胡適六點十五分上車，十一點到上海，住進滄州旅館，發出兩封信，致「多秀，娟。」分手才幾小時，就寫了信，這種相思，不能說不深了。

十月八日到十六日胡適幾乎每天都收到曹珮聲來信，有時甚至一日兩封。十九日，胡適又去杭州。二十日二十一日，與徐志摩、朱經農、曹珮聲同遊西湖。

十月二十三日

我昨天邀雲卿兄妹（案：卽曹雲卿、曹珮聲兄妹）及節甫、健之遊湖，今天他們都來了。我們在壺春樓吃中飯，遊了湖上幾處地方，我送他們進城。到胡開文小坐，到王潤興吃飯。此處是一個小飯館，卻最有名，杭州人稱為「王飯兒」。太晚了，娟不能回校，遂和我同回旅館。

十月二十六日，胡適仍在杭州，但還發了一封信給曹珮聲。

十月二十七日

娟借曹潔甫先生家內厨灶，做徽州菜，請經農、志摩和我去吃飯。中飯吃「塌果」，夜飯吃「煱」。……兩餐味道都極好。大家都很痛快。

十月三十日

今日離去杭州，重來不知何日，未免有離別之感。

每次離杭，胡適都有掩不住的愁緒。

一九二四年日記中，還經常有書信往返的記錄。一九二八年五月十九日有「下午去看珮聲，兩年多不見她了。」一句。

一九四〇年二月二十五日有如下一段日記，可以看出曹珮聲對胡適的鍾情與遭遇：

吳健雄女士來信說，友人轉來消息，珮聲到峨眉山去做尼姑了。這話使我感傷。珮去年舊曆七夕寄一詞云：

孤啼孤啼，倩君西去，為我殷勤傳意。道她末路病呻吟，沒半點生存活計。忘名忘利，棄家棄職，來到峨眉佛地。慈悲菩薩有心留，却又被恩情牽繫。

此外無一字，亦無住址，故我不能回信。郵印有「西川，萬壽寺，新開寺」八個字可認。

胡適在日記上有關曹珮聲的最後一次記錄是一九四一年一月六日，有「吳素萱來信說，珮聲去年六月病倒，八月進醫院」一條。

在以上這段日記的摘錄中，我盡量讓胡適自己的話來敍述他和曹珮聲之間戀情的經過和發展。徐志摩同時期的日記——《西湖記》——也反映了胡、曹兩人這一時期的生活。徐志摩並從胡適當時的詩作中，看出胡適在感情上有些不尋常的起伏。⑩

我們用不着猜測，胡適自己的日記爲這段熱烈的戀情做了最忠實的記錄和最有力的見證。從這段戀情中所體現出來的胡適，使我想起他一九二一年八月二十六日的一段日記：

我受感情和想像的衝動大於受論理的影響。此是外人不易知道的，因為我行的事，做的文章，表面上都像是偏重理性知識方面的，其實我自己知道很不如此。我是一個富於感情和想像力的人，但我不屑表示我的感情，又頗使想像力略成系統。……我雖可以過規矩的生活，雖不喜歡那種GAY的生活，雖平時偏向莊重的生活，但我能放肆我自己，有時也能做很GAY的生活（GAY字不易譯，略含有快活與放浪之意。）這一層也是很真，但外人很少知道的。我沒有嗜好則已，若有嗜好，必然沉溺很深。我自知可以大好色，可以人賭。我對於那種比較嚴重（原文如此）的生活，如做書讀詩，也容易成嗜好，大概也是因為我有這個容易沉溺的弱點，有時我自己覺得也是一點長處。我最恨的是平凡，是中庸。

胡適所說「重感情」，「易沉溺」，「能放肆」的個性都體現在他戀愛的生活之中，而這一方面的胡適在他的詩句中有更裸露的表白。

胡適幾首哀婉動人的情詩大多成於一九二三、二四兩年，但由於詩意曖昧不明，多年來無人能解。看了他和曹珮聲之間的這段戀情之後，這些詩謎也都有「解」了。如〈秘魔崖月夜〉中的名句：「山風吹亂了窗紙上的松痕，吹不散我心頭的人影。」[11]如〈暫時的安慰〉：「山寺的晚鐘，秘魔崖的狗叫，驚醒了我暫時的迷夢。是的，暫時的！……靜穆的月光，究竟比不上草門裏的爐火！暫時的安慰，也究竟解不了明日的煩悶呵！」[12]

一九二四年十一月十二日，胡適譯了一首哈代（Hardy）的詩，是胡適詩集中少有的「艷體」，但很能表現胡適在戀愛中的心境：「不見也有不見的好處：我倒可以見着她，不怕有誰監着她，在我腦海的深窈處；我可以抱着她，親她的臉；雖然不見，抵得長相見。」

⓭這首詩的最後兩句與他在〈病中得多秀書〉一詩中所說的「情願不自由，也是自由了。」

⓮有異曲同工之妙，都是不得已的自我安慰，自我欺瞞。

眞正能體現胡適一生感情生活的是他一九二一年九月十六日作的一首中秋詩：

多謝你殷勤好月，提起我過來哀怨，過來情思。我就千思萬想，直到月落天明，也甘心願意。怕明朝雲密遮天，風狂打屋，何處能尋你？行樂尚須及時，何況事功！何況學問！

這是一首很煞風景的情詩，先說自己如何千思萬想，須及時行樂，但在緊要關頭，又忽然想到自己的事功與學問，這又怎能盡情的行樂呢？這正如他和曹珮聲「蜜也似的相愛」，但卻又清清楚楚的知道「這是暫時的」。「事功」和「學問」的考慮，使他不能再進一步，他的「沉溺」，他的「放肆」畢竟還是很有限度的。從胡適的日記和詩集中，我們看不到徐志摩在《愛眉小札》裏要死要活的痴戀和囈語。「事功」和「學問」能使胡適最熱烈的感情冷卻下來。

三、新時代，舊標準

從輿論對胡適婚姻的評價上，我們可以得出一個結論：五四前後，時代是新的，但是評人的標準卻仍是舊的。尤其是在婚戀的選擇上，我們總是以舊標準去評新人物，而且只有能行舊標準的新人物，才能得到輿論的贊揚和肯定。

許多新思想如婦女解放，如自由戀愛，如個人獨立，如家庭革命……往往都只能提倡，而不能實行。一旦力行就成了「方便自己」，因而失去了立場，也失去了社會的同情與信賴。這正如一個提倡白話文的人，他自己一定要能做舊詩詞，能看先秦兩漢的典籍，能編古代哲學史，只有這種從舊學裏滾出來的新人物，他所提倡的白話文，才有聽衆和讀者。

胡適是深深了解中國人這種新舊雜揉的價值標準的。他在婚姻上所做的選擇，一方面固然是如他自己所說「不忍傷幾個人的心」（一九二一年八月三十日日記）；但另一方面，他也清楚的認識到，這是一件「立德」的事業，是一件能使新舊兩派都感到敬佩的事。

說到胡適的婚姻，我們常爲胡適抱不平，覺得他是新時代中，舊禮教之下的犧牲者，然而他因此而樹立起來的「道德形像」，又何嘗不是受賜於舊禮教呢？洋人論胡適婚姻常以「言行不一」譏胡，這是洋人對中國人及中國社會了解的淺。正因爲胡適有這樣一個矛盾的組合，他才成了「新文化中舊道德的楷模，舊倫理中新思想的師表。」

一九九一・十一・十五

注：

❶胡適，〈南通張季直先生傳記序〉，在《胡適文存》（臺北：遠東圖書公司，一九六八，共四集），第三集，頁六八七。

❷參看，沈衛威，〈胡適的婚外戀〉，在《名人傳記》（黃河文藝出版社，一九八八，第八期），頁六八—七一；〈兒子與情人——魯迅、胡適、茅盾婚戀心態與情結闡釋〉，在《心理學探新》（河南，一九八九，四），頁三一—三五；〈胡適的婚戀〉，在《青春》（南京，一九九〇，五），頁三八—四三；〈魯迅與胡適：婚戀心態與情結〉，在《湖州師專學報》（浙江，一九八九，二期），頁七—十三。以上這四篇文章頗有雷同重複的地方。另可參看，田柚（羅志田），〈千年禮教鎖不住的少年心〉，在《中國時報》（臺北，一九九一，三，二六）；云之（耿雲志），〈胡適的兩首情詩〉，在《團結報》（一九九一，七，三十一）。

❸《胡適的日記》手稿本，十八册（臺北：遠流出版公司，一九九〇），本文所引日記，即據此本，不另加注。手稿本無頁碼。

❹胡適，〈別賦〉，在《嘗試後集》（臺北：胡適紀念館，一九七一），頁一〇一—一〇三。

❺胡適，〈西湖〉，同❹，頁一〇五—一〇六。

❻同❹，頁一〇七。

❼《胡適的日記》手稿本，第四冊。

❽見胡頌平，《胡適之先生年譜長編初稿》（臺北：聯經，一九八四，共十冊），在冊二，頁五三三。

❾《胡適的日記》手稿本，第四冊。

❿參看，一九二三年十月十一日徐志摩日記：「午後爲適之拉去滄州別墅閒談，看他的烟霞雜詩，問尚有匿而不宣者否，適之赧然曰有，然未敢宣，以有所顧忌。」又十月十三日記：「凡適之詩前有序後有跋者，皆可疑，皆將來本傳索隱資料。」（見蔣復璁、梁實秋主編《徐志摩全集》，臺北：傳記文學出版社，一九八〇，共六冊），在冊四，頁四九八；五〇一。

⓫同❹，頁五。

⓬同❹，頁一一六—一一七。

⓭同❹，頁一一九。

⓮一九一七年一月十六日作，全詩作：「豈不愛自由？此意無人曉；情願不自由，也是自由了。」在《嘗試集》（上海：亞東圖書館，一九二三），頁一二。

附錄一

遺文新刊

——胡適的〈非留學篇〉

文前說明

〈非留學篇〉是胡適第一篇以中國留學政策及敎育發展爲題的重要論文，發表在一九一四年第三季的《留美學生季報》上。在文中，他對中國留學政策的弊病有痛切的指陳，對未來的發展，則有悉心的規劃。也是三十三年之後（一九四七年）發表〈爭取學術獨立的十年計劃〉的藍本。

在〈十年計劃〉中，胡適建議「集中國家的最大力量，培植五個到十個成績最好的大學」，他相信只有這樣「集中人才，集中設備」才可以使我們國家「走上學術獨立的路」。這些意見在〈非留學篇〉之中，已見雛形。

胡適在一九一五年曾有意將〈非留學篇〉在《甲寅》雜誌上發表，並寫了一封信給當時的編者章士釗，概略的說明了這篇文章的大意：

記者足下：頃奉示書，所以奬勵末學者彌至，甚愧甚愧。適在此邦，所專治者倫理、哲學，稍稍傍及政治、文學、歷史及國際法，以廣胸襟而已。學生生涯頗需日力，未能時時作有用文字，正坐此故。……

適去歲著有〈非留學篇〉，所持見解自信頗有商榷之價值，以呈足下，請觀覽焉。適以今日無海軍，無陸軍，猶非一國之恥，獨至神州之大，無一大學，乃真祖國莫大之辱，而今日最要之先務也。一國無地可為高等學問授受之所，則固有之文明日即於淪亡，而輸入之文明亦扞格不適用，以其未經本國人之鍛鍊也。此意懷之有年，甚願得明達君子之贊助。憶足下在《民立報》時亦有此種議論，彼時即有意通問訊，適國內擾攘，卒卒未能如願，至今以為憾。今寄此文，亦以了結此未了之緣耳。

胡適白　自紐約

同期《甲寅》有「記者」通訊一條，從中可以看出，早在一九一五年，〈非留學篇〉已經搜求為難了：

按胡君所為〈非留學篇〉，乃登諸去年《留美年報》者，其報僅數百份，流傳甚少，而文中所論實於吾國學術廢興為一大關鍵，書萬誦萬不厭其多。今承作者以原稿見寄，亟欲轉載本誌，以餉讀者，而其稿為一友人假去，展轉傳閱，竟至紛失，良用慨然。當俟函請胡君補寫，始能發表。特書數語，以致歉懷。

胡君年少英才，中西之學俱粹，本年在哥倫比亞大學可得博士，此誠作者所樂為珍重介紹者也。

記者

雖說「函請胡君補寫」，《甲寅》卻始終沒有登過胡適的〈非留學篇〉。章士釗「展轉傳閱，竟至紛失」的結果，使這篇重要的文章沉晦了七十六年，成了學者們尋訪的對象。一九六八年，徐高阮在《傳記文學》第十二卷第一號上發表了〈胡適之先生的一封信與一篇文〉，說明他「近十年裏」如何在海內外「大索」這篇遺文無着的經過。

今年十月，我去香港中文大學參加「胡適與現代中國文化」學術討論會，有幸結識北京中國社會科學院、文學研究所的胡明先生。承他慨允，抄寄〈非留學篇〉，才使這篇「遺失」了四分之三個世紀的重要文章，重現於世。也讓我們對胡適早年的思想有了更進一步的了解。在此，要向胡明先生深致謝意。

一九九一・十二・一記

注：胡適〈致甲寅雜誌記者〉的信及記者的案語登在《甲寅雜誌》，第一卷第十號，頁二〇—二一。

非留學篇

胡適

(一)

吾久欲有所言，而逡巡囁嚅，終未敢言，然吾天良來責，吾又不敢不言。夫欲有所言而不敢言，是恇怯懦夫之行，欺人以自欺者之爲也，吾何敢終默，作非留學篇。吾欲正告父老伯叔昆弟姊妹曰：

留學者，吾國之大恥也。

留學者，過渡之舟楫而非敲門之磚也。

留學者，廢時傷財事倍而功半者也。

留學者，救急之計而非久遠之圖也。

何以言留學爲吾國大恥也。當吾國文明全盛之時，泱泱國風，爲東洋諸國所表則，稽之遠古，則有重譯之來朝，洎乎唐代，百濟、新羅、日本、交趾，爭遣子弟來學於太學。中華經籍，都爲異國之典謨，紙貴鷄林，以覘詩人之聲價，猗歟盛哉，大國之風也。唐宋以來，吾國文化濡滯不進，及乎晚近百年，則國威日替，國疆日蹙，一挫再挫，幾於不可復振，始知四境之外，尚有他國。當吾沈酣好夢之時，彼西方諸國，已探賾索隱，登峰造極，爲世界造新文明，開一新天地，此新文明之勢力，方挾風鼓浪，蔽天而來，叩吾關而窺吾室，以吾數千年之舊文明當之，乃如敗葉之遇疾風，無往而不敗衄，於是睡獅之夢醒矣。憂時之士，懲既往之巨創，懼反憂之未已，乃忍辱蒙恥，派遣學子，留學異邦，作百年樹人之計，以爲異日急起直追之圖。於是神州俊秀，紛紛渡海，西達歐洲，東游新陸，康橋、牛津、哈佛、耶爾、伯林、巴黎，都爲吾國諸才之館，育秀之堂。下至東瀛三島，向之遣子弟來學於吾國者，今亦爲吾國學子問學論道之區。嗟夫！茫茫滄海，竟作桑田，駭浪蓬萊，今都清淺，以數千年之古國，東亞文明之領袖，曾幾何時，乃一變而北面受學，稱弟子國，天下之大恥，孰有過於此者乎，吾故曰留學者我國之大恥也。

吾所謂留學者過渡之舟楫，而非敲門之磚者何也。吾國今日所處，爲舊文明與新文明過渡之時代，舊文明非不可寶貴也，不適時耳。人將以飛行機無煙炮襲我，我乃以弓箭鳥銃當之。人方探賾研幾，役使雷電，供人牛馬，我乃以布帆之舟，單輪之車當之。人方倡世界平等，人類均產之說，我乃以天王聖明君主萬能之說當之。人方倡生存競爭優勝劣敗之理，我乃以揖讓不爭之說當之。人方窮思殫慮，欲與他星球交通，我乃持天圓地方之說，以爲吾國居天下之中，四境之上，皆蠻夷戎狄也。此新舊二文明之相隔，乃如汪洋大海，渺不可渡。

留學者，過渡之舟楫也，留學生者，篙師也，舵工也，乘風而來，張帆而渡，及於彼岸，乃採三山之神藥，乞醫國之金丹，然而揚帆而歸，載寶而返，其責任所在，將令携來甘露，遍灑神州，海外靈芝，遍栽祖國。以他人之所長，補我所不足，庶令吾國古文明，得新生機而益發揚張大，爲神州造一新舊泯合之新文明，此過渡時代人物之天職也。今也不然，今之留學者，初不作媒介新舊文明之想，其來學也，以爲今科舉已廢，進取仕祿之階，惟留學爲最捷，於是有鑽營官費者矣，有借貸典質以爲私費者矣。其來海外之初，已作速歸之計，數年之後，一紙文憑，已入囊中，可以歸矣。於是星夜而歸，探囊出羊皮之紙，投利作學士之銜，可以獵取功名富貴之榮，車馬妻妾之奉矣。嗟夫！特此道而留學，則雖有吾國學子充塞歐美之大學，於吾國學術文明更何補哉，更何補哉。吾故曰，留學者過渡之舟楫，而非敲門之磚也。

吾所謂留學者，廢時傷財，事倍而功半者又何也。請先言廢時，留學者不可無預備，驟習之不易收效，卽如習英文者，至少亦須四五年，始能讀書會語，所習科學，又不得不用西文課本，事倍功半，更不待言。此數年之時力，僅預備一留學之資格，既來異國，風俗之異，聽講之艱，在在困人。彼本國學子，可以一小時肄習之課，在我國學子，須以一二倍工夫爲之，始克有濟，夫以倍蓰之日力，乃與其國學子習同等之課，其所成就，或可相等，而所暴殄之日力，何可勝計。廢時之弊，何待言矣。次請論傷財，在國內之學校，其最費者，莫如上海諸校，然吾居上海六年，所費每年自百元至三百元不等，平均計之，約每年二百五十墨元，綽有餘裕矣。今以官費留學，每月得八十元，每年乃費美金九百六十元，合墨銀不下二千元，蓋八倍於上海之費用。以吾一年留學之費，可養八人在上海讀書之資，其爲傷財，更何待言。夫以四五年或六七年之功，預備一留學生，及其既來異邦，乃以倍蓰之日力，八倍之財力，供給之，然後造成一歸國之留學生，而其人之果能有益於社會國家與否，猶未可知也。吾故曰留學者廢時傷財事倍而功半者也。

吾所謂留學者救急之計而非久遠之圖者何也。吾國文化中滯，科學不進，此無可諱者也。留學之目的，在於植才異國，輸入文明，以爲吾國造新文明之張本。所謂過渡者是也，以己所無有，故不得不求於人，吾今日之求之於人，正所以爲他日吾自有之之預備也。求學於人之可恥，吾已言之，求學於人之事倍功半，吾亦已言之。夫誠知其恥，誠知其難，而猶欲以留學爲儲才長久之計，而不別籌善策，是久假而不歸也，是明知其難，而安其難，明知其恥，而猶靦顏忍受不思一洗其恥也，若如是，則吾國文明終無發達之望耳。讀者疑吾言乎，則請徵之事實。五、六年前，留學生遠不如今日之衆也，而其時譯書著書之多，何可勝計，如嚴幾道、梁卓如、馬君武、林琴南之流，其紹介新思想，輸入新文明之苦心，都可敬佩也。至於今日，留學人數驟增矣，然數年以來，乃幾不見有人譯著書籍者，國內學生，心目中惟以留學爲最高目的，故其所學，恆用外國文爲課本，其既已留學而歸，或國學無根底，不能著譯書，或志在金錢仕祿。無暇爲著書之計，其結果所及，不惟無人著書，乃並一册之譯本哲學科學書而亦無之。嗟夫！吾國人其果視留學爲百年久遠之計矣乎，不然，何著譯界之蕭條至於此極也。夫書籍者，傳播文明之利器也，吾人苟欲輸入新智識爲祖國造一新文明，非多著書多譯書多出報不可。若學者不能以本國文字求高深之學問，則捨留學外，則無他途，而國內文明永無增進之望矣，吾每一念及此，未嘗不寒而慄，爲吾國學術文明作無限之杞憂也。吾故曰留學者救急之策，而非久遠之圖也，右所言四端，留學之性質，略具於是矣。夫誠知留學爲國家之大恥，則不可不思一雪之；誠知留學爲過渡之舟，則不可不思過渡後之建設；誠知留學爲廢時傷財之下策，則不可不思所以補救之；誠知留學爲可暫而不可久，則尤不可不思長久之計果何在。要而言之，則一國之派遣留學，當以輸入新思想爲己國造新文明爲目的，淺而言之，則留學者之目的在於使後來學子可不必留學，而可收留學之效，是故留學之政策，必以不留學爲目的，此目的一日未達，則留學之政策，一日不得而收效也。

（二）

吾緒論留學而結論曰，留學之目的，在於爲己國造新文明，又曰，留學當以不留學爲目的，是故派遣留學至數十年之久，而不能達此目的之萬一者，是爲留學政策之失敗。嗟夫吾國留學政策之失敗也，無可諱矣，不觀於日本乎，日本之遣留學，與吾國先後同時，而日本之留學生已歸而致其國於強盛之域。以內政論，則有健全之稱。以外交軍事論，則國威張於世界。以教育論，則車夫下女都能識字閱報。以文學論，則已能融合新舊，成一種新文學，小說戲曲，都有健者。以美術論，則雕刻繪畫都能自樹一幟。今西洋美術，乃駸駸受其影響。以科學論，則本國學者著作等身者殊不乏人，其醫藥之進步，尤爲世界所稱述云。日本留學成效之卓著者，蓋如此。今返觀吾國則何如矣。以言政治，則但有一非驢非馬之共和。以言軍事，則世界所非笑也。以言文學，則舊學已掃地，而新文學尚遙遙無期。以言科學，則尤可痛矣，全國今日，乃無一人足稱專門學者。言算則微積以上之書，竟不可得。言化學則分析以上之學幾無處可以受學。言物理則尤鳳毛麟角矣，至於動植之學，則名詞未一。著譯維艱，以吾所聞見，全國之治此學者一二人耳。凡此諸學，皆不可謂爲高深之學，但可爲入學之津梁，初學之階梯耳。然猶幼稚淺陋如此，則吾國科學前途之長夜漫漫，正不知何時旦耳。四十年之留學政策，其成效之昭然在人耳目者，乃復爾爾。吾友任叔永嘗言吾國今日乃無學界，吾謂豈獨無學界，乃並無學問可言，更無論新文明矣。

夫留學政策之失敗，果何故歟，曰是有二因焉。一誤於政府教育方針之舛誤，再誤於留學生志趣之卑下。曷言之一誤於政府也。曰政府不知振興國內教育，而惟知派遣留學，其誤也，在於不務本而逐末。前清之季，政府以廷試誘致留學生，其視國外之大學，都如舊日之書院，足爲我儲才矣。當美國之退還賠款也，其數甚巨，足以建一大學而有餘，乃不此之圖，而以之送學生留學美國，其送學生也，又以速成致用爲志，而不爲久遠之計，於是崇實業工科，而賤文哲學政法之學，又不立留學年限，許其畢業卽歸，不令久留爲高深之學，其賠款所立之清華學校其財力殊可作大學，而惟以預備留美爲志，歲擲巨萬之款而僅爲美國辦一高等學校，豈非大誤也哉，此前清之誤也。今民國成立，不惟於前清之教育政策無所改進，又從而效之，乃以官費留學爲賞功之具，於是有中央政府賞功留學之舉，於是有廣東陝西湖南江西賞功留學之舉，其視教育之爲物，都如舊日之紅頂花翎今日之嘉禾文虎，可以作人情贈品相授受也。民國成立以來，已二年矣，獨未聞有人建議增設大學，推廣國內高等教育者，但聞北京大學之解散耳，推其意以爲外國大學，其多如鯽，獨不可假爲吾國高等教育之外府耶，而不知留學乃一時緩急之計，而振興國內高等教育，乃萬世久遠之圖。留學收效速而影響微，國內教育收效遲而影響大。今政府歲遣學生二百人，則歲需美金十九萬二千元，合銀元四十萬有奇。今歲費四十萬元，其所造就僅二百人耳，若以此四十萬元，爲國內振興高等教育之費，以吾國今日生計之廉，物價之賤，則年費四十萬元，可設大學二所，可容學生二千人，可無疑也。難者將曰以今日吾國學界之幼稚，此國內二千人之所成就，必不如海外二百人所成就之多，則將應之曰，此無可免者也。然卽令今日所成就，較之留學，爲一與五之比例，則十年之後，或猶有並駕齊驅之一日，何則，以有本國之大學在，有教師在，有實驗室在，有課堂校舍在，則猶有求學之所，有推廣學問之所也；今若專恃留學，而無國內大學以輔之，則留學而歸者，僅可爲衣食利祿之謀，而無傳授之地，又無地可爲繼續研究高等學業之計，則雖年年遣派留學，至於百年千年，其於國內文明，無補也，終無與他國教育文明並駕齊驅之一日耳。蓋國內大學，乃一國教育學問之中心，無大學，則一國之學問無所折衷，無所歸宿，無所附麗，無所繼長增高；以國內大學爲根本，而以留學爲造大學教師之計，以大學爲鵠，以留學爲矢，矢者所以至鵠之具也，如是則吾國之教育前途，或尚有萬一之希冀耳。

曷言之再誤於留學生也，曰：留學生志不在爲祖國造新文明，而在一己之利祿衣食；志不在久遠，而在於速成。今縱觀留學界之現狀，可得三大缺點焉。

一曰苟且速成　夫留學生既無心爲祖國造文明，則其志所在，但欲得一紙文憑，以爲噉飯之具。故當其未來之初，已作亟歸之計。既抵此邦，首問何校易於揷班，何校易於畢業。既入校，則首詢何科爲最易，敎師中何人爲最寬。然後入最易之校，擇最寬之敎師，讀最易之課，遲則四年早則二三年，而一紙羊皮之紙，已安然入手，儼然大學畢業生矣，可以歸矣。及其歸國也，國人亦爭以爲某也某也今自某國某大學畢業歸矣，學成矣，而不知四年畢業之大學生，在外國僅爲問學之初級。其於高深之學問，都未窺堂奧，無論未能升堂入室矣。此種得第一級學位之畢業生卽以美國一國論，每年乃有五萬人之多。（美國有名諸大學每年得第一級學位者每校都不下千人）　在人則車載斗量不可勝數。在我則尊之如帝天，指而相謂曰：此某國某大學之畢業生也。而留學生亦揚揚自滿曰：我大學畢業生也。嗚呼！使留學之結果，僅造得此種未窺專門學問堂奧之四年畢業生，則吾國高等敎育之前途，終無倖耳。

二曰重實業而輕文科　吾所謂文科，不專指文字語言之學。蓋包哲學、文學、歷史、政治、法律、美術、敎育、宗敎諸科而言。今留學界之趨向，乃偏重實科，而輕文科。以晚近調查所得，蓋吾國留美四百餘大學學生中，習文科者僅及百人，而習工程者倍之，加入農學化學醫學之百餘人，則習實科者之數，幾三倍於文科云。袒實科者之說曰：吾國今日需實業工業之人才甚急，貨惡其棄於地也，則需鑛師；交通惡其不便也，則需鐵道工程師；制器惡其不精也，則需機械工程師；農業惡其不進也，山林惡其不修也，則需農學大師，森林學者焉。若夫文史哲學，則吾國固有經師文人在。若夫法家政客，則今日正苦其多，彼早稻田明治大學之畢業生，皆其選也。故爲國家計，不得不重實科而輕文科，且習文科者，最上不過得一官，下之僅足以糊口，不如習工程實科者有作鐵道大王百萬巨富之希望也。故爲個人計，尤不得去彼而取此。此二說之結果，遂令習工程實業者充塞於留學界，其人大抵都勤苦力學，以數年之功，專施諸機械木石鋼鐵之間。卒業之後，或可以繪一機器之圖，或可以布百里之路，或可以開五金之礦。然試問卽令工程之師遍於中國，遂可以致吾國於富強之域乎？吾國今日政體之得失，軍事之預備，政黨之紛爭，外交之受侮，教育之不興，民智之不開，民德之汚下，凡以此種種，可以算學之程式機械之圖型解決之乎？可以汽機輪軌鋼鐵木石整頓之乎？爲重實科之說者，徒見國家之患貧，實業之不興，物質文明之不進步，而不知一國治亂，盛衰之大原，實業工藝，僅其一端，若政治之良窳，法律之張弛，官吏之貪廉，民德之厚薄，民智之高下，宗教之善惡，凡此種種之重要，較之機械工程，何啻什佰倍。一國之中，政惡而官貪，法敝而民偸，教化衰而民愚，則雖有鐵道，密如蛛網，煤鐵富於全球，又安能免於蠻野黑暗之譏，而自臻於文明之域也哉。且夫無工程之師，猶可聘諸外人，其所損失，金錢而已耳。至於一國之政治法律宗教社會民德民智，則萬非他人所能代庖，（今之聘外國人爲憲法顧問者失算也）尤非膚受淺嘗者，所能贊一辭，以其所關係，固不僅一路一礦一機一械之微，乃國家種姓文化存亡之樞機也。吾非謂吾國今日不需實業人材也，實業人材固不可少，然吾輩決不可忘本而逐末，須知吾國之需政治家教育家文學家科學家之急，已不可終日，不觀乎晚近十餘年，吾國人所受梁任公嚴幾道之影響爲大乎？抑受詹天佑胡棟朝之影響爲大乎？晚近革命之功，成於言論家理想家乎？抑成於工程之師機械之匠乎？吾國苟深思其故，當有憬然於實業之不當偏重，而文科之不可輕視者矣。

三曰不講求祖國之文字學術　今留學界之大病，在於數典忘祖。吾見有畢業大學而不能執筆作一漢文家書者矣，有畢業大學而不能自書其名者矣，有畢業工科而不知中國有佛道二教者矣。吾不云乎，留學者過渡之舟楫也，留學生者，篙師也，舵工也。舟楫具矣，篙師舵工畢登矣，而無帆，無舵，無篙，無櫓，終不能行也。祖國之語言文字，乃留學生之帆也，舵也，篙也，櫓也。帆飛篙折，舵毀櫓廢，則茫無涯際之大海，又安所得渡耶，徒使彼岸問津望眼穿耳，吾以爲留學生而不講習祖國文字，不知祖國學術文明，其流弊有二：

㈠無自尊心　英人褒克有言曰：人之愛國，必其國有可愛者存耳。今吾國留學生，乃不知其國古代文化之發達，文學之優美，歷史之光榮，民俗之敦厚，一入他國目眩於其物質文明之進步，則驚歎顚倒，以爲吾國視此眞有天堂地獄之別。於是由驚歎而艷羨，由艷羨而鄙棄故國，而出主入奴之勢成矣，於是人之唾餘，都成珠玉，人之瓦礫，都成瓊瑤。及其歸也，遂欲舉吾國千年之禮教文字風節俗尙，一掃而空之，以爲不如是不足以言改革也。有西人久居中國，歸而著書曰：今中國少年所持政策，乃「躉賣批發之政策也」，斯言也，惡詎歟？確論歟？

(二)不能輸入文明 祖國文字，乃留學生傳播文明之利器，吾所謂帆舵篙櫓者是也，今之不能漢文之留學生既不能以國文教授，又不能以國語著書，則其所學，雖極高深精微，於莽莽國人，有何益乎。其影響所及，終不能出於一課堂之外也，卽如嚴幾道之哲學，吾不知其深淺，然吾國今日學子，人人能言名學羣學之大旨，物競天擇之微言者，伊誰之力歟，伊誰之力歟。又吾國晚近思想革命政治革命，其主動力，多出於東洋留學生，而西洋留學生寂然無聞焉，其故非東洋學生之學問，高於西洋學生也，乃東洋留學生之能著書立說者之功耳。使吾國之留學生人人皆如鄭富灼李登輝，則吾國之思想政治，必與二十年前絲毫無易，此可斷言者也。

右所論三者，一曰苟且速成，二曰偏重實科，三曰昧於祖國文字學術。惟其欲速也，故無登岸造極之人才；惟其趨重實科也，故其人多成工師機匠，其所影響，不出一路一礦之微，而於吾所謂祖國造文明者，無與焉；惟其昧於祖國之文字學術也，故卽有飽學淵博之士，而無能自傳其學於國人，僅能作一外國文教員以終身耳，於祖國之學術文化何所裨益哉，何所裨益哉，故吾以爲留學之效所以不著者，其咎亦由留學生自取之也。

是故吾國數十年來之舉，一誤於政府之忘本而逐末，以留學爲久長之計，而不知振興國內大學，推廣國內高等教育，以爲根本之圖，國內高等教育不興，大學不發達，則一國之學問無所歸聚，留學生所學，但成外國入口貨耳。再誤於留學生之不以輸入文明標志，而以一己之衣食利祿爲志，其所志不在久遠，故其所學不必高深，又蔽於近利而忘遠慮，故其所肄習多偏重工程機械之學，雖極其造詣，但可爲中國增鐵道若干條，開礦至若干處，設工廠若干所耳。於吾羣治進退，文化盛衰，固絲毫無與也，吾國留學政策之全行失敗，正坐此二大原因，又不獨前此失敗已也，若政府猶不變其教育方針，若留學生猶不改其趨向志趣，雖則歲遣學生千人，至於千年萬祀之久，於吾國文明無所裨益也，但坐見舊文明日卽消亡，而新文明之來，正遙遙無期耳。吾爲此懼，遂不能已於言，吾豈好爲危言，以聳人聽聞哉，吾不得已也。

（三）

吾既論留學之性質及其失敗之原因矣，然則留學可廢乎，曰何可廢也，吾不云乎，留學者救急之上策，過渡之舟楫，吾國一日未出過渡之時代，則留學一日不可廢，以留學之效不著之故，而廢留學，是因噎而廢食也。病噎者，治噎可也，而遂廢食，不可也。患留學之失敗者，補救之可也，而遂廢留學，不可也。補救之之道奈何，曰改教育之方針而已矣，吾國在昔之教育，以科舉仕進爲目的，科舉之廢，八年矣，而科舉之餘毒未去，吾觀於前清學部及今日教育部之設施，一科舉時代之設施也，吾觀以今日國內外學子之趨向志趣，一科舉時代之趨向志趣也，考優也，考拔也，考畢業也，廷試留學生也，畢業生與留學生之授官也，皆以仕進利祿勸學者也，上以此勸，則下以此應，無惑乎吾國有留學生至數十年之久，而不得一專門學者也，以國家之所求固不在此，而個人之所志，亦不在此也。居今日而欲以教育救國也，非痛改此仕進利祿之方針，終無效耳，終無效耳。夫吾國今日果宜以何者爲教育之方針乎？曰：今日教育之唯一方針，在於爲吾國造一新文明，吾國之舊文明，非不可寶貴也，不適時耳，不適於今日之世界耳。歐洲有神話，記昔有美女子，忤一巫，巫以術閉之塔上，令長睡百年，以刺薔薇封其塔，人莫能入。百年旣逝，有少年勇士，排薔薇而入塔，睹此長睡美人之容光，遽吻其頰，而女子遽驚覺，百年之夢醒矣，遂爲夫婦。吾國之文明，正類此薔薇塔上百年長睡之美人，當塔上香夢沉酣之時，塔外衆生，方擾擾變更，日新而月異。迨百年之夢醒，而塔外之世界，已非復百年前之世界，雖美人之顏色如故，而環鬢冠裳，都非時世之粧矣。吾國近事，何以異此，吾之長睡，何止百年，當吾夢醒之日，神州則猶是也，而十九世紀與二十世紀之世界，已非復唐宋元明之世界，吾之所謂文明，正如百年前之畫眉深淺，都不入時，是故塔上夢醒之美人，而欲與塔外蛾眉爭妍鬪艷也，非改效時世之粧不可。吾國居今日而欲與歐美各國爭存於世界也，非造一新文明不可，造新文明，非易事也，盡去其舊而新是謀，則有削趾適履之譏，取其形式而遺其精神，則有賣櫝還珠之誚，必也，先周知我之精神與他人之精神果何在，又須知人與我相異之處果何在，然後可以取他人所長，補我所不足，折衷新舊，貫通東西，以成一新中國之新文明。吾國今日之急務，無急於是者矣。二十世紀之大事，無大於是者矣，以是爲吾民國之教育方針，不亦宜乎。

教育方針旣定，則留學之辦法亦不可不變，蓋前此之遣留學生。但爲造官計，爲造工程師計，其目的所在，都不出仕進車馬衣食利祿之間，其稍遠大者，則亦不出一礦一路之微耳。初無爲吾國造新文明之志也，今旣以新文明爲鵠，則宜以留學爲介紹新文明之預備，蓋留學者，新文明之媒也，新文明之母也。以淺陋鄙隘之三四年畢業生，爲過渡之舟，則其滿載而歸者，皆其三四年中所生呑活剝之入口貨耳，文明云乎哉！文明云乎哉！吾故曰留學方法不可不變也。

改良留學方法之道奈何？曰第一須認定留學乃是救急之圖，而非久長之計。（其說見一）久長之計乃在振興國內之高等教育，是故當以國內高等教育爲主，而以留學爲輔，當以留學爲振興國內高等教育之預備，是以國中有名諸校，都重西文，用西文教授科學，學生以得出洋留學爲最高之目的，學校亦以能使本校學生可考取留學官費，或能直入外國大學，則本校之責已盡矣。此實今日最大之隱患，其流弊所及，吾國將年年留學永永爲弟子之國，而國內文明終無發達之望耳，欲革此弊，當先正此反客爲主，輕重失宜之趨向，當以國內高等教育爲主腦，而以全副精神貫注之經營之，留學僅可視爲增進高等教育之一法，以爲造成專門學者及大學教師之計，上也；以爲造成工程機匠以應今日急需之計，其次也；至於視留學爲久長之計，若將終身焉，則冥頑下愚之下策矣。不佞根據上列理由，敬擬二策：一曰愼選留學，所以挽救今日留學政策之失也。二曰增設大學，所以增進國內之高等教育爲他日不留學計也，今分條詳論之如下：

第一愼選留學之法，可分四級論之。

(甲)考試資格　凡學生非合下列資格者，不得與留學之選。

(子)國學　須通曉四書、書經、詩經、左傳、史記、漢書。考試時，擇各書中要旨，令疏說其義。

(丑)文學　作文能自達其意者，及能譯西文者，其能通說文與夫史漢之文及唐詩宋詞者尤佳，不必能詩詞，但能讀足矣。

(寅)史學　須通曉吾國全史。(指定一種教科書，如夏穗卿、中國歷史之類)

(理由)上列三門，初不爲苟求也，國文所以爲他日介紹文明之利器也，經籍文學，欲令知吾國古文明之一斑也。史學，欲令知祖國歷史之光榮也，皆所以興起其愛國之心也，凡此三者，皆中學以上之學生人人所應具之知識，以此爲留學生之資格，安得爲苟求乎。

(卯)外國語　留學之國之言語文字，須能讀書作文，如留英美者須英文，留德法者須德法文，皆須精通。

(貳)此外尚須通一國近世語言，如留英美者，英文之外，須通德文或法文，以粗知文法大義，能以字典讀書爲度。(理由)外國大學生大抵多能通二三國文字，在美國則入大學尚可以中國文代希臘拉丁，有時德法文亦可於入大學後補習，有時竟可豁免。然欲入大學畢業院，非通德法文，即不能得博士學位，故宜以早習之爲得計也。

（辰）算學　代數平面幾何立體幾何平面三角萬不可少，否則不能入大學。

（巳）科學　物理化學之大概，動植生理，能通更佳。

（午）所至之國之歷史政治　如至美者，須稍知美之歷史政治，至少須讀過白來斯氏之《平民政治》James Bryce's "*Americcn Commonwealth*"

（理由）留學生不獨有求學之責，亦有觀風問政之責，非稍知其國之歷史政治，不能覘國也。

以上所列，為選送留學萬不可少之資格，非以此不能入外國大學也，論者或謂今日能具此種資格者蓋鮮，不知留學為今日要圖，若無及格學生，寧缺可也，不可濫竽以充數也，且國家苟懸此格以求之，則國中之欲得官費留學者，必將竭力求及此格，不患缺也。

（乙）留學年限　求學第一大病在於欲速成，第二大病在於陋隘。速成者淺嘗而止，得一學士文憑即已滿意，不自知其尚未入學問之門也，陋隘者除所專習之外，別無所知，吾見有畢業大學工科，而不知俾士麥為何許人者矣，欲革此二弊，當採限年之法。

（子）凡留學之第一二年，一律學文科，Arts and Sciences 或名 Academic Course 俾可多習語言文字政治歷史哲學理化之類，以打定基礎，開拓心胸，二年之後，然後就性之所近習專科，或習文藝，或習實業工程焉。

（丑）所學四年畢業之後，習文科者須入畢業院，至少再留一年，能更留二三年尤佳，其習工程者，至少須至實地練習一年，始可令歸。

（丙）鼓勵專門學問　以上所陳資格，年限，都爲直入大學者計耳。在外國大學四年畢業，其事至易，而所學甚淺，不足以言高深之學問也，眞正專門之學問，須於畢業院求之，故當極力鼓勵學生入畢業院，其法有三：

（子）擇私費學生已畢業外國大學，又得大學保證，其所學果有心得堪以成就者，由國家給與官費。令入畢業院，繼續入學。

（丑）擇本國大學畢業生，成績優美，有志往國外繼續研究所學者，與以官費。

（理由）所以必須大學保證其學有心得成績優美者，以畢業乃是易事，往往有所學，毫無心得，而勉強及格得畢業者，故須保證也。

（寅）設特別專門官費　特別專門官費者，指定某項官費，須用作留學某種學問之費，如設礦學官費若干名，昆蟲學官費若干名之類，此種官費，辦法如下：

㈠分科　分科視國家時勢所急需而定，如需昆蟲學者，則設昆蟲學官費，需植物學者，則設植物學官費是也。

㈡資格　凡於指定之科學有根柢，又有志研究更深學問者，皆得應考，又凡在外國大學

專門已有成績者，但有大學本科掌教保證，亦可給與。（參觀丙子）

（丁）官費留學生對於國家之義務　官費留學生歸國之後，得由中央政府或各省政府隨時徵召。或入國家專門圖書館編纂教科書，或在國家大學或省立大學任教授之責，或在國家工廠任事，或在各部效力，其服勞之期限，視其人留學之年限而定，在此服勞期內，所受薪俸，皆有定額，著爲律令，其有不服徵召者，有罰，國家得控告之。

右所述諸條，皆改良留學之辦法，但可施諸官費學生，而不能施諸私費學生者也。誠以今日留學界官費者居十之六七，其費既出自國家，易於整頓改革，彼私費學生，費自己出，非國家所能干預，無可如何也。

第二增設大學　吾國誠以造新文明爲目的，則不可不興大學，徒恃留學無益也。蓋國內之大學，乃一國學術文明之中心，無大學，則輸入之文明，皆如舶來之入口貨，一入口立即消售無餘，終無繼長增高之望。（其說互見二）吾國比年以來，留學生日衆而國中高等教育毫未進步者，蓋以僅有留學而無大學以爲傳布文明之所耳。國中無完美之大學，則留學生雖有高深之學問，無所用之，其害一也。國中無地可求高等學問，則學者人人都存留學之志，而國內文明永無進步之望，其害二也。外國大學四年畢業之學科，即所謂（Undergraduate Course）國內大學盡易教授，何必廢時傷財，遠求之於萬里之外乎，（實科稍難文科更易）其害三也。外國有名之大學，當其初創，都嘗經過一草昧經營之時代，非一朝一夕即可幾今日完美之境。吾國設大學於今日，雖不能完備，而他日猶有繼長增高急起直追之一日，若並此篳路藍縷之大學，而亦無之，更安望他日燦爛光華之大學哉，其害四也。今國學荒廢極矣，有大學在，設爲專科，有志者有所肄習，或尚有國學昌明之一日，今則全國乃無地可習吾國高等文學，其害五也。積此五害，吾故曰不可不興大學。

（附注）吾國今日有稱（大學）者若干所，然夷考其學科，察其內容，其眞能稱此名者，蓋甚少也。大學英名 University 源出拉丁 Universitas 譯言全也，總也，合諸部而成大全也，故凡具各種專門學科，合爲一大校者，始可稱爲大學。其僅有普通文科，或僅有一種專門學科者，但可稱爲學院，或稱某科專門學校。College 即如記者所居康南耳大學，乃合九專校而成，曰文藝院，曰農學院，曰法學院、曰機械工程院、曰土木工程院、曰建築學院、曰醫學院、曰獸醫學院、曰畢業院，此九院者，分之則各稱某院，或某校，合之乃康南耳大學耳。今吾國乃有所謂文科大學，經科大學者，夫既名經科，既名文科，則其爲專科學校可知，而亦以大學名，足見吾國人於「大學」之眞義尚未洞然也，後此本文所用「大學」概從此解，其僅有一種專科者，則稱專科學校。（省稱學校）

增設大學之計劃，管見所及，略如下方。

一、國家大學　直接隸屬中央教育部，擇最大都會建設之。如今之北京、北洋、南洋三大學，皆是。此等大學，宜設法爲之推廣學科，（今此三大學之學科不完極矣，幾不能名爲大學）增置校舍，及實驗室，增設學額，分攤各省，省得送學生若干人。

此等國家大學，代表全國最高教育，爲一國觀瞻所在。故學科不可不完也，實驗場不可不備也，校中敎師宜羅致海內名宿充之，所編各學講義，宜供各省大學之敎本。大學之數，不必多也，而必完備精全，今不妨以全力經營北京、北洋、南洋三大學，務使百科咸備，與於世界有名大學之列，然後以餘力增設大學於漢口、廣州諸地。（日本以數十年之力經營東京、西京兩帝國大學，今皆有聲世界矣，此其明證，未嘗不可取法也。）

二、省立大學　省立大學，可視本省之急需而增置學科。如浙江大學則宜有蠶學、種茶專科，福建大學則宜有漆工及造船專科，江西大學則宜有磁器專科之類，此省立大學之益也。

省立大學可就今之高等學堂改設之。先於高等學堂內設大學科，以高等畢業生及招考所得者實之，又可合本省之高等實業、高等商業、法政專科、路礦學堂、高等師範諸校而併爲一大學，既可節省無數監督提調之薪俸，又可省去無數之敎員，利莫大焉。

省立大學隸於本省之教育司，由本省議會指定本省租稅若干爲經費。

省立大學學費宜輕，能免費更佳，如不能免費，則每縣應有免費生若干名，以考試定各省大學入學程度及畢業年限，均由中央教育部定之，以歸劃一。其畢業所得學位，與國家大學所給同等，畢業生之程度，宜竭力求與各國大學同等。

內地人少民貧之省，不能設大學者，可與他省聯合設立大學，如陝甘大學，雲貴大學之類。

三、私立大學　凡以私人財產設立大學者，須將所捐財產實數，及立學宗旨，呈報本省教育司立案。成立之後，宜由教育司隨時考察其成績，其成效已大著者，國家宜匡助立，匡助之法，或捐款增設學科於其校中，以助成其完備，（記者所居之康南耳大學爲私立大學而紐約省政府乃設農院及獸醫院於是）或捐款設免費額若干名於其校中，俾貧家子弟得來學焉。

私立大學之入學資格及畢業年限，皆須與國家大學及省立大學同等。

私立大學在各國成績卓著，而尤以美國爲最著。美國有名之大學，哈佛 Harvard，耶爾 Yale，康南耳 Cornell，約翰霍鏗 John's Hopkins，卜郎 Brown，芝加角 Chicago（煤油大王洛克斐老所捐）皆私立大學也。私立大學非一人所能成，所賴好善之士，慷慨繼續捐助，以成創始者之美，始有濟耳。

以上所述三種大學，略具梗概而已，尙有專科學校，亦關緊要，故附及焉。

四、專科學校（或官立或私立）上所述之大學，皆以一大校而具若干專校者也。合諸專校爲一校，既可節省許多職員、教員之薪俸，又以諸校同居一地，學生可於本科之外，旁及他科，可免陋隘之弊。惟有時或經費不足設大學，或地方所需以某科爲最急，或其位置所在，最適於某科，於是專科學校興焉。在吾國，如江西之景德鎮，可設磁器專科學校，萍鄉、大冶，可設礦業學校，是也。

專科學校有三大目的。㈠在於造成實用人才。如礦業學校須造成礦師，鐵道學校在造成鐵道工程師之類。㈡在於研求新法以圖改良本項實業，如磁業學校不獨須研究磁器之製造，並須研究改良吾國磁業之法。㈢在於造成管理之人才。今人徒知工程之必要，而不知工程師正如一種人形的機器，供人指揮而已。各種工業實業之發達，端賴經理得人，此項經理之才，譬之軍中之將帥，一軍之安危勝負繫焉，若工程師則兵而已耳，槍炮而已耳，是故專校宜注意此項知識，習銀行者，不獨能簿記分明而已，尤在能深知世界金融大勢，習鐵路者，不獨知繪圖築路，尤宜知鐵路管理法及營業法。

專科學校畢業生，宜與大學畢業生同等。

以上所述大學及專校之組織，但就管見所及，貢其芻蕘而已，此外尚有二要點，亦未可忽，略陳之如下。

（甲）大學中宜設畢業院。畢業院爲高等學問之中心，以四年畢業之大學生，尚未足以語高深之學問，各國於學問，其有所成就者，多由畢業院出者也。鄙意宜鼓勵此種畢業院，院中組織，以本學所有各科正教習兼畢業院教習另推一人主之，院中學科以研究有心得爲重。美國大學畢業院有兩種學位，一爲碩士，至少須一年始可得之，一爲博士，須三年始可得之，院中學生須擇定一正科一副科。（欲得博士者須二副科）所習各課大概多關此二科者，又須於正科內擇定一重要問題，足資研究者，而旁搜博采以研究之，有所心得，乃作爲論文，呈本科教師，謂之博士論文，或碩士論文，如所作論文果有價值，則由大學刊行於世。

大學無畢業院，則不能造成高深之學者，然亦不必每校都有畢業院，鄙意國家大學必不可少此制，省立大學從緩可也。

（乙）大學中無論何科，宜以國語國文教授講演，而以西文補之。此條在今日似不能實行，其故以一則無譯本之高等教科書，二則當教員者未必人人能編講義，三則科學名詞未能統一，不易編著書籍，此三層阻力，可以下法消除之。

㈠國家設專門圖書館，選專門學者居其中，任以二事：

（子）編譯專門教科書供各大學採用。

(丑)編譯百科詞典，凡譯著書者須遵用詞典中名詞，以求統一，詞典未出版以前，譯書著書者，須將所用名詞，送交此館中本科編纂人，得其核准，如著譯人不願用詞典中名詞，須註明「詞典中作某名」。

此圖書館或與國家所立大學同設一處，俾編譯教科書者卽可實地練習，視其書適用與否。

(二)凡國立省立各大學中，非能用國文教授者不得爲教師，其能自編講義者聽之，惟所用名詞，須遵用國家專門圖書館詞典，其不欲編講義者，可採用圖書館所編之教本。

(三)大學生至少須通一國外國文字，以能讀書爲度，故各大學可用西文書籍爲參考互證之用。

夫居今日而言大學必用國文教授，吾亦知其難，惟難不足畏也，今日勉爲其難，他日自易易，若終不爲，則難者終無變易之一日耳。須知吾輩今日求學問，並非僅作入他國大學計已也，乃欲令吾所學於人者，將由我而輸入祖國，俾人人皆可學之，然此非以國文著譯書籍不可，今之所以無人著譯科學書籍者，以書成無所用之，無人讀之耳。若大學既與，而尤不能用國文教授講演，則永永無以本國文字求高等學之望矣。

結論

吾作〈非留學篇〉，乃成萬言，冗長蕪雜之咎，吾何敢辭。今欲提挈綱領，爲國人重言以申明之，曰，吾國今日處新舊過渡青黄不接之秋，第一急務，在於爲中國造新文明，然徒恃留學，決不能達此目的也，必也一面亟興國內之高等教育，俾固有之文明，得有所積聚而保存，而輸入之文明亦有所依歸而同化；一面愼選留學生，痛革其速成淺嘗之弊，期於造成高深之學者，致用之人才，與夫傳播文明之教師，以國內教育爲主，而以國外留學爲振興國內教育之預備，然後吾國文明乃可急起直追，有與世界各國並駕齊驅之一日。吾所謂「留學當以不留學爲目的」者是也，若徒知留學之益，乃持爲百年長久之計，則吾堂堂大國，將永永北面受學稱弟子國，而輸入之文明者如入口之貨，扞格不適於吾民，而神州新文明之夢，終成虛願耳，吾爲此懼，遂不能已於言，知我罪我，是在讀者。

《留美學生季報》一九一四年第三季

附錄二

胡適英文著作編年及分類目錄

一九六二年胡適逝世之後，首先從事遺著整理工作的是臺北中央研究院的胡適紀念館。從一九六九年開始先後印行了十幾種胡適著作，有的是新刊，有的是重印，其中最重要的是一九七〇年《胡適手稿》十集的出版。此外如《中國中古思想史長編》、《中國中古思想小史》、《白話文學史》、《神會和尚遺集》、《嘗試集》、《嘗試後集》、《胡適演講集》等的出版，爲胡適研究者提供了許多搜尋不易，絕版多年的材料。在此之前，臺北的文星書店曾在一九六六年出過一套《胡適選集》，也做了一部份搜集和整理的工作。

就胡適研究而言，過去這十幾年在中國大陸是一個胡適的再發現和再評價的時期。這裏所說的「再發現」、「再評價」，不僅僅意味着對胡適歷史地位的重新估定，也是實際上對胡適著作及研究材料的進一步發掘和出版。

在材料的整理上，北京中國社會科學院、近代史研究所、中華民國史研究室整理編輯了胡適遺留在大陸未發表的書信和日記。分別在一九七九年及一九八五年出版了三大册的《胡適來往書信選》，和一册《胡適的日記》。

最近五、六年來，在出版胡適著作上貢獻最大的是臺北遠流出版事業股份有限公司。一九八六年出版了三十七册的《胡適作品選》，一九九〇年出版了《胡適的日記》手稿本十八册。日記手稿的出版不但爲胡適研究提供了爲數可觀的新材料，也爲將來胡適全集的版行塡補了一項重要的空白。除此以外，如一九八五年由安徽績溪縣文化局整理，一九八九年由安徽美術出版社出版的《胡適家書手稿》三十七件，及《安徽史學》雜誌在一九八九年發表的〈胡適家書選〉都是研究胡適第一手的材料。

胡適中文著作的整理，無論是新材料的發現或舊著的重刊，這幾年來都有了可觀的成績。但他的英文著作卻始終沒有開始搜集或整理的工作，當然，更談不上重刊了。

胡適從一九一二年起，即以英文發表，在往後五十年之間，他的英文著作包括專書、論文、演說講稿及書評等，目前共得二百一十六件，約兩千頁，是一份爲數可觀的原始材料。然而，這批材料卻還沒有引起國內學者廣泛的注意。

在胡適的英文著作中，有極小的一部份已譯成中文，也有一部份是中文著作的轉述或摘要，但絕大部份仍可視爲「新材料」。即使是中文的轉述或摘要，如果細細比較兩種文字，也常能發現語氣或態度上微妙的不同。一般說來，胡適在英文著作裏對中國文化所持的態度，沒有他在中文著作裏那麼嚴厲——少了一點批判，多了一點同情和迴護。這尤其是在他說到「民主」與「科學」時，表現的最爲突出。在胡適幾篇重要的英文論文裏，中國自古就不缺科學方法、民主精神。在中文著作裏，他也偶發類似的議論，但遠不及他在英文著作裏分析的深入和持論的堅定。這點態度不同的本身就是個值得研究的題目。至於胡適在中美外交史上所扮演的角色，以及他對基督教及傳教士的態度等等，若不看英文著作，是無從達到通盤了解的。胡適的英文著作，無論從那個方面來看，都是研究胡適必不可少的材料。

然而，這樣重要的一批材料，到目前爲止，除了一九六三年袁同禮和 Eugene L. Delafield 合編的〈胡適西文著作目錄〉以外，竟還沒有人作過其他的整理工作。一九八四年華東師範大學編輯的《胡適著譯繫年目錄與分類索引》也收錄了袁氏主編的目錄，並加了中文翻譯，但基本上維持原來的形式。

袁氏所編的目錄爲後人整理胡適英文著作提供了可靠的指引，這個目錄是以作品出版的形式分類，共分爲：「專書」、「收入書中之論文」、「小冊子」、「期刊論文」、「書評」、「導論與序言」、「演講與評論」及「譯爲西文之胡適著作」等八類。這個分類的缺點是：有的文章不易斷定究屬何類，因此翻檢很不方便。

我們現在依據袁氏所編的書目，盡可能的搜尋到原件，與之對勘，作了若干勘誤，並打破原來的分類制而以編年形式編排。同時就我們能力時間所及加了一部份的注解說明，此外，也以字母順序編了一個題目索引，以內容為準，編了一個分類索引。並加了幾篇原書目未收的文章。

我們絕不敢說：這個書目已盡收了胡適所有的英文著作。我們更不敢說：在書目中沒有錯誤。但是，我們相信：編年和內容分類的編排方式及增加的注解和說明，為使用胡適英文著作目錄的人增加了一些方便。也是為整理胡適的遺著所作點滴的努力。

我們非常希望有人指出我們的錯誤，或提供本目錄未收的胡適英文著作。

一九九一年十二月十七日

February 25, 1992
Princeton University

國立中央圖書館出版品預行編目資料

胡適叢論／周質平著. --初版. --臺北
市：三民，民81
面；　公分. --(三民叢刊；48)
ISBN 957-14-1899-4 (平裝)

1.胡適-傳記　2.胡適-學識

782.886　　81002706

© 胡　適　叢　論

著　者　周質平
發行人　劉振强
出版者　三民書局股份有限公司
印刷所　三民書局股份有限公司
地址／臺北市重慶南路一段六十一號
郵撥／〇〇〇九九九八——五號
初　版　中華民國八十一年七月
編　號　S 12082
基本定價　肆元陸角柒分
行政院新聞局登記證局版臺業字第〇二〇〇號

ISBN 957-14-1899-4 (平裝)

胡適
英文 著作 編年 目錄
附分類及字母順序索引

周質平
編
歐陽珣

1992

Annotated Bibliography of HU SHIH'S ENGLISH WRITINGS

Arranged chronologically
With cross-listings by title and subject

CHOU CHIH-P'ING
AND
CHRISTOPHER E. OLOFSON
Editors

1 9 9 2

Introduction

This bibliography is a corrected and expanded version of T. L. Yüan and Eugene L. Delafield's 1963 *Bibliography of Dr. Hu Shih's Writings in Western Languages*, first published in *Chung-yang yen-chiu yüan li-shih yü-yen yen-chiu so chi-k'an*, No. 34, pp. 813-837. This revision represents a significant change in classification and presentation format and corrects numerous errors discovered in the original. All cross-listings as well as over 90% of the annotations are new to this bibliography.

Yüan-Delafield System

In Yüan and Delafield's bibliography, articles were assigned identification numbers, hereafter referred to as Yüan-Delafield numbers, based upon the following rules.

1. Articles were first subdivided into the following eight categories.

I	Books
II	Articles Forming Parts of Books
III	Pamphlets
IV	Periodical Articles
V	Book Reviews
VI	Introductions, Forewords, and Prefaces
VII	Addresses, Statements, Comments, Etc.
VIII	Translations of Dr. Hu's Writings

2. Within each of the eight groups, articles were assigned identification numbers chronologically.

This classification scheme resulted in a bibliography with entries numbered from 1 to 237 that has the following flaws.

1. The eight categories are not mutually exclusive, e.g. a speech published in a book could be logically assigned to category II or category VII.

2. Due to errors in the bibliography, the chronological arrangement within the eight categories is not fully reliable.

3. Because materials were assigned first to a subcategory (I through VIII) and only then chronologically arranged, the Delafield numbers have no intrinsic meaning, e.g. given the two numbers 113 and 180, one cannot determine immediately which came earlier.

Chou-Olofson System

In light of these three difficulties, the Yüan-Delafield system has been totally revised in this bibliography. In its place, a new classification schema, hereafter referred to as the Chou-Olofson system, has been implemented according to the following guidelines.

1. Sequential identification numbers have been assigned to each article based on:

(a) The date the material was prepared or delivered to the public for the first time.
(b) Or, if (a) is not known, the date of publication.

2. Such dates are ordered as follows:

(a) Dates with year components only
(b) Dates with year and month components
(c) Dates with year, month, and date components

3. For example, the following dates are shown in the order in which they would be arranged under the new system.

1.1935
2.1935-Mar
3.1935-Mar-15
4.1936-Feb
5.1936-Feb-2

4. Note that even under the Chou-Olofson system, there is still a degree of ambiguity, as it cannot be determined -- for example -- whether #2 predates or postdates #3. In general, however, the new system conveys a reliable sense of the order in which Hu Shih's articles came out, e.g. number 113 certainly predates number 180.

Accuracy
In approximately 85% of the entries, the bibliographic entries listed here have been verified by checking the imprint on the source. In those cases in which the original source could not be obtained, we have relied on the data from the Yüan-Delafield bibliography.

Format of Bibliography
This bibliography is divided into the following sections, each of which is discussed below.

I Main Bibliographic Entries
II Reference by Title
III Reference by Subject

Main Bibliographic Entries
The Main Bibliographic Entries, directly following this section, give complete bibliographic references for all articles. The entries are arranged by identification number under the Chou-Olofson system. In many cases, annotations have been included to indicate the article's significance or to direct the reader to related information, including articles written in Chinese.

☛ Within the annotations of certain articles, the ☛ symbol directs the reader to other articles within this bibliography that are on a similar topic or that are otherwise closely related to the present article.

Certain articles that were written by Hu Shih have been located that are not included in Yüan and Delafield's

bibliography. The reference numbers for these new articles are: 1, 2, 3, 5, 7, 8, 32, 111, 132, 133, 196. New translations begin at number 234.

Certain articles from the Yüan-Delafield bibliography have been omitted in this revised version. In some instances, Yüan and Delafield assigned multiple identification numbers to the same articles; in other instances, Yüan and Delafield included articles that were not actually written by Hu Shih. The **Yüan-Delafield** numbers that have been omitted are: 32, 33, 69, 87, 119, 126, 134, 139, 158, 185, 191, 195, 196, 197, 198, 199.

References to *HSWT* direct the reader to *Hu Shih Wen-ts'un* (Taipei: Far Eastern Publications, 1968). We have chosen this edition because it is more widely available than the Shanghai Ya-tung edition.

References to *TLPL* direct the reader to the journal *Tu-li p'ing-lun*.

References to the Cornell Papers direct the reader to *The Hu Shih Papers at Cornell: 1910-1963* available on microfilm from the Department of Manuscripts and University Archives, 101 Olin Library, Cornell University, Ithaca, NY 14853.

Reference by Title

In cases where the researcher knows the title of the desired article but not its date or identification number,

the alphabetical title reference section may be consulted. This section lists all articles alphabetically by title (translations are not included). When the desired article is located, full bibliographic information can be obtained by consulting the Main Bibliographic Entries under the reference number provided.

Reference by Subject
This section of the bibliography provides reading lists according to selected areas of interest. The identification numbers shown refer to those used in the Main Bibliographic Entries section (translations are not included). These lists are intended as general guides only and do not represent an exhaustive list of all materials which may be of interest. The selected topics are:

Art, Drama, and Fiction
Chinese History
Chinese Philosophy and Intellectual History
Cross-Cultural Studies
Democracy and Communism
Literary Revolution
Political Commentary
Religion and Immortality
Research Methodology
Western Philosophy
World War II and Sino-Japanese Relations

Main Bibliographic Entries

1912

1. "A Republic for China." *The Cornell Era*, 1912-Jan. pp. 240-242. Cornell Papers.
   Notes: Concerns the role of democracy in Chinese political history.

1913

2. "The Ideal Missionary." Ithaca, New York: Julius M. Clapp, 1913. Cornell Papers.
   Notes: Pamphlet, 8 pages. An address given at the First Baptist Church, Ithaca, New York, February 2, 1913. In this pamphlet, Hu argues that a good missionary must (1) be a good Christian; (2) be a good student; and, (3) must not be "dogmatical."

3. "Cornell Welcomes the Delegates to the Ninth Conference of the Eastern Section." *Chinese Students' Monthly*, 1913-Jun-10. pp. 557-558. Cornell Papers.

1914

4. "A Defense of Browning's Optimism." Ithaca, New York: 1914.
   Notes: Hiram Corson Browning prize essays, 18 pages.

5. "Marriage Customs in China." *The Cornell Era*, 1914-Jun. pp. 610-611. Cornell Papers.
Notes: Hu explains the rationality of traditional Chinese marriage customs, including (1) early engagement, and (2) arranged marriages.

1915

6. "Notes on Dr. Lionel Giles Article on the Tun Huang Lu." *Journal of Royal Asiatic Society*, 1915. pp. 35-39.

7. Forward to the "Tenth Anniversary Cornell Cosmopolitan Club Calendar." 1915. Cornell Papers.

8. "The Philosophy of Browning and Confucianism." 1915. Cornell Papers.
Notes: Unpublished address, twenty-one pages. An essay read before the Browning Society of Boston, January 19, 1915. Hu undertakes to explain (1) Browning's conception of the universe and of the existence of evil; (2) Browning's conception of man; (3) Browning's conception of immortality; and (4) Browning's conception of life as a struggle, and of the ultimate success in "apparent failure."

9. "Letter from a Chinese Student." *The New Republic*, 1915-Feb-27. Vol. 2. No. 17. p. 103.

10. "China and Democracy." *The Outlook*, 1915-Sep-1. Vol. III. No. 1. pp. 27-28.

1916

11. "Analysis of the Monarchical Restoration in China." *Columbia Spectator*, 1916-Jan-14. p. 7.

12. "Is There a Substitute for Force in International Relations?" New York: American Association for International Conciliation, 1916.
Notes: Prize essay, International Policy Club competition, awarded June 1916, 15 pages.

1917

13. "Manufacturing the Will of the People." *The Journal of Race Development*, 1917. Vol. 7. No. 3. pp. 319-328.
Notes: A critique and analysis of Yüan Shih-k'ai's scheme of monarchical restoration.

14. *The Development of the Logical Method in Ancient China (Hsien-Ch'in ming-hsüeh shih)*. Shanghai: The Oriental Book Company, 1928. 187 pages.
Notes: The preface is dated June, 1917. "A Note," dated January, 1922, states: "This work on the development of the logical method in ancient China was written during my residence in New York City from September, 1915 to April, 1917. It

was accepted by the Faculty of Philosophy of Columbia University as partial fulfillment of the requirements for the degree of Doctor of Philosophy."

1919

15. "The Greatest Event in Life, A Farce in One Act." In A. E. Zucker, *The Chinese Theater.* Boston: Little, Brown & Co, 1925. pp. 119-128.
Notes: Written in China in English in 1919. Later translated into Chinese. The Chinese title is "Chung-shen ta-shih," *HSWT I,* pp. 813-827.

16. "A Literary Revolution in China." *The Peking Leader,* 1919-Feb-12. pp. 116-118.
Notes: A special anniversary supplement of *The Peking Leader (Pei-ching tao-pao).* Subtitle for this special issue, "China in 1918."

17. "Intellectual China in 1919." *The Chinese Social and Political Science Review,* 1919-Dec. Vol. 4. No. 4. pp. 345-355.

1922

18. "The Literary Revolution in China." *The Chinese Social and Political Science Review,* 1922-Feb. Vol. 6. No. 2. pp. 91-100.

Notes: Dr. Hu's article is dated February, 1922. Appears later in *China Today Through Chinese Eyes*, London: 1922. p. 54-66

19. "Parinamana." *Free China Review*, 1961-Aug. Vol. 11. No. 8. pp. 22.
    Notes: A poem. Hu states: "I was in a train from Tsinan bound for Peiping on [sic] October 1922 when the Parinamana chapter in the Sutra of *Hua Yen* inspired me into writing this poem. On May 8, 1924, the 64th birthday of Indian poet Tagore, friends of Peiping's Crescent Moon Society held a celebration in his honor. I wrote this poem on a scroll and he requested me to translate it into English. I did the best I could as above." For the Chinese text, see "Hui-hsiang" in *Ch'ang-shih hou-chi*. (Taipei: Hu Shih chi-nien kuan, 1971), p. 2.

1923

20. "Social Change in Chinese Poetry." *The Chinese Social and Political Science Review*, 1923-Jan. Vol. 7. pp. 66-79.

1924

21. "Li Ju-chen, Author of the Novel *Flowers in the Mirror*." 1924-Feb.
    Notes: Address to Tientsin Rotarians, 9 pages.

22. "A Chinese Declaration of the Rights of Women." *The Chinese Social and Political Science Review*, 1924-Apr. Vol. 8. No. 2. pp. 100-109.
Notes: Paper read before the Tientsin Rotary Club, February 7, 1924. A condensed English version of the Chinese article "Ching-hua yüan te yin-lun". *HSWT II*, pp. 400-433. ☞ 62.

1925

23. "Buddhist Influence on Chinese Religious Life." *The Chinese Social and Political Science Review*, 1925-Jan. Vol. 9. pp. 142 150.
Notes: "This is a part of a lecture on 'Buddhistic Influence on Chinese Thought' delivered before the November meeting of the Peking Historical Association. The lecture was divided into three parts: Literature, Religion, and Philosophy. At the urgent request of the Editor of the Review, the second part of this lecture is here published as it was read."

24. "Sinological Research at the Present Time." Peking: Peking Leader Press, 1925
Notes: Pamphlet. Peking Leader Reprints # 11, 7 pages. "The following is a summary of a lecture by Dr. Hu Shih before the North China Union Language School June 12, 1925."

25. "The Present Crisis in Christian Education." *Religious Education*, 1925-Dec. Vol. 20. No. 6. pp. 434-438.
Notes: This article was original published in the July, 1925 issue of the *Educational Review of the China Christian Educational Association*. ☛ 26.

1926

26. "The New Crisis in China Missions." *The Missionary Review of the World*, 1926-Feb. Vol. 49. No. 2. pp. 85-87.
Notes: "From a recent article by Professor Hu Shih, Ph.D. of the Chinese National University in Peking showing the point of view of an educated non-Christian Chinese." Sent by Rev. John C. Griffith, Changte, Honan, China. ☛ 25.

27. Speech in P.H.B. Kent, *The Twentieth Century in the Far East*. London: Port Washington, NY: Kennikat Press, 1937 p. 110.
Notes: Brief extracts of a speech given before the Central Chinese Union of Students in Great Britain at the Annual Dinner in London, October, 1926 discussing the failure of the Chinese 1911 Revolution.

28. "The Renaissance in China." *Journal of Royal Institute of International Affairs*, 1926. Vol. 5. pp. 265-283.

Notes: Address given on November 9, 1926. Includes subsequent comments by Professor W. J. Hinton and Sir Charles Addis, Chairman. ☛ 57.

29. "Has China Remained Stationary During the Last Thousand Years?" *Cambridge Review*, 1926-Nov-19. Vol. 48. No. 1176. pp. 112-113.
Notes: As the title suggests, China has not remained stationary during the last thousand years. Hu Shih argues that the T'ang Dynasty, as far as literature, philosophy, religion, and methodology in academic research are concerned, had not reached the climax. The original ideas of this lecture appeared in Hu Shih's diary (July 3, 1921). *Hu Shih te jih-chi* (Hong Kong: Chung-hua shu-chu, 1985), pp. 124-125.

30. "China and the Missionaries." *The Spectator*, 1926-Dec-18. Vol. 137. No. 5138. pp. 1107.
Notes: Hu indicates that missionaries had done good work in China, and that the anti-foreign feeling in China is due to "a general national resentment against imperialistic aggression."

1927

31. Introduction to the 1927 tour of Mei Lan-fang. In Ernst K. Moy, ed. *Mei Lan-fang: Chinese Drama*. 1927. pp. 1-3.

32. "Forward or Backward in China? Speeches by Dr. Hu Shih, Mr. Glover Clark, and Dr. Stanley K. Hornbeck before the Foreign Policy Association, New York City, February 26, 1927." Peking: Peking Leader Press, 1927.
Notes: Pamphlet, 44 pages. Peking Leader Reprints # 31.

33. "Cultural Rebirth in China." *Trans-Pacific*, 1927-May-14. Vol. 14. No. 20. pp. 13.
Notes: Speech before the Pan-Pacific Club, May 13, 1927.

34. "China Changes Its Religion. " In *The European Scrapbook: The Golden Harvest of Thought and Achievement*. New York: Wm. H. Wise and Co, 1928 pp. 149-150.
Notes: A brief reflection on why Christianity encountered so many difficulties in propagating itself among the Chinese people in general and among intellectuals in particular. Appears previously in *The Forum*, Vol. 78, No. 1, July 1927, pp. 1-2.

35. Introduction to Herbert C. White, *Peking the Beautiful*. Shanghai: Commercial Press, 1927. pp. 7-10.
Notes: Introduction is dated November 10, 1927.

1928

36. "Reform in Chinese Mourning Rites." In E. T. C. Werner, *Autumn Leaves*. Shanghai: Kelly and Walsh, 1928. pp. 69-95.

37. "Civilization of the East and West." In Charles A. Beard, ed., *Whither Mankind: A Panorama of Modern Civilization*. New York: Longmans, Green and Co, 1928. pp. 25-41.
Notes: A revised text appears in *The World's Best*, ed. by Whit Burnett (New York: Dial Press, 1928). pp. 1066-1077. This article is essentially an English translation of "Wo-men tui-yü chin-tai hsi-yang wen-ming te t'ai-tu," *HSWT III*, pp. 1-15.

38. "Wang Mang, the Socialist Emperor of Nineteen Centuries Ago." *Journal, North China Branch, Royal Asiatic Society*, 1928. Vol. 59. pp. 218-230.

39. Book Review of John C. Ferguson, *Chinese Paintings*. In *Journal, North China Branch, Royal Asiatic Society*, 1928. Vol. 59. pp. 331-334.

1929

40. "Conflict of Cultures." In Bruno Lasker, ed., *Problems of the Pacific, 1931*. Chicago: University of Chicago Press, 1932. pp. 471-477;499.

Notes: Yüan and Delafield note that this article also appears in *China Christian Year-book, 1929*. pp. 112-121. Prepared for the Fourth Conference of the Institute of Pacific Relations, Hangchow and Shanghai, China, October 21 to November 2, 1931. Also take note of Hu Shih's statement—outside the cited article — on page 499 regarding the role of education and the conference. This article was later developed into a Chinese essay entitled, "Shih-p'ing so-wei te Chung-kuo pen-wei te wen-hua chien-she." First appeared in *TLPL*, April, 1935, No. 145, pp. 4-7; later included in *HSWT IV*, pp. 535-540; also see *TLPL* No. 142, Editorial Notes.

41. "Establishment of Confucianism as a State Religion during the Han Dynasty." *Journal, North China Branch, Royal Asiatic Society*, 1929. Vol. 60. pp. 20-41.
    Notes: "This paper is an attempt to tell the story of the vicissitudes of Confucianism during the second and first centuries before the Christian era, and to point out the real nature of the resultant religion which was elevated to be the state religion of the Empire and which has since influenced the Chinese nation for the last twenty centuries."

42. Introduction to G. E. Sokolsky, *Story of Chinese Eastern Railway*. Shanghai: North China Daily News and Herald, Ltd., 1929. pp. 5-9.

43. "China Foundation Regains Its Independence." *China Weekly Review*, 1929-Jan-26. Vol. 47. No. 9. pp. 368.

1931

44. Collection of essays in Hu Shih and Lin Yu-tang, *China's Own Critics*. Peiping: China United Press, 1931. pp. 11-73.
Notes: Five of Hu Shih's works are condensed here from the original Chinese texts: (1) "Which Road Shall We Take" (2) "The Rights of Man" (3) "When Shell We Have a Constitution" (4) "On Knowledge and Action" (5) "China's Sterile Inheritance." For the Chinese text of (1), see "Wo-men tsou na-tiao lu," *HSWT IV* pp. 429-444. For the Chinese text of (2), (3), and (4), see "Jen-ch'üan yü yüeh-fa," "Wo-men shen-mo shih-hou ts'ai k'o-i yu hsien-fa," "Chih-nan hsing-i-pu-i," in Hu Shih et al., *Jen-ch'üan lun-chi*. (Shanghai: Hsin-yüeh shu-tian, 1930), pp. 1-12; 21-32; 145-168.

45. Essay in *Living Philosophies*. New York: Simon & Schuster, 1931 pp. 235-263.
Notes: This essay presents much of the same information that is found in Hu's Chinese autobiography, *Ssu-shi tzu-shu*. ☞ 59.

46. "Women's Place in Chinese History." Trans-Pacific News Service, 1940.

Notes: Pamphlet, 15 pages. Author's note: "This paper was first read in 1931 before the American Association of University Women in Tientsin, China. A summary of it was read at a meeting of friends of Ginling College for Women sponsored by Mrs. Dwight Morrow, Mrs. Louis F. Slade, Mrs. Theodore Roosevelt, Jr, and others on December 5, 1940 at the Cosmopolitan Club in New York City. Part of this article was based on Hu's Chinese essay, "San-pai nien chung te nü-tso-chia," *HSWT III*, pp. 673-382.

47. "Confucianism" in Edwin R. A. Seligman, ed., *Encyclopaedia of the Social Sciences*. New York: Macmillan Co, 1931. Vol. 4. pp. 198-200.

48. Extracts of an address to the Institute of Pacific Relations. In *Problems of the Pacific, 1931*. Chicago: University of Chicago Press, 1931. pp. v-vi;499.
Notes: Volume contains the proceedings of the Fourth Conference of the Institute of Pacific Relations, Hangchow and Shanghai, October 21 to November 2, 1931. Hu also spoke at the Fifth Conference.

49. "Religion and Philosophy in Chinese History." In Sophia H. Chen Zen, ed., *Symposium on Chinese Culture*. Shanghai: China Institute of Pacific Relations, 1931. pp. 25-58.
Notes: Prepared for the Fourth Biennial Conference of the Institute of Pacific Relations in

Hangchow–October 21 to November 4, 1931. Hu also spoke at the Fifth Conference of the Institute of Pacific Relations.

50. "Literary Renaissance." In Sophia H. Chen Zen, ed., *Symposium on Chinese Culture*. Shanghai: China Institute of Pacific Relations, 1931 pp. 150-164. Notes: Prepared for the Fourth Biennial Conference of the Institute of Pacific Relations Hangchow--October 21 to November 4, 1931. This is a brief history of the development of *pai-hua* literature in China and an account of how the vernacular movement led by Hu Shih started and won the battle. Hu also spoke at the Fifth Biennial Conference.

1932

51. "K'ang Yu-wei." In Edwin R. A. Seligman, ed., *Encyclopaedia of the Social Sciences*. New York: The Macmillan Co, 1932. Vol. 8. pp. 537.

52. "Development of Zen Buddhism in China." *The Chinese Social and Political Science Review*, 1932-Jan. Vol. 15. No. 4. pp. 475-505. For the Chinese version of the same subject, see "Chung-kuo ch'an-hsüeh te fa-chan" in *Hu Shih yen-chiang chi* (Taipei: Hu Shih chi-nien kuan, 1970), 3 vols., vol. 1, pp. 87-149.

53. "The Way to National Unification." *The People's Tribune*, 1932-Dec-16. Vol. 3. No. 10. pp. 355-361.
Notes: For an earlier Chinese version of this article, see "Tung-i te lu" in *TLPL*, No. 28 (November 27, 1932), pp. 2-6.

54. "Hu Shih's Views on Geneva Resolution." *China Weekly Chronicle*, 1932-Dec-25. Vol. 1. No. 8. pp. 12.

1933

55. Introduction to A. E. Zucker, *Western Literature, Greece and Rome*. Shanghai: The Commercial Press, 1933. Vol. 1. pp. xii-xvii.

56. "Types of Cultural Response." *The Chinese Social and Political Science Review*, 1934-Jan. Vol. 17. No. 4. pp. 529-552.
Notes: This article was given as the first of a series of lectures on the Haskell Foundation, University of Chicago, in the summer of 1933.

57. *The Chinese Renaissance*. Chicago: The University of Chicago Press, 1934.
Notes: The Haskell lectures delivered at the University of Chicago in 1933. ☛ 28.

58. "On an I.P.R. Philosophic Code." *Pacific Affairs*, 1933-Oct. Vol. 6. pp. 488-490.

Notes: Hu's comments on the opening of the Fifth Biennial Conference of the Institute of Pacific Relations. Note that Hu also made remarks at the Fourth Biennial Conference.

1934

59. "My Credo and Its Evolution." *The People's Tribune*, 1934-Feb-16. Vol. 6. No. 4. pp. 219-237.
Notes: Similar information to that presented in *Autobiography at Forty* and the contributions to *Living Philosophies*. Note the ten-point credo translated by Hu on page 236. ☛ 45.

60. "Social Changes in China." *The People's Tribune*, 1934-Apr-1. Vol. 6. No. 7. pp. 385-392.

61. Book review of Chu Ch'i-feng, *The Tz'u-T'ung: A New Dictionary of Classical Polysyllabic Words and Phrases*. Shanghai: Kaiming Book Company. In *Quarterly Bulletin of Chinese Bibliography*, 1934-Jun. Vol. 1. No. 2. pp. 55-58. This essay is based on the Chinese article, "Tz'u-t'ung hsü." *HSWT IV*, pp. 587-596.

62. "A Chinese 'Gulliver' on Woman's Rights." *The People's Tribune*, 1934-Aug-1. Vol. 7. No. 3. pp. 121-127.
Notes: Discussion of the Li Ju-chen (1760-1830), author of *Flowers in the Mirror*. ☛ 22.

63. "Is China Making Progress." *China Weekly Chronicle*, 1934-Dec-2. Vol. 4. No. 23. pp. 6-7.
Notes: Synopsis of speech made at the monthly forum of the Peking Union Church Men's Brotherhood.

1935

64. "An Optimist in the Sea of Pessimism." *The People's Tribune*, 1935-Jan-1. Vol. 8. No. 1. pp. 17-24.
Notes: This is the English translation of the Chinese essay, "Pei-kuan sheng-lang li te le-kuan," written on October 12, 1934. *HSWT IV*, pp. 480-485.☛ 66.

65. "Do We Need or Want Dictatorship?" *The People's Tribune*, 1935-Feb-16. Vol. 8. pp. 89-95.
Notes: An English translation of the Chinese essay, "Chung-kuo wu tu-ts'ai te pi-ao yü k'o-neng." *TLPL*, No. 130 (December 9, 1934), pp. 2-6.

66. "An Optimist Looks at China." *Asia Magazine*, 1935-Mar. Vol. 35. No. 3. pp. 139-142.
Notes: In the following issue (April, 1935), John Leighton Stuart discusses higher education in China. ☛ 64.

67. "Japanese Consular Conference on the Boycott-Hu Shih's Views on 'Cooperation.'" *Pacific Affairs*, 1935-Apr-13. Vol. 72. No. 7. pp. 209-210.

1936

68. "The Readjustment of Sino-Japanese Relations." *The People's Tribune*, 1936-May-1. Vol. 13 (New Series). No. 3. pp. 169-173.
Notes: Hu lists seven points which he feels necessary to improve Sino-Japanese relations.
An English translation of "T'iao-cheng Chung-Jih kuan-hsi te hsien-chüeh t'iao-chien." *Ta-kung pao* (April 12, 1936); *TLPL*, No. 197 (April 19, 1936), pp. 3-5.

69. "Higher Education in China: Progress and Expansion." *The China Weekly Chronicle*, 1936-May-21 through 27. Vol. 7. No. 21. pp. 7-8.
Notes: This is Hu Shih's talk on "University Education in China" at the regular meeting of the Rotary Club in the Wagons-Lits Hotel on May 14.

70. "If We Are Forced to War: A comment on the preceding article being 'Must China Fight Japan' by H. J. Timperley." *Asia Magazine*, 1936-Jun. Vol. 36. No. 6. pp. 379-384.
Notes: Also in *Review of Reviews*, Vol. 93 June 1936, page 69. Also in *The China Weekly Review*, Vol 7. July 4, 1936, pp. 180-181.

71. "Reconstruction in China: Shall China Abandon All Her Activities of Political, Economic and Social Reconstruction and Prepare to Die without an

Effort to Save Herself?" *Asia Magazine*, 1936-Nov. Vol. 36. No. 11. pp. 737-740.
Notes: Editor's note: The following article is a digest, prepared for *Asia* by Dr.Hu Shih, of his important address at the Institute of Pacific Relations during his recent conference in California.

72. "The Changing Pacific: Japan's Lost Supremacy: Survey by Dr. Hu Shih." *The China Weekly Chronicle*, 1936-Dec-10 through 16. Vol. 8. No. 24. p. 5.
Notes: Extract of speech at a dinner given in Hu Shih's honor by the American University Club, the Pan-Pacific Association, the Institute of Pacific Relations, and the Association of Universities and Colleges at the Park Hotel in Shanghai the evening of December 3, 1936. ☞ 74, 75.

1937

73. "The Indianization of China: A Case Study in Cultural Borrowing." in *Independence, Convergence, and Borrowing in Institutions, Thought, and Art*. Cambridge: Harvard College, 1937. pp. 219-247.
Notes: Harvard Tercentenary Publications. This is one of the most important articles by Hu Shih on the influence of Buddhism on Chinese civilization. ☞ 138.

74. "The Pacific Changes Color." *The Chinese Mercury*, 1937-Jan. Vol. 1. No. 1. pp. 44-45.
Notes: An address delivered by Hu at the Chinese Students' League of Greater New York (date unknown), taken down by Mr. and Mrs. C.P. Tsu, Graduate School, Columbia University. Although originally a pacifist, Hu states that "Since June 10, 1935, I have been converted into a champion for armed resistance." Also note Hu's brief remark on page 41 of the same article (not mentioned by Yüan/Delafield), reproduced here in its entirety: "Shall China abandon all her activities of political, economic and social reconstruction and prepare to die without an effort to save herself? No, a thousand times no! We are determined to go on with our work of putting our own house in order, of solving our own urgent problems, and, if necessary, of fighting for our own existence." ☞ 72, 75.

75. "The Changing Balance of Forces in the Pacific." *Foreign Affairs*, 1937-Jan. Vol. 15. No. 2. pp. 254-259.
Notes: ☞ 72, 74.

76. "Can China Survive?" *Forum and Century*, 1937-Jan. Vol. 97. No. 1. pp. 39-44.

77. "China's Chances of Survival." *The People's Tribune*, 1937-Mar-1. Vol. 16. No. 5. pp. 373-382.

Notes: Except for the opening, the rest of this article was published again under the title, "My People and the Japanese." ☛ 79.

78. "Exhibition of Bibles: Addresses by Dr. Cheng Ching-yi, Dr. Eric North, and Dr. Hu Shih." *Pacific Affairs*, 1937-Mar-24. Vol. 9. No. 12. pp. 6-7.

79. "My People and the Japanese." *The Living Age*, 1937-May. pp. 251-255.
Notes: From *The People's Tribune*. Introductory note to article: Hu Shih contends that *fundamentally* China is far more modern than Japan. ☛ 77.

80. "Les Tâches a Venir" (The Tasks to Come). *Europe Nouvelle*, 1937-May-29. Vol. 20. pp. Suppl. viii.
Notes: In the supplement. In French.

81. "What China Expects of America in the Present Crisis." *The Far Eastern Magazine*, 1937-Nov. Vol. 1. No. 1. pp. 14-16.
Notes: A broadcast on arrival at San Francisco, September, 1937.

82. Address to the Foreign Policy Association, New York, NY on November 10, 1937. *China Reference Series*, 1938-Jan. Vol. 2. pp. 57-60.

83. "The Issues Behind the Far Eastern Conflict." New York: China Institute in America, 1937.

Notes: Pamphlet. 8 pages. Address delivered before the Foreign Policy Association, New York, November 13, 1937.

1938

84. "Japan's War on China." New York: Chinese Cultural Society, 1938.
Notes: Pamphlet. This citation from Yüan/Delafield; additional bibliographic information is not known.

85. "What Can America Do in the Far East Situation." *Amerasia*, 1938-Aug. Vol. 2. No. 6. pp. 293-295.
Notes: Also in *The China Weekly Review*, Vol. 86, September 24, 1938, pp. 106-107. An address delivered over the Columbia Broadcasting Network in New York on June 24, 1938. Hu promotes American involvement in the war. ☞ 89.

86. "To Have Not and Want to Have." *The Annuals of the American Academy of Political and Social Science*, 1938-Jul. Vol. 198. pp. 59-64.

87. "The Westernization of China and Japan." *Amerasia*, 1938-Jul. Vol. 2. No. 5. pp. 243-247.
Notes: Discussion comparing two books. (1) *The Invasion of China by the Western World* by E. R. Hughes (Macmillan) and (2) *Japan in Transition* by

Emil Lederer and Emy Lederer-Seidler (Yale University Press). ☞ 101.

88. "National Crises and Student Life." *The Chinese Christian Student*, 1938-Dec. Vol. 29. No. 2. pp. 3-4. Notes: Address given before the C.S.C.A. Summer Conference in Chicago, July 1, 1938. For a Chinese article with similar subject, see "Ai-kuo yün-tung yü ch'iu-hsüeh", *HSWT III*, pp. 720-725.

89. "The Far Eastern Situation." *The Chinese Christian Student*, Issue for 1938-Dec and 1939-Jan. Vol. 29. No. 3. pp. 9-10.
Notes: Summary of address given before the Chinese Student's Christian Association, Summer Conference in Chicago, July 1, 1938. Discussion of American potential involvement in the Chinese crisis. ☞ 85.

90. "Symposium on Science and the Philosophy of Life (Abstract)." *China Institute Bulletin*, 1938-Nov. Vol. 3. No. 2. pp. 46-48.

1939

91. Essay in Clifton Fadiman, ed., *Living Philosophies Revised*. New York: Simon and Schuster, 1939. pp. 375-378.

92. Address in *The Family of Nations*. New York, 1939. pp. 14-16.
Notes: Address delivered over the Columbia Broadcasting Network.

93. "On China's Progress." *The Missionary Review of the World*, 1939-Feb. Vol. 62. No. 2. pp. 86-87.
Notes: Hu explores briefly the following areas of "progress:" (1) The overthrow of the despotic government, (2) The reform in education, (3) The change of the family system, (4) The reform of social customs, and (5) New developments in political organization.

94. "An Open Letter to the Guardian." *Harvard Guardian*, 1939-Jun. Vol. 3. No. 6. pp. 3-4.
Notes: Prompted by the invitation to respond to the question, "State why the Government of China is resisting the fulfillment of these Japanese aims" as stated by Mr. Yakichiro Suma.

95. Speech given at the commencement luncheon of the alumni of Columbia University. *The Chinese Christian Student*, 1939-Jun. Vol. 29. No. 6-7. p. 8.

96. "The Meaning of October Tenth." *The Chinese Christian Student*, 1939-Oct/Nov. Vol. 30. No. 1-2. pp. 4.
Notes: Address delivered at the New York World's Fair, October 10, 1939. For an essay dealing with the same subject in Chinese, see "Shuang-shih-

chieh te kan-hsiang." *TLPL*, No. 122 (October 14, 1934), pp. 2-4.

97. "To Friends of China in America. " In *Bowl of Rice Ball*. 1939 pp. 5-6.
Notes: Program for New York City Bowl of Rice Dinner and Ball given October 31,1939.

98. "The Present Situation in China." *China Monthly*, 1940-Jan. Vol. 1. No. 2. pp. 4-5; 12-13.
Notes: Discussion regarding Japanese aggressions in China. Speech delivered at the Town Hall Meeting of New-York City, Tuesday, December 5, 1939.

1940

99. "The Political Philosophy of Instrumentalism. " In *The Philosopher of the Common Man: Essays in Honor of John Dewey to Celebrate His 80th Birthday*. New York: G. P. Putnam's Sons, 1940 pp. 205-219.
Notes: First paragraph: "This paper is intended to be a study of Dewey's political philosophy with a view to satisfying my own inquiry: Has Dewey worked out a political philosophy that can be regarded as consistent with his logical theory of instrumentalism?" ☞ 113.

100. "The Modernization of China and Japan." In Ruth Nanda Anshen, ed., *Freedom: Its Meaning*.

New York: Harcourt, Brace and Co, 1940. pp. 114-122.
Notes: Also in: *Cultural Approach to History*, ed. by C. F. Ware for the American Historical Association. New York, Columbia University Press, 1940. pp. 243-251.

101. "The Modernization of China and Japan: A Comparative Study in Cultural Conflict." *China Institute Bulletin*, 1940. Vol. 5. No. 4. Supplementary winter issue, pp. 773-780.
Notes: Address before the American Historical Association in Washington, DC. ☞ 87.

102. "China Christian Colleges and American Friends." *Chinese Christian Student*, 1940-Feb/Mar. Vol. 30. No. 4. pp. 1;7-8.
Notes: Given at the Dinner by the Associated Boards for Christian Colleges in China, held in New York City, January 25, 1940.

103. "We Are Still Fighting." *China Magazine*, 1940-Feb. Vol. 16. No. 1. pp. 4-6.
Notes: Published by the China Society of America, New York, New York. Regarding World War II. Article concludes with three conditions for a satisfactory peace: (1) China must be independent; (2) Aggressors must not obtain material gains; (3) Order in the Pacific region must be reestablished. ☞ 128.

104. "The World War and the Future World Order." *Association of American College Bulletin*, 1940-Mar. Vol. 26. No. 1. pp. 6-14.

105. "The Far East and the Future Peace of the World." *The China Quarterly*, summer 1940 issue. Vol. 5. No. 3. pp. 399-407.
Notes: Address before the Rollins Institute on International Relations, Winter Park, Florida, March 5, 1940.

106. "A View of Immortality." New York: New York Society for Ethical Culture, 1940. pp. 1-4.
Notes: An address before the New York Society for Ethical Culture on April 7,1940. ☛ 163.

107. "Intellectual Preparedness." 1940
Notes: A commencement address at Union College, June 10, 1940. Also the commencement address before Perdue University in 1941.

108. "Letter to Dr. Edward H. Hume." *Bulletin of the American Asiatic Association*, 1940-Dec. Vol. 6. No. 6. pp. 22.
Notes: Brief remarks on the book, *The Chinese Way in Medicine*. The letter is dated August, 29, 1940.

109. "Saving Democracy in China. " In *America's Second Fight for Freedom*. 1940.

Notes: Report of the New York Herald Tribune 10th Annual Forum on Current Problems at the Waldorf-Astoria, New York, October 22-24, 1940.

110. Address to the Merchant's Association, New York, NY. In Louise W. Holburn, Louise, ed., *War and Peace Aims of the United Nations*. Boston: World Peace Foundation, 1943. Vol. 1. pp. 378-379.
Notes: The speech is dated October 24, 1940.

111. "Place of the Alumni Organization in the History of Universities." 1940. Cornell Papers.
Notes: Address given at the Alumni Association of Cornell University, Boston, Massachusetts, November 15, 1940.

112. "What Kind of World Order Do We Want? A Discussion by H.G. Wells, Hu Shih, Ray L. Wilbur, John T. Flynn." *Town Meeting*, 1940-Dec-2. Vol. 6. No. 3. pp. 4-7.
Notes: On *Town Meeting of the Air*.

1941

113. "Instrumentalism as a Political Concept. " In *Studies in Political Science and Sociology*. Philadelphia: University of Pennsylvania Press, 1941. pp. 1-6.
Notes: On the occasion of the University of Pennsylvania Bicentenial Conference. ☞ 99.

114. "New World Order Cometh." *American Association of School Administrators Official Report*, 1941. pp. 148-153.

115. "America's Stake in China's Struggle." *Front Democracy*, 1941-Mar. Vol. 7. pp. 169-170.

116. "Historical Foundations for a Democratic China. " In *Edmund J. James Lectures on Government: Second Series*. Urbana: University of Illinois Press, 1941 pp. 53-64.
Notes: Also in: *Proceedings*, Institute of World Affairs, Problems of the Peace, Vol. 21. Los Angeles, 1944-45. pp. 54-63. Delivered March 12, 1941. Hu Shih considered three historical factors were historical foundations for a democratic China: (1) a democratized and classless social structure, (2) a traditional belief in the selection of office-holders through an objective competitive examination, and (3) a long history of encouragement of out-spoken censorial central government.

117. Speech at the dedication ceremonies for the Bureau Pavilion at the World's Fair. *American Bureau for Medical Aid to China Bulletin*, 1941-Apr. Vol. 3. No. 4. p. 4.

118. Selections from an address. *Talks*, 1941-Apr. Vol. 6. No. 2. pp. 52-54.

Notes: *Talks* is a Quarterly Digest of Addresses Broadcast Over Columbia Broadcasting System, New York City.

119. "A Historian Looks at Chinese Painting." *Asia Magazine*, 1941-May. Vol. 41. No. 5. pp. 215-218.

120. "The Conflict of Ideologies." *The Annuals of the American Academy of Political and Social Science*, 1941-Nov. Vol. 218. pp. 26-35.
Notes: Delivered July 8, 1941. Compares democracy with totalitarianism — to which he attributes twenty-one specific characteristics listed on page 30. Translated into Chinese by Chang Ch'i-yün entitled "Min-chu yü chi-ch'uan te ch'ung-t'u." *Tzu-yu chung-kuo*. Issue I (November, 1949), pp. 5-8.

121. "Ambassador Hu Shih Describes China's Ten-Year Fight for Freedom, Struggle Against Aggression." *Life Association News*, 1941-Oct. Vol. 36. No. 2. pp. 136-138;213-215. Article is dated September 19, 1941.
Notes: This article discusses five reasons that explain why China was able to resist Japan. ☞ 123, 131.

122. "The Exchange of Ideas Between the Occident and the Orient: A Case Study in Cultural Diffusion." *Contemporary China*, 1941-Nov-3. Vol. 1. No. 12. pp. 1-4.

Notes: This is a digest of Hu Shih's paper read at the Fiftieth Anniversary Celebration of the University of Chicago, September 24, 1941. This digest is divided into three parts (1) Principle of relativity or gradation in cultural diffusion; (2) Principle of freedom as a determining factor in cultural transmission; and (3) Principle of the recipient people as the ultimate core of cultural transformation.

123. Address on the occasion of Founder's Day, 1941. In *Carnegie Magazine*, 1941-Nov. Vol. 15. No. 6. pp. 166-171.
Notes: Forty-fourth annual celebration of the Founder's Day at the Carnegie Institute was held in the Music Hall on Thursday evening, October 23, 1941, at 8:00pm, in Pittsburgh. In his remarks, Hu Shih cites five reasons for China's ability to resist the Japanese: (1) space, (2) number, (3) historical unity, (4) internal reconstruction, and (5) external aid. Photograph on page 169 identifies the "Founder's Day Group 1941" as Hu Shih, Samual Harden Church, Alice Long, William Frew, Frederick G. Blackburn, Reverend Dr. Arthur B. Kinsolving II, and Marshall Bidwell. ☛ 121, 131.

124. "Soul of the Chinese Revolution." *Sphere*, 1941-Nov. Vol. 28. No. 5. pp. 9-10;35.
Notes: Monthly from Washington. Short historical overview of the 1911 revolution.

125. "Our Honorable Enemy." *China at War*, 1942-Jan. Vol. 8. No. 1. pp. 11-13.
Notes: Speech at the China Society of America's Annual Dinner in honor of the Chinese Ambassador on December 19, 1941. Discussion of Japan's aggression in terms of its domestic political history.

1942

126. Address of January 17, 1942 in *Congressional Record Proceedings and Debates of the 77th Congress, Second Session*. Washington, DC, 1942. pp. 1-2.

127. "Pamphleteering Proves Its Power in China." *The Quill*, 1942-Feb. Vol. 30. No. 2. pp. 5,12.

128. "For Just Peace in the Pacific." *Free World*, 1942-Feb. Vol. 2. No. 1. pp. 9-13.
Notes: ☛ 103.

129. "Factors Necessary for a Durable Peace in the Pacific Area: A Chinese View. " In Francis J. McConnell et al., *A Basis for the Peace to Come*. New York: Abingdon-Cokesburg Press, 1942. pp. 115-125.
Notes: Merrick-McDowell Lectures of Ohio Wesleyan University, Delaware, Ohio for 1942 included addresses from Francis J. McConnell,

John Foster Dulles, William Paton, Leo Pasvolsky, Hu Shih, and C. J. Hambro.

130. "Our Common Battle." *The American Magazine*, 1942-Mar. Vol. 133. pp. 25.
Notes: This is a brief comment attached to a more substantial article by Lin Yutang entitled "The Chinese Gun at Nippon's." Hu's comment is reproduced here completely: "Chinese leaders for the last ten years have been crying in the wilderness that what happened in Manchuria in September, 1931, was the first assault on the then existing international order and that this first assault, if unchecked and unpunished, would ultimately lead to a second world conflagration. This cry of warning has now come true. After having fought fully four years and a half against Japanese aggression, China is now at last fighting with practically all the democratic powers as her partners at arms. We in China have not the slightest doubt as to the ultimate victory of the cause of China and of her allies and associates. After reading my friend Lin Yutang's interesting article, I would like to quote as China's message to America the words which Generalissimo Chiang Kai-shek addressed to President Roosevelt on December 9th: 'To our now common battle we offer all we are and all we have to stand with you until the Pacific and the world are freed from the curse of brute force and endless perfidy.'"

131. "China's Fighting Strength and Fighting Faith." *China Monthly*, 1942-Apr. Vol. 3. No. 5. pp. 4-5. Notes: Address of Hu Shih delivered at the Chamber of Commerce dinner at East Orange, New Jersey, on March 11, 1942. This speech presents five points explaining why the Chinese are able to resist the Japanese. ☛ 121, 123.

132. Speech before the Economic Club of New York on March 16, 1942. Cornell Papers.
Notes: Regarding World War II.

133. Broadcast over the Mutual Network on Sunday, March 22, 1942, 10:15pm, Washington DC.
Notes: Regarding China and the United Nations in World War II. Cornell Papers.

134. "China Too is Fighting to Defend a Way of Life." San Francisco: The Grabhorn Press, 1942.
Notes: Address delivered to the Radcliffe Club on March 23, 1942 at Washington DC concerning why China fought Japan. 17 pages. Reprinted with accompanying Chinese translation by Chang Wei-lin in a pamphlet published by Hu Shih chi-nien kuan (Taipei: 1972). ☛ 135.

135. Speech to the Radcliffe Club, Washington DC. In *War and Peace Aims of the United Nations*. Boston: World Peace Foundation, 1943. pp. 391.

Notes: Excerpts of speech delivered March 23, 1942 discussing why China is fighting Japan. ☞ 134.

136. "China's Place in the Present World Struggle." University of Pennsylvania Press, 1942.
Notes: Pamphlet, 14 pages. A Howard Crawley Memorial Lecture delivered before the the faculty and students of the Wharton School of Finance and Commerce, University of Pennsylvania, April 20, 1942.

137. "Peace Has to be Enforced." *Asia Magazine*, 1942-May. Vol. 42. No. 5. pp. 263-266.
Notes: This article discusses force and nonresistance and cites John Dewey, Lao Tze, and Jesus.

138. "India Our Great Teacher." *Asia Magazine*, 1942-May. Vol. 42. No. 5. pp. 323-324.
Notes: This essay discusses the transfer of Buddhism from India to China. ☞ 73.

139. "The Struggle for Intellectual Freedom in Historic China." Washington, DC. *World Affairs*, 1942-Sep. Vol. 105. No. 3. pp. 170-173.
Notes: Address by Hu Shih at the dinner of the Institute on World Organization, on the general theme "Intellectual Freedom and World Understanding" held at the Cosmos Club, Washington DC, Tuesday evening, May 12, 1942.

Includes a historical summary of intellectual freedom in China; draws on contemporary samples from Ibsen.

140. "Looking Forward." *Contemporary China*, 1942-Jun-29. Vol. 2. No. 3. pp. 2-3.
Notes: A summary of Dr. Hu Shih's speech at the Wellesley commencement exercises on June 15, 1942. Hu Shih is optimistic at the chances for a successful post-war peace for the following reasons: (1) no aggressor states among the allied and associated nations on China's side (2) no secret UN treaties (3) world learned from previous experience. Includes citations from John Dewey. ☞ 143, 152.

141. "The United Nations." In *Proceedings of the International Student Assembly*. New York, 1944. pp. 139-143.
Notes: Held at the American University, Washington DC, September 2-5, 1942.

142. "Chinese Thought." *Asia Magazine*, 1942-Oct. Vol. 42. No. 10. pp. 582-584.
Notes: Discussion of the history of Chinese thought in terms of "its humanism, its rationalism and its spirit of freedom." Citations from Confucius and Mencius. ☞ 165.

143. "To Win and Keep the Peace." *The Peabody Reflector*, 1942-Dec. Vol. 15. No. 11. pp. 406-408.

Notes: Includes Hu's three points for peace, citations from John Dewey and a discussion of the Atlantic Charter. ☞ 140, 152.

144. "Asia and the Universal World Order." *Contemporary China*, 1942-Dec-14. Vol. 2. No. 15. pp. 1-4.

145. Introduction to Arthur Waley, trans. *Monkey*, A Novel by Wu Ch'eng-en. New York: John Day, 1943 pp. 1-5.
Notes: Hu's introduction is dated December 15, 1942. ☞ 159.

1943

146. "Force as An Instrument of Law and Government." In Ruth Nanda Anshen, ed., *Beyond Victory*. New York: Harcourt Brace and Co, 1943. pp. 174-189.

147. "Introductory Note" to *An Exhibition of Modern Chinese Paintings*. New York: Metropolitan Museum of Art, 1943.
Notes: Art exhibition that ran January 15 through March 14, 1943. Introductions by Hu Shih, Kinn-Wei Shaw, Lin Yutang, and Alan Priest. Hu's contribution is less than one page.

148. Introduction to "Ancient Chinese and Modern European Paintings." New York: Bignou Gallery, 1943
Notes: Art exhibition that ran May-June 1943. Hu contributes a one page introduction.

149. Statement in *Report of William B. Lewis*. 1943. pp. 7-8.
Notes: The American Law Institute to the members on the discussion of the International Bill of Rights Project at the Annual Meeting, May 12, 1943.

150. Introduction to "Paintings by Wang Chi-Yuan." New York: Gallery of Modern Art, 1943
Notes: Art exhibition that ran May 24 through June 12, 1943.

151. "Introduction" to Arthur W. Hummel, ed. *Eminent Chinese of the Ch'ing Period, 1644-1912*. Washington, DC, 1943. pp. iii-vii.
Notes: Hu Shih's introduction is dated May 25, 1943 at New York.

152. "Looking Forward." *The Bucknell Journal of Education*, 1943-Dec. Vol. 18. No. 1. pp. 1-8.
Notes: Address given at the 93rd annual commencement at Bucknell University on Friday, May 28, 1943. Includes citations from John Dewey. Note that this article is almost fully

identical to Hu's commencement address at Wellesley the year before. ☛ 140, 143.

153. Book review of Institute of Pacific Relations, *War and Peace in the Pacific. A Preliminary Report of the Eighth Conference of the Institute of Pacific Relations, Mount Tremblant, Quebec, December 4-14, 1942.* New York: International Secretariat, I.P.R. 1943. p. 164. In *Pacific Affairs*, 1943-Sep. Vol. 16. No. 3. pp. 368-370.

1944

154. "What Kind of Future Are We Fighting For?" In Pan American World Airways Corporation, *A Forum of the Future 1942-43*. New York: Pan American World Airways Corporation, 1944. p. 11.

155. Book review of Carrington L. Goodrich, *A Short History of the Chinese People*. In *Pacific Affairs*, 1944-Jun. Vol. 17. No. 2. pp. 225.
Notes: Hu's article is dated March, 1944 and opens, "Without hesitation, I would recommend this work as the best history of China ever published in any European language."

156. "Sun Yat-sen." *Contemporary China*, 1944-Mar-20. Vol. 3. No. 22. pp. 1-4.

Notes: This article also appears in "Maker of Modern China: the Story of Sun Yat-sen," *The Asiatic Review*, Vol. 40, No. 143, July 1944, pp. 302-307. It is a general biographical sketch of Sun Yat-sen and was a lecture by Hu at the Rand School of Social Science, New York, March 2, 1944.

157. "A Note on Ch'üan Tsu-wang, Chao I-ch'ing and Tai Chen; A Study of Independent Convergence in Research as Illustrated in Their Works on the *Shui-ching chu* in Arthur W. Hummell, ed., *Eminent Chinese of the Ch'ing Period*. Washington, 1944. Vol. 2. pp. 970-982.
Notes: Article is dated May 31, 1944.

158. "Foundations of Friendship Between the Chinese and the Americans." *Social Service Review*, 1944-Jun. Vol. 18. No. 2. pp. 141-144.
Notes: Address at the annual meeting of the Immigrants Protective League, Chicago, April 12, 1944. Hu gives three reasons for friendly Sino-American relations: (1) Nonaggression of the US toward China, (2) American missionary work in China, and (3) Three-quarters of a century in educating Chinese students in American universities.

159. Revised introduction to Arthur Waley, trans., *Adventures of Monkey, A Novel by Wu Ch'eng-en*. New York: John Day, 1944.

Notes: Hu's introduction is dated June 22, 1944. ☞ 145 for the original introduction.

160. Introduction to "The Crozier Collection. Part 1: Rock Crystals." *Philadelphia Museum Bulletin*, 1944-Nov. Vol. XL. No. 203. pp. 3-4.

161. Inaugural address at the Chinese Art Society of America. New York: Chinese Art Society of America, 1944.
Notes: Pamphlet, 10 pages. Inaugural address delivered November 17, 1944.

1945

162. "Forward" to Buwei Yang Chao, *How to Cook and Eat in Chinese*. New York: John Day, 1945 pp. vii-ix.
Notes: The author of this book, Buwei Yang Chao, was the wife of the late Chinese linguist Yuen Ren Chao.

163. "Concept of Immortality in Chinese Thought." *Harvard Divinity School Bulletin*, 1945-46. pp. 23-32.
Notes: Ingersoll lecture on the immortality of man for the academic year 1944-45. Delivered in Andover Chapel, Harvard University April 10, 1945. In the 1945-46 issue of the Harvard Divinity School Bulletin. ☞ 106.

164. "The Chinese Revolution." *Contemporary China*, 1945-Oct-15. Vol. 5. No. 11. pp. 3-4.
Notes: Excerpts from an address by Dr. Hu Shih on October 10, 1945, the thirty-fourth anniversary of the Chinese Revolution, in Carnegie Hall, New York. Hu calls this a "historic report on what the Chinese Revolution and the Chinese Republic have achieved in these 34 years."

1946

165. "Chinese Thought" in Harley F. MacNair, ed., *China*. Berkley: University of California Press, 1946. pp. 221-230.
Notes: ☛ 142.

166. "Introduction" to *An Exhibition by Professor Chang Shu Chi of Chungking, China*. Washington DC: Arts Club, 1946.
Notes: Art exhibition that ran from January 7 through February 4, 1946.

167. "A Forum on the UNESCO Conference." *Teacher's College Record*, 1946-Feb. Vol. 47. No. 5. pp. 310-315.
Notes: Meeting held at Teachers College on January 11, 1946 at which Dr. George D. Stoddard and Hu Shih reported on the London Conference. Hu discusses the founding of

UNESCO, and the addition of "science" to the organization's name.

168. "What Has China Accomplished." *The Lookout*, 1946-Feb-24. Vol. 58. No. 8. pp. 4-11.

169. "Chang Po-ling: A Biographical Tribute." *China Magazine*, 1946-Jun. pp. 14-26.

1949

170. "Salute from the Orient. " In *John Dewey at Ninety, Addresses and Greetings on Dr. Dewey's 90th Birthday Dinner*. New York: League for Industrial Democracy, 1950 pp. 28-29.
Notes: John Dewey's birthday dinner, October 20, 1949 at the Hotel Commodore, New York. Addresses were given by John Dewey, David Dubinsky, Irwin Edman,Frank D. Fackenthal, Felix Frankfurter, Alice Hoffman, John Haynes Holmes, Hu Shih, William H. Kilpatrick, Harry W. Laidler, William Pepperell Montague, Joy Elmer Morgan, Jawaharlal Nehru, Ralph Barton Perry, Walter Reuther, and Rebecca Simonson.

1950

171. "China in Stalin's Grand Strategy." *Foreign Affairs*, 1950-Oct. Vol. 29. No. 1. pp. 11-40.

Notes: Translated into Chinese by Nieh Hua-ling, *Shih-ta-lin ts'e-lüeh hsia te Chung-kuo*, a pamphlet. Taipei: Hu Shih chi-nien kuan, 1967.

172. Address to the Commonwealth Club of San Francisco, California. In *The Commonwealth*, 1950-Dec-11. Vol. 26. No. 50. pp. 229-231.
Notes: Delivered on December 1, 1950 touching on several subjects, separated by the following subheadings: "Mao and His Dictatorship", "No Freedom of Silence," "China's Government in Bondage," "At War with Captive China," and "Allegiance to Stalin."

1951

173. "The Natural Law in the Chinese Tradition" in Edward F. Barrett, *Natural Law Institute Proceedings*. Notre Dame: University of Notre Dame Press, 1953. Vol. 5. pp. 119-153.
Notes: Papers read at the fifth convocation (1951) of the Natural Law Institute.

174. "Communism in China." New York: National Institute of Social Sciences, 1951.
Notes: Address before National Institute of Social Sciences. 11 pages.

175. "How to Understand a Decade of Rapidly Deteriorated Sino-American Relations."

Proceedings of the American Philosophical Society, 1951-Aug-17. Vol. 95. No. 4. pp. 457-459.
Notes: Dinner address on April 20, 1951. "My theory is that what led to this shift [in Sino-American relations] was the historical event of the 'promotion' of China from a friend to an ally. That promotion (or shall I say 'demotion'?) was the cause of China's downfall in the mind and heart of her old friend, the United States."

176. "My Early Association with the Gest Oriental Library." *The Green Pyne Leaf*, 1951-Jun-1. No. 6. pp. 1-3.
Notes: Primarily concerning the contents of the Gest Oriental Library at Princeton University, where Hu was curator from 1950-1952. *The Green Pyne Leaf* was a typed pamphlet circulated within Princeton University. The hand-written draft of this article was published in *Chin-tai hsüeh-jen shou-chi*, 2 Vols. (Taipei: Wen-hsing, 1964), Vol. 1, pp. 77-91. ☞ 180, 186.

177. Book review of John deFrancis, *Nationalism and Language Reform in China*. In *The American Historical Review*, 1951-Jul. Vol. 56. No. 4. pp. 897-899.
Notes: Excerpt: "In short, this book is a discussion of a linguistic and historical problem by a man who is prejudiced in his political science and ignorant of history."

178. "My Former Student, Mao Tse-tung," a book review of Robert Payne, *Mao Tse-Tung: Ruler of Red China*. In *Freeman*, 1951-Jul-2. pp. 636-639. Notes: Hu thoroughly discredits this book.

1952

179. Introduction to "Eleven Centuries of Chinese Printing." Princeton, 1952.
Notes: Introduction to an exhibition of books at the Gest Oriental Library at Princeton University, Princeton, NJ. 3 pages.

180. "The Gest Oriental Library: The Eye Trouble of an Engineering Contractor Leads to a Rarc Collection of 100,000 Volumes." *Princeton Alumni Weekly*, 1952-Mar-7. Vol. 52. No. 19. pp. 9-10.
Notes: Discussing the Gest Oriental Library at Princeton University, where Hu was curator from 1950-1952. ☛ 176, 186.

181. "The Suffering Chinese Intellectuals Behind the Iron Curtain." An address from Aid Refugee Chinese Intellectuals, Inc., 1952.

1953

182. "Ch'an (Zen) Buddhism in China: Its History and Method." In Sidney Ratner, ed. *Vision and Action; Essays in Honor of Horace M. Kallen on His 70th*

Birthday. New Brunswick: Rutgers University Press, 1953 pp. 223-250.
Notes: Contributors: T. V. Smith, Benjamin V. Cohen, Paul H. Douglas, Jerome Frank, Sidney Ratner, George Boas, Sidney Hook, C. I. Lewis, T. S. Eliot, John Dewey, Hu Shih, Ernest Nagel, and Adelbert Ames, Jr. ☛ 183, where this article appears with the addition of Chinese characters.

183. "Ch'an (Zen) Buddhism in China: Its History and Method." *Philosophy East and West*, 1953-Apr. Vol. 3. No. 1.
Notes: ☛ 182, where this article is also presented but without Chinese characters.

1954

184. "Authority and Freedom in the Ancient Asiatic World." In *Man's Right to Knowledge: An International Symposium Presented in Honor of the Two Hundredth Anniversary of Columbia University. First Series: Tradition and Change*. New York: H. Muschel, 1954 pp. 40-45.
Notes: Texts of thirteen radio broadcasts. Contributors: Arnold J. Toynbee, Sir Sarvepalli Radhakrishnan, W. F. Albright, Joseph Wood Krutch, William Linn Westermann, Hu Shih, M. C. D'arcy, S.J, Robert M. MacIver, George Sarton, Swami Nikhilananda, Francois L. Ganshof, H. J. Bhabha, and Grayson Kirk.

185. "An Oriental Looks at the Modern Western Civilization." In *Modern Education and Human Values*. Pittsburgh: University of Pittsburgh Press, 1954. Vol. 5. pp. 47-60.
Notes: Pitcairn-Crabble Foundation Lectures. Contributors: Mildred McAfee Horton, Harry Emerson Fosdick, Hu Shih, and James Phinney Baxter III.

186. "The Gest Oriental Library at Princeton University." *Princeton University Library Chronicle*, spring, 1954. Vol. 15. No. 3. pp. 113-141.
Notes: History of the Gest Oriental Library at Princeton University, where Hu was curator from 1950-1952, and honorary curator after 1952. ☞ 176, 180.

187. "Introduction" to John Leighton Stuart, *Fifty Years in China*. New York: Random House, 1954 pp. xi-xx.
Notes: ☞ 191.

188. "The Right to Doubt in Ancient Chinese Thought." *Philosophy East and West*, 1963-Jan. Vol. 12. No. 4. pp. 295-300.
Notes: This paper was read at the Sixth Annual Meeting of the Far Eastern Association in 1954. The "right to doubt" was considered by Hu Shih not only as the seed of democratic thought but also as the root of scientific spirit which has always led the Chinese people to reason. ☞ 200.

189. "Communist Propaganda and the Fall of China." *Columbia Law Review*, 1954-May. Vol. 54. No. 5. pp. 780-786.
Notes: Hu approaches the topic from three general questions: (1) How did the Chinese government try to restrain the spread of communist propaganda (2) Were such measures inadequate or ineffective, if so, why? (3) Was the communist victory assisted by the failure of government efforts?

190. "How Free is Formosa." *The New Leader*, 1954-Aug-16. Vol. 37. No. 23. pp. 16-20.

191. "Commentary on Dr. Stuart's Book." *U.S. News and World Report*, 1954-Oct-1. Vol. 37. No. 14. pp. 130-131.
Notes: Remarks on John Leighton Stuart's book. ☞ 187.

192. Introduction to "Paintings by Ling Shu Hua." Indianapolis: John Harron Art Museum, 1954.
Notes: Art exhibition that ran from October 10 through November 7, 1954.

1955

193. "Prefatory note" to Harold Riegelman, *Caves of Biak, An American Officer's Experiences in the*

Southwest Pacific. New York: Dial Press, 1955. pp. xi-xii.
Notes: Hu met Harold Riegelman through the Cosmopolitan Club at Cornell University when they were both undergraduates.

194. Book review of Derk Bodde, trans. of Fung Yu-lan, *A History of Chinese Philosophy* (Vols. 1 and 2). In *American Historical Review*, 1955-Jul. Vol. 60. No. 4. pp. 898-900.
Notes: Hu severely criticized Fung's *cheng-t'ung* approach to the history of Chinese philosophy.

195. "Preface" to Hollington K. Tong, *Japanese Sense of Humor*. Tokyo: 1956. pp. ii-vii.
Notes: Also see mention of Hu Shih in chapter one. The preface is dated November 14, 1955.

1956

196. "My Planned Work." 1956.
Notes: Type-written manuscript in *Chin-tai hsüeh-jen shou-chi,* 2 vols., (Taipei: Wen-hsing, 1964), Vol. 1. pp. 92-93.

1957

197. "Repercussions of Hungarian Uprising on Mainland Chinese." *Vital Speeches*, 1957-Oct-15. Vol. 24. No. 1. pp. 8-11.

Notes: Address before the General Assembly of the United Nations, September 26, 1957.

1958

198. "A Sum-up and a Warning." In *Tensions in the Taiwan Straits*. Taipei: Free China Review, 1959 pp. 63-69.
Notes: A pamphlet. Address at the American University Club of the Republic of China, November 26, 1958.

1959

199. "John Dewey in China." In Charles A. Moore, ed., *Philosophy and Culture - East and West*. Honolulu: University of Hawaii Press, 1962. pp. 762-769.
Notes: Public lecture, given to general audience during the Third East-West Philosophers' Conference held at the University of Hawaii, July 1959. Translated into Chinese by Hsia Tao-p'ing in *Hu Shih yen-chiang chi* (Taipei: Hu Shih chi-nien kuan, 1970), 3 Vols., Vol. 2. pp. 315-335.

200. "The Scientific Spirit and Method in Chinese Philosophy." In Charles A. Moore, ed., *Philosophy and Culture - East and West.* Honolulu: University of Hawaii Press, 1962. pp. 199-222.
Notes: Lecture given to general audience during the Third East-West Philosophers' Conference

held at the University of Hawaii, July, 1959. ☛ 188.

1960

201. "An Appeal for a Systematic Search in Japan for Long-hidden T'ang Dynasty Source Materials of the Early History of Zen Buddhism." In Susumu Yamaguchi, ed., *Buddhism and Culture, Essays in honor of Daisetz Teitaro Suzuki*. Kyoto: Nakano Press, 1960. pp. 15-23.

202. "The Chinese Tradition and the Future." In *Sino-American Conference on Intellectual Cooperation: Reports and Proceedings*. University of Washington, Dept. of Publications and Printing, 1962. pp. 13-22.
Notes: An opening speech at the Sino-American Conference on Intellectual Cooperation held at the University of Washington, July 10-15, 1960. For a Chinese translation, see Hsü Kao-juan, tr., "Chung-kuo ch'uan-t'ung yü chiang-lai" in *Hu Shih yen-chiang chi* (Taipei: Hu Shih chi-nien kuan, 1970, 3 vols.), vol. 1., pp 220-247.

203. Address in *Reports Speeches and Proceedings of the First Inter-Council Conference of the Research Councils for East Asian Studies of China, Japan and Korea*. Taipei: China Council for East Asian Studies, 1960. pp. 15-22.

Notes: Held in Taipei, October, 1960.

1961

204. "Rabindranath Tagore in China." *Free China Review*, 1961-Aug. Vol. 11. No. 8. pp. 19-21.
Notes: Historical overview of Tagore's experiences in China.

205. "Social Changes and Science." *Free China Review*, 1962-Mar. Vol. 12. No. 3. pp. 39-41.
Notes: A speech delivered at the Four-Nation Science Education Conference, Taipei, November 6, 1961.
Notes: For a Chinese translation, see Hsü Kao-juan, tr., "K'o hsüeh fa-chan so hsü-yao te she-hui kai-ke" in *Hu Shih yen-chiang chi* (Taipei: Hu Shih chi-nien kuan, 1970, 3 vols.), vol. 3., pp. 570-580.

Hu's Works Translated into Western Languages

All works in this section are cited directly from Yüan/Delafield.

206. "Some Tentative Suggestions for the Reform of Chinese Literature. " In *China Institute Bulletin*. pp. 21-22.

Notes: This article originally appeared in *Hsing ch'ing-nien*, also known as *La Jeunesse*, in January, 1917.

207. "Cultural Movements and the Kuomintang." *China Tomorrow*, 1930-Feb-25. Vol. 2. No. 4. p. 50.
Notes: Translated by Dr. Hu from *Crescent Moon*.

208. "Which Road Are We Going?" *Pacific Affairs*, 1930-Oct. Vol. 3. No. 10. pp. 933-946.
Notes: Translated from the Chinese that appeared in the *Crescent Moon*, Vol. 2, No. 10.

209. "The Doves." *The People's Tribune*, 1932-Jan-2. (New Series) Vol. 1. No. 3. pp. 92.
Notes: A poem, translated by Kwei Chen.

210. "Democracy Versus Dictatorship." *China Weekly Chronicle*, 1934-Jan-17. Vol. 3. No. 1. pp. 14-15.
Notes: A debate between Dr. T. F. Tsiang and Dr. Hu Shih. Translated from *Tu Li P'ing Lun*.

211. "Cure for 'Educational Bankruptcy'." *China Weekly Chronicle*, 1934-Aug-26. Vol. 4. No. 9. pp. 16-17.
Notes: Translated from the *Ta Kung Pao*.

212. "Sino-Japanese Co-operation." *China Weekly Chronicle*, 1935-Mar-24. Vol. 5. No. 12. pp. 24-28.
Notes: Interview with Mr. Yamakami, translated from the *Tu Li P'ing Lun*.

213. "A Word to the Japanese People." *China Weekly Review*, 1935-Dec-14. Vol. 75. No. 2. pp. 52-55. Notes: Translation of the article, "Ching kao Jih-pen kuo-min" originally published in Japanese and Chinese in September, 1935. This article is also in *Asia*, Vol. 36, March, 1936, pp. 166-168; and *Living Age*, Vol. 350, No. 4434, March, 1936, pp. 8-12.

214. "Rejoinder to Mr. Murobushi's Reply (to the above)." *China Weekly Review*, 1936-Jan-18. Vol. 75. No. 7. pp. 228-229.

215. "The Rebellion of Chang Hsüeh-liang." *The People's Tribune*, (New Series) 1937-Jan-1. Vol. 16. No. 1.
Notes: Translated from *Ta Kung Pao*.

216. "Expectations for 1937—The Three Great Hopes." *China Weekly Chronicle*, 1937-Jan-20. Vol. 9. No. 3. pp. 6-7.
Notes: Translated from *Ta Kung Pao*.

217. "Changes in Pacific Equilibrium." *China Weekly Chronicle*, 1937-May-26. Vol. 9. No. 21. pp. 5-8.
Notes: Translated from the *Tu Li P'ing Lun*.

218. "Chinese Literature in the Past Fifty Years." *China Institute Bulletin*, 1938-Oct. Vol. 3. No. 1. pp. 24-27.

Notes: This is an abstract. This article originally appeared in *Shun Pao* in 1923.

219. "Two Poems by Hu Shih." *The Bulletin*, 1938-Dec. Vol. 14. No. 3. p. 6.
Notes: English renderings by Mabel I. Ives. Subtitle: "My Mother." *The Bulletin* was published by the Woman's Club of Upper Montclair, New Jersey.

220. Booker, Edna Lee. "A Vow on Poetry." New York: Macmillan, 1939 pp. 194.
Notes: This is a part of a longer poem.

221. "This Is a Tiny Cloud (A Poem)." *Time*, 1942-Mar-16. Vol. 39. No. 11. pp. 32.
Notes: This was the first translation of this poem from the Chinese. It was read for the first time in English at the Columbia University China War Relief Meeting.

222. "Ten-year Plan for China's Academic Independence." *China Magazine*, 1947-Dec. Vol. 17. No. 12. pp. 25-29.

223. Ives, Mabel L., translator. "Chinese Love Songs: Famous poems from the time of Confucius to the Present." Upper Montclair, New Jersey: B. L. Hutchinson, 1949 pp. 68-70.
Notes: Poems by Hu Shih include "Long", "Lines to My Berothed", and "Lines to My Wife."

224. Speech delivered at the opening meeting of National Assembly by Dr. Hu Shih. *Free China Review*, 1954-Apr. Vol. 4. No. 4. pp. 63-65.

225. Introduction to Sao-ke Alfred Sze, *Reminiscences of the Early Years as Told to Anming Fu*. Washington. 1962. pp. xi-xvi.
Notes: Translated by Amy C. Wu.

226. "Die Verlobung meiner Mutter." *Ostasiatische Rundschau*, 1936-Sep-1. Vol. 17. No. 17. pp. 465-469.
Notes: Translated by Karl Wals.

227. "Von Theisten zum Atheisten." *Ostasiatische Rundschau*, 1936-Oct-16. Vol. 17. No. 20. pp. 546-550.
Notes: Translated by Beate Keieg.

228. "Schuljahre in Shanghai." *Ostasiatische Rundschau*, 1937-Sep-1 through Nov-1. Vol. 18. No. 17-21. pp. 464-466, 486-489, 516-517, 538-541, 566-569.

229. "Wie Ich in das Ausland Ging." *Ostasiatische Rundschau*, 1938-Jan-16 and Feb-1. Vol. 19. No. 2-3. pp. 40-42, 71-75.
Notes: Translated by Alfred Hoffmann.

230. "Uberblick über die Geschichte der Chinesische Literatur von 1870-1920." *Ostasiatische Rundschau*, 1939-Oct. Vol. 20. No. 19-20. pp. 430-431.
Notes: Translated by Alfred Hoffmann.

231. "Dseng Kuo-fan und Die Tung-tscheng Schule." *Ostasiatische Rundschau*, 1939-Nov. Vol. 20. No. 21-22. pp. 451-453.
Notes: Translated by Alfred Hoffmann.

Translations of Hu's Works Not Included in Yüan/Delafield

234. *Autobiography at Forty*. Translation of of *Ssu-shi tzu-shu* in *Chinese Studies in History*, trans. by William A. Wycoff, beginning with Vol. 11, No. 4 (Summer, 1978).

Chapter	Issue and Pages
"Preface" "Prelude: My Mother's Berothal"	Spring 1978 pp. 3-27.
"Nine Years—A Home-Village Education"	Summer, 1978 pp. 3-25.
"From Spirit Worship to Atheism" "Shanghai (I)"	Fall, 1978 pp. 63-90.

Chapter	Issue and Pages
"Shanghai (II)"	Winter 1978-79 pp. 25-48.
"How I Went Abroad"	Spring 1979 pp. 17-35
"Appendix: Pressing up the Ladder, Beginnings of the Literary Revolution"	Summer, 1979 pp. 16-53.

235. "On the 'Hu Shih-chih Style' of Poetry." *Chinese Studies in History*, trans. Lily Liu, Winter 1983-84, pp. 75-83.
Notes: Hu's article is dated February 5, 1936.

Reference by Title

A

B

C

D

E

F

G

H

I

M

N

O

P

R

S

T

U

V

W

Reference by Subject

Art, Drama, and Fiction

Chinese History

Chinese Philosophy and Intellectual History

Cross-Cultural Studies

Democracy and Communism

Literary Revolution

Political Commentary

Religion and Immortality

Research Methodology

Western Philosophy

World War II and Sino-Japanese Relations